浙江省民族宗教事务委员会民族研究成果后期资助项目
（项目编号：2019MZYJHQ02）

刀尖上起舞

社会转型中的南非黑人妇女

郑晓霞 著

上海社会科学院出版社
SHANGHAI ACADEMY OF SOCIAL SCIENCES PRESS

目录

绪论 1

第一节　研究的缘起与意义 1

一、研究的动因 3

二、研究的意义与目标 7

第二节　文献回顾 8

一、国外研究回顾 9

二、国内研究回顾 35

第三节　概念的界定 37

一、南非妇女与南非黑人妇女 37

二、社会性别主流化 38

第四节　研究思路与框架 39

第一章　妇女研究的多维度视角 43

第一节　妇女史和社会性别史研究的若干理论方法 43

一、批判“父权制”的视角 46

二、后现代主义视角 48

第二节　公私二元理论与女性公共领域建构 50

一、公私二元理论 50

二、女性公共领域的构建 52

三、公共领域理论在本书中的应用 56

第二章 法律视野中的南非黑人妇女 60

第一节 公共领域与法律 61

一、公共领域与法律 61

二、法律与性别 62

第二节 新南非诞生前黑人妇女在传统习惯法中的地位 64

一、传统习惯法中对黑人妇女的歧视 64

二、习惯法中黑人妇女的不平等地位——以家庭法为例 69

第三节 南非黑人妇女对宪法制定的推进 75

一、转型：性别平等的新机遇 77

二、转型时期妇女全国组织的组建 79

三、推动制宪谈判中的性别平等议程 82

第四节 新南非妇女权利的宪法保护 87

一、新宪法中有关妇女权利的内容 87

二、宪法中保证性别平等权利实施的措施 93

三、宪法框架的实质平等——案例说明 95

第三章 政治视野中的南非黑人妇女 101

第一节 公共领域与政治 101

一、公共领域与妇女参政 101

二、有关南非黑人妇女参政的争议 103

第二节 新南非诞生前的黑人妇女参政运动 105

一、妇女运动的历史背景 106

二、种族隔离时期妇女社团组织的构建 116

第三节 民主转型时期的妇女参政运动与成就 143

一、全国妇女联盟——妇女参政的组织基础 144

二、新女性主义构建——妇女参政的思想基础 146
三、妇女参政配额制——妇女参政的战略基础 151
四、南非促进性别平等的政策保障与国家机制 155

第四章 教育视野中的南非黑人妇女 160
第一节 公共领域与教育 161
第二节 新南非诞生前黑人妇女教育的嬗变 162
一、传教士控制的非洲黑人教育(19 世纪初—1953 年) 162
二、种族隔离时期的黑人教育和性别构建(1953—1993 年) 165
第三节 新南非妇女教育的发展 174
一、南非教育变革 175
二、新南非教育中的性别平等 180
第四节 新南非妇女教育的困境 185
一、性别规范的影响 185
二、安全和暴力 187
三、青少年怀孕 189
四、艾滋病 190

第五章 文化视野中的南非黑人妇女——以南非女足为例 195
第一节 公共领域与文化 195
一、公共领域与文化公民权 195
二、体育与性别 197
第二节 新南非诞生前黑人妇女体育的嬗变 198
一、南非黑人体育发展历史 198
二、南非黑人妇女的体育发展 203
第三节 从南非女足看南非黑人妇女的体育发展历程 214
一、起始阶段(20 世纪 70 年代—1990 年) 216

二、成长和转型阶段(1991—2000 年) 219

三、制度化阶段(2000 年至今) 225

结论 228

一、南非公共领域性别平等方面的成就 230

二、南非妇女解放仍在路上 234

参考文献 240

后记 259

绪　论

第一节　研究的缘起与意义

在历史长河中，女性向来不受(男性)历史学家青睐，也难以成为历史的主角，中外皆然。然而随着世界政治、经济的不断发展，尤其是 20 世纪 60 年代世界女权主义运动与女性主义思潮的蓬勃发展以及历史研究的日益推进，自 80 年代开始，妇女史在中国学术界开始成为一新兴研究领域。它的兴起一方面是历史学发展的结果，另一方面则是由于女性主义理论和女性学这门新学科的勃兴。妇女史作为新兴的社会史学科的一个重要组成部分，逐渐在史学界熠熠生辉。[①] 相对西方的社会女性学科的建立与发展，中国的女性学研究迟到了 20 年，但从它一开始出现，就表现出迅速发展的态势。受西方学术风潮影响，中国女性主义研究开始用“社会性别”(gender)取代“妇女”(women)，成为主流强势话语。1995 年世界妇女大会在北京召开，更是吸引了社会各界介入妇女事务。

20 世纪以降，中国学术界以往涉猎较少的世界妇女史研究也开始繁荣

① 高世瑜：《妇女史研究三议》，《妇女研究论丛》1997 年第 3 期，第 15 页。

起来，出版了一些有关欧洲、美国、日本甚至是全球的妇女史专著。[①] 此外，国内学者对外国学者的译著，如凯瑟琳·克莱、帕梅拉·麦克维等所著的《世界妇女史》[②]、拉密斯·萨哈的《第四等级：欧洲中世纪妇女史》[③]等的出版，更奠定了对国外妇女史学研究的基础。高世瑜认为妇女史可以从两方面进行解释，一种是妇女群体生活与活动的历史，一种是从女性性别立场与视角去观察和编纂的历史，即“女性主义史”。前者着力于挖掘历史文献与文物资料中留下的有关女性的史料，力图展现出被湮没在历史长河中的妇女生活与活动的历史场景与发展线索，是妇女研究的基础；后者是指从女性的角度与立场去观察、编纂历史，用“女性史观”去改变以往“男性史观”写成的历史，是对传统史学的颠覆。女性主义史从一开始出现就带有浓厚的政治色彩，成为女权运动的一个斗争武器。[④] 高世瑜认为，妇女史研究的范围应该宽泛一些，无论是从理论上还是从现有研究状况考虑，都应将两者以及相关成果囊括在内。[⑤]

尽管如此，由于地理、语言、史料等的限制，国内学术界对于国外妇女史的研究相对还较薄弱，研究的国别也主要集中在欧美发达国家，对发展中国

① 主要著作有：裔昭印：《古希腊的妇女——文化视域中的研究》，商务印书馆 2001 年版；刘文明：《文化变迁中的罗马女性》，湖南人民出版社 2001 年版；王恩铭：《20 世纪美国妇女研究》，上海外语教育出版社 2002 年版；杜学元：《外国女子教育史》，四川人民出版社 2003 年版；伍庆玲：《现代中东妇女问题》，云南大学出版社 2004 年版；潘迎华：《19 世纪英国现代化与女性》，浙江人民出版社 2005 年版；王萍：《现代英国社会中的妇女形象》，江苏人民出版社 2005 年版；贺璋瑢：《神光下的西方女性》，中国青年出版社 2007 年版；王海利：《尼罗河畔的古埃及妇女》，中国青年出版社 2007 年版；王晓焰：《18—19 世纪英国妇女地位研究》，人民出版社 2007 年版；王赳：《激进的女权主义——英国妇女社会政治同盟参政运动研究》，上海三联书店 2008 年版；刘伯红、杜洁：《国际妇女运动和妇女组织》，中国妇女出版社 2008 年版；周莉平：《美国妇女与妇女运动（1920—1939）》，中国社会科学出版社 2009 年版；裔昭印主编：《西方妇女史》，商务印书馆 2009 年版；胡澎：《性别视角下的日本妇女问题》，中国社会科学出版社 2010 年版；陶笑虹：《殖民地印度的妇女》，华中师范大学出版社 2011 年版；王国华：《日本农村妇女问题研究》，中国农业出版社 2014 年版；张生珍：《她们的舞台——当代美国妇女剧作家研究》，中国社会科学出版社 2014 年版等。

② [美]凯瑟琳·克莱、帕梅拉·麦克维：《世界妇女史》（上、下卷），裔昭印、洪庆明、康凯等译，格致出版社 2012—2013 年版；

③ [以]拉密斯·萨哈：《第四等级：欧洲中世纪妇女史》，林英译，广东人民出版社 2003 年版。

④ 高世瑜：《妇女史研究三议》，《妇女研究论丛》1997 年第 3 期，第 14—15 页。

⑤ 高世瑜：《关于妇女史研究的几点思考》，《历史研究》2002 年第 6 期，第 145 页。

家妇女的关注较少，尤其是对非洲与拉丁美洲等国家的妇女与性别史关注更少。但是作为世界妇女的一部分，非洲大陆上的妇女，尤其是南非黑人妇女具有典型的代表意义，她们尽管处在殖民、种族和性别的多重压迫下，仍积极推动社会变革，改革习俗和法律之间的权力关系以及反抗性别压迫、父权制、种族主义、年龄歧视和结构性压迫等问题，创建了一个能使妇女掌握自己命运的有利环境，扭转妇女受压迫受歧视和被边缘化的历史。南非黑人妇女在推动政府提高妇女地位方面的实践和成果，为发展中国家乃至全世界的社会性别主流化机制提供参考与借鉴，对推动世界妇女的发展具有实际的意义。

一、 研究的动因

笔者选择南非转型前后公共领域中南非黑人妇女地位的变迁作为本书的选题，主要出于以下原因：

（一）研究公共领域非洲妇女地位变迁的必要性

公共领域是一个公众交往领域，是有关政治生活的公共事务。公共领域的机制是形成公共舆论的各种公共空间，并对国家政治权力产生监督与制约作用。[①] 纵观人类历史发展进程，女性被定位为私人领域的主角，却成为公共领域的附属者，被长期排除在公共领域之外，尤其是公共权力之外，在公共领域中长期处于失语状态。而公共权力领域恰恰是形成国家意志的领域，是制定有关性别政策、性别法律之地，女性在公共领域里话语权的缺失势必使其平等权利的价值被边缘化，从而得不到平等的对待。比较世界各国妇女解放史，我们发现，各个国家的妇女为获得平等，其首要攻占的堡垒就是要先获得公共领域的话语权，通过发展和传播大众观点，进而影响国家的决策。只有实现公共领域的公平问题，才能进一步对私领域造成影响。

---

① ［德］哈贝马斯：《公共领域的结构转型》，曹卫东等译，学林出版社 1999 年版，第 14—25 页。

因此女性必须采取各种措施来加强在公共领域的话语权和自我决定权，参与社会制度、教育、法律、文化环境等方面的建构，让女性的价值观念去影响主流价值观，甚至成为主流价值观的一部分。可以这么认为，女性参与到公共领域的程度决定了女性在社会上具有平等权利的广度。

随着非洲社会的发展，非洲各类社会问题引起的关注越来越多，妇女问题就是其中之一。第 24 届非洲联盟首脑会议非盟峰会确定 2015 年为“面向非洲 2063 议程的妇女赋权与发展年”。来自南非的非盟委员会主席德拉米尼·祖玛(Nkosazana Clarice Dlamini-Zuma)表示，之所以确定为“妇女赋权年”，是因为女性在整个非洲的生存和发展中发挥关键作用，而非洲迫切需要解决与妇女地位相关的问题。同时，人们逐渐意识到当今诸多妇女现实问题，都可以从历史中找到根源。换言之，脱离妇女史，就无法正确解释妇女和性别的现实问题。中国学术界对非洲的研究主要侧重经济、政治和外交等方面，而且基本上从男性视角进行考察，非洲女性的身影和声音湮没无闻。但作为占人口半数以上的女性群体，无论是在民族解放运动还是在新国家的建设中，非洲的女性都与男性祸福与共。如果忽视女性群体的历史经历和影响，就很难对非洲大陆各个国家的发展作出正确公正的评价。

（二）南非黑人妇女研究在非洲妇女研究中蕴含的普遍性问题

南非黑人妇女地位变迁的背后，事实上蕴含着非洲妇女一些普遍的经历和问题。

首先，南非黑人妇女代表了撒哈拉以南非洲国家妇女普遍经历过的殖民主义、种族歧视和性别歧视。19 世纪西方国家在非洲大陆实行直接或间接的殖民统治。加纳历史学家阿杜·博亨(Adu Boahen)认为：“殖民主义的影响是深刻的，必定会影响非洲未来的事务。”[①]殖民官员把殖民地原住民视作次等人种，并且践踏当地人的法律和习俗。在非洲一些地区，殖民前妇

---

① A. Adu. Boahen, *African Perspectives on Colonialism*, Batimore, MD: John Hopkins University Press, 1987, p. 110.

女的地位较高，妇女甚至可以成为酋长或者是当地事务的判决者，或者是拥有较大经济自主权的小商人。但是随着殖民主义影响的加深以及殖民官员的掌控，妇女的权力和地位被大幅削弱。被剥夺权力的妇女成为殖民主义的直接受害者。一方面，殖民主义削弱了大部分妇女的地位，包括那些担任部落领导地位的妇女。另一方面妇女失去了土地用益权、继承权等权利，等于间接失去了社会地位。另外由于男性到城镇打工，妇女的劳动强度增加，她们被留在农村或者居留地里靠着贫瘠的土地养育子嗣、赡养老人，饱受贫困、疾病、暴力等多重困扰。她们不仅受殖民主义的政治经济压迫，还受夫权的奴役，男权渗透在许多文化准则里，妇女由此必须面对许多实际困境，包括暴力和虐待、贫困、普遍的健康等问题。而南非非白人妇女，尤其是黑人妇女，兼具黑人和女性的双重身份，深受种族歧视与性别歧视之苦，“作为一个群体，黑人妇女处于一种独特的地位……那是因为（她们）不仅集体位于职业阶梯的底层，而且（她们的）整体社会地位也总是低于其他任何群体。”[①]贝尔·胡克斯（Bell Hooks）认为，“处于此种地位的（黑人）妇女，首当其冲地承受着性别、种族和殖民层面上的沉重迫害。”[②]因此南非作为非洲大陆种族隔离时间最长、种族压迫制度最齐全的国家，黑人妇女身上汇聚了多重边缘化因素的影响，她们的经历最具代表性。

其次，南非妇女的反殖民、反种族隔离以及追求平等权利的斗争反映了非洲妇女追求解放和平等过程中面临或经历的普遍问题，对提高非洲妇女的权利和地位有借鉴意义。非洲妇女解放运动，一开始的侧重点并不是性别领域内的歧视（尽管这种歧视也普遍存在），而是更具民族性的反殖民反种族歧视的斗争。对广大非洲妇女而言，首先是民族的解放，之后才能有妇女的自由。非洲以民族独立为目标的解放运动发端于第一次世界大战结束后不久，但民族解放运动的高潮发生在第二次世界大战之后。妇女是非洲民族解放运动中不可或缺的主角之一，实际上妇女成为非洲大部分地区动

①② Bell Hooks, *Feminist Theory: From Margin to Center*, 2nd ed., South End Press, 2000, p. 16.

员群众支持解放运动的核心力量。她们不仅参加集会和组织以支持民族独立运动，还赞美、动员其他支持者。例如肯尼亚“茅茅”运动、葡属非洲殖民地、津巴布韦和纳米比亚等的解放运动中，妇女都起到了重要的作用。尽管各国民族主义运动中对妇女权利的处理方式不同，例如在阿尔及利亚和坦桑尼亚，妇女是独立战争的成员之一，但是民族主义运动没有解决她们特殊的需求；在莫桑比克，民族解放运动同时也解决妇女权利问题，但是在解放后却被搁置；在几内亚和马里，争取妇女权利成为独立运动进程中的目标之一；在喀麦隆，妇女本身参与解放运动，推进性别平等和其他议程；在乌干达，民族主义运动促使妇女竞选公职、争取投票权，在政治上争取自己的权利，[①]但是各国多少都涉及妇女权利问题，使非洲妇女的政治权利意识得以增强。同时解放运动中妇女的反抗游行、妇女组织甚至妇女直接参与武装斗争的经历使她们的政治意识和集体身份意识得到空前的发展。许多妇女组织不再仅是男性组织的附属，她们还组织反抗性别歧视、性别阶级和妇女在社会中的次等地位。正是这些原本对父权极为顺从的非洲妇女，成为非洲妇女史的转折点，使非洲妇女首次成为历史中“合格的演员”。[②] 然而战争耗费了大量的人力和物力资源，破坏了国民经济的正常发展，获得独立后的许多非洲国家在相当长的时间内不能把财力、精力放到改善妇女地位和生活状况的工作上，这样也就间接地延缓了妇女解放的进程。[③]

而南非黑人妇女在父权和夫权两座大山之下还要同男性一样承受着民族压迫的苦难。因此，民族解放问题先于妇女问题而出，民族意识高于女性意识，这是南非黑人妇女运动与非洲他国妇女运动的一个重要特点。南非黑人妇女早期的运动属于从属地位，没有提出性别平等的要求，无形中也抑制“女性/自我”意识的成长空间。然而到了 20 世纪 90 年代，南非社会进入

---

① Aili Mari Tripp, Isabel Casimiro, Joy Kwesiga, Alice Mungwa, *African Women's Movements: Transforming Political Landscapes*, Cambridge University Press, 2009, pp. 35 - 36.

② Catherine Coquery-Vidrovitch, *African Women: A Modern History*, trans. Beth Gillian Raps, Westview Press, 1997, pp. 195 - 196.

③ 此段内容已经发表在郑晓霞：《书写“她”的历史——非洲妇女史的兴起与发展》，《史学理论研究》2017 年第 2 期，第 74 页。

全面改革和转型时期，南非女性主体意识觉醒，在国际女权运动浪潮的推动下，在吸取非洲其他国家独立后妇女仍然被边缘化的经验教训后，南非妇女积极寻求妇女自身的解放，在南非男性同胞，特别是男性领导者的帮助和扶持下，南非妇女推动政府在政治承诺与法律政策保障等方面全面提高妇女地位。南非现在有比较完整的促进性别平等的国家机制，而南非妇女的平权运动以及推动南非政府在法律政策方面实现性别主流化等方面的努力和成就，为非洲其他国家妇女的解放与发展提供了示范作用。

二、 研究的意义与目标

毫无疑问，妇女在人类社会发展中的作用不可忽视，妇女的生存与发展应该成为全球经济和社会发展的重要议题，因此基于性别的研究视角、理论及方法需要不断多元化。

南非黑人妇女历史研究在非洲妇女研究乃至世界妇女研究中都占有重要的地位，她们的历史经历和社会地位变迁不仅对非洲乃至全球很多国家的妇女产生示范效应，国外学界对此已经有相当丰富的研究。近年来，随着中国与南非之间的经贸合作日益频繁，尤其是中非合作论坛第六届部长级会议在南非约翰内斯堡举行，更是吸引了越来越多的中国学者将目光投向了南非大陆。但目前学者研究的重点往往放在南非政治经济制度上，与之相对应的文化生活的研究相对薄弱，而对于妇女的研究更是寥寥无几。因此对南非黑人妇女进行研究对于国内女性学和历史学的学术发展而言都具有重要的意义。

其次，新南非成立是南非历史的一个分水岭，南非妇女的地位也随之发生了巨变。为了给妇女赋权，在立法上，1996 年性别平等首次被写入南非宪法，南非政府更是颁布了一系列的政策和法规推动性别平等；在教育上，教育和培训在国家预算里获得大量的投入，让女子的入学率得到极大提高；在政治上，目前南非已成为世界妇女参政比例较高的国家之一。世界经济论坛《2006 年全球性别差异报告》公布的性别差异指标全球排名中，南非总排名第18位，其中“妇女政治赋权”名列全球第8位。南非无论总排名还是“妇女政治赋权”排名都位居非洲国家第一位；[①]在经济上，根据人口普查数据显示，在2010年约有51%的女性为南非的国民生产总值(GDP)作出了积极的贡献。南非妇女地位的转变和提高不仅给南非本国社会带来了积极的影响，还影响了非洲其他国家乃至全世界的性别主流化进程。南非妇女在反种族隔离斗争、参政议政、婚姻、家庭、工作、教育等方面的变迁，对整个非洲妇女的研究都具有代表意义和借鉴价值。

笔者希望通过从公共领域视角研究南非黑人妇女，了解黑人妇女的历史与现状，呈现黑人妇女独特的历史图景，使人们对南非妇女有一个动态和立体的认识。把南非黑人妇女置于整个广泛的历史语境之中进行多维度视角的考察，以期对南非黑人妇女既有全局性的把握，又有细节性的呈现；既有学理性的分析又不乏情感的体认，最终以当代的视角重新审视南非黑人妇女社会地位变迁产生的积极影响与缺憾。

第二节　文献回顾[②]

近二三十年来，虽然国内对非洲妇女史研究仍存在资料不足、挖掘不够等问题，但国外学界不论在资料整理或新议题的提出上都有了显著的进展。各种主题的研究进度不一，势必需要提纲挈领的回顾，作为更进一步研究挖掘的基础。南非属于非洲大陆一部分，且对非洲具有一定程度的统领性和代表性，而国内学界对非洲妇女史和南非妇女史的研究非常缺乏，因此本节主要针对非洲整体妇女史以及南非妇女史研究状况进行梳理。

---

① 全国妇联妇女研究所：《南非推动性别平等与妇女发展的做法和成绩》，《研究信息简报》2007年第1期，第2页。

② 本节部分内容已经发表在《书写“她”的历史——非洲妇女史的兴起与发展》，《史学理论研究》2017年第2期。

一、 国外研究回顾

（一）非洲妇女史研究

第一批对非洲妇女产生兴趣的学者始于20世纪中期。但是直到20世纪60年代，研究非洲妇女问题的主要还是人类学家，且研究内容主要围绕生产与生育问题展开，关于妇女角色的讨论主要夹杂在婚姻习俗或生育仪式、巫术和家务劳动等的描述中。

在非洲各国纷纷独立并进行民族复兴的历史转折时期，零星出现了针对非洲妇女的研究作品。丹尼斯·波尔姆(Denis Paulme)的《热带非洲妇女》代表了早期对非洲妇女的全面概述，成为非洲妇女研究的分水岭。该书翻译自1960年的法语版，书中6篇由人类学家著写的文章展现了妇女的日常生活和面临的问题，其中5篇是有关法语非洲社会，第6篇基于非洲各地出版的区属，讨论了妇女在政治生活中的作用。① 该书不仅是对非洲文献的极大贡献，也为了解妇女在非工业化非洲社会中的角色打开大门。欧美女性主义运动的推动和丹麦经济学家埃斯特尔·博塞拉普(Ester Boserup)的《经济发展中的妇女角色》一书的出版，带动了一批学者对非洲妇女研究产生兴趣。作者分析了一系列农业社会中妇女的地位，尤其是现代化对发展中国家农村、城镇和流动中的妇女造成的影响，并得出结论性的观点：由于殖民统治的父权定位，殖民主义使非洲妇女地位大幅下降。而"发展"经常会引起生产力和妇女地位的下降。② 这一著作也成为之后许多非洲妇女研究论述的基础。此后几部人类学著作(或多或少带有历史性)以及少量关注妇女史、妇女社会角色，以及妇女参与到非洲历史主要大事件的专著和论文随之出版。"经济和劳动(生产和生育)""婚姻、家族、家庭关系和法律""政

① Denis Paulme, *Women of Tropical Africa*, trans. H. M. Wright, Berkeley and Los Angeles: University of California Press, 1963.

② Ester Boserup, *Women's Role in Economic Development*, New York: St. Martin's Press, 1971.

治角色和活动”“宗教、仪式和思想意识”分别是学者们关注的四个层次。[①]

尽管当代非洲妇女研究不断涌现新的发展趋势，但是自 20 世纪 70 年代中期以后构成非洲妇女研究的主题主要有三个。虽然每个时期之间总会存在重叠，而且时间分界也并非绝对，但是每个时期的主题还是可以进行大致的划分：20 世纪 70 年代的兴趣点在于把女性当作“被遗忘的女英雄”，20 世纪 80 年代和 90 年代早期的研究热点在于把女性当作“下层阶级的演员”，而 20 世纪 90 年代以后女性成为“性别化的主体”。[②]

1. 被遗忘的“女英雄”——精英妇女研究

自 20 世纪 60 年代末 70 年代初，非洲学者怀着民族主义的强烈情感，燃起重新挖掘非洲历史的激情。这种自豪感激起历史学家们挖掘非洲历史上“女王”的兴趣——为了寻找辉煌的过去，在传统的政治结构中特别强调精英妇女的作用。这里的“女王”不仅指国王的伴侣或者母亲，而是泛指相对独立和有特权的妇女，包括在殖民前非洲政治圈中有重要地位的女性。

研究女王的内容譬如有约瑟夫·米勒（Joseph Miller）对 17 世纪敢于抵抗葡萄牙人并与之共谋的安哥拉女王恩津加（Nzinga）的研究。[③] 博兰勒·阿韦（Bolanle Awe）关注传统约鲁巴政治体系中的女性政治领导者。[④] 艾格尼丝·艾杜（Agnes Akosua Aidoo）强调 19 世纪阿散蒂女王的核心角色，[⑤]而这一角色一直以来被英国殖民当局和男性史学家所忽略。

非洲妇女参与到民族主义运动的研究强调了另外一种“女王”角色——

---

① Nancy Rose Hunt, “Placing African Women's History and Locating Gender”, *Social History*, Vol. 14, No. 3, 1989, p. 360.

② Iris Berger, “African Women's History: Themes and Perspectives”, *Journal of Colonialism and Colonial History*, Vol. 4, No. 1, 2003, p. 5.

③ Joseph Miller, “Nzinga of Matamba in a New Perspective”, *Journal of African History*, Vol. 16, No. 2, 1975, pp. 201 - 216.

④ Bolanle Awe, “The Iyalode in the Traditional Yoruba Political System”, in Alice Schlegel, ed., *Sexual Stratification: A Cross-cultural View*, New York: Columbia University Press, 1977, pp. 144 - 159.

⑤ Agnes Akosua Aidoo, “Asante Queen Mothers in Government and Politics in the Nineteenth Century”, in Filomena Steady, ed., *The Black Woman Cross-culturally*, Cambridge, Massachusetts: Schenckman, 1981, pp. 65 - 77.

民族女英雄。例如研究西非民族主义运动中的女英雄康斯坦丝·卡明斯·约翰(Constance Cummings-John)和阿德莱德·凯斯利·海福德(Adelaide Casely-Hayford)①、20 世纪 50 年代中期坦桑尼亚达累斯萨拉姆妇女音乐组织领导者比比·提提·穆罕默德(Bibi Titi Mohamed)在组织城市啤酒酿造者和其他妇女成立坦噶尼喀非洲民族联盟(Tanganyika African National Union, TANU)妇女分支中所作的贡献②,以及尼日利亚南部妇女在殖民时期利用政治影响和经济权力作出的贡献③等。

此外由于受经济独立的影响,一些学者开始探索妇女的经济活动,特别是西非成功的女商人。许多作品热情地描述了在纺织、渔业或棕榈油贸易方面的半文盲或靠自学成功的妇女以及拥有卡车,建造起欧式房子并把儿子送往国外接受教育的"商人公主"。④ 这些研究展示了女性在家庭中的地位和经济自主权以及妇女在更广泛的社会政治和经济中"被隔离但几乎平等"的角色。

关注精英妇女是早期非洲史学的政治历史自豪感所推动的结果,也是

---

① LaRay Denzer, "Towards a Study of the History of West African Women's Participation in Nationalist Politics: The Early Phase, 1935 - 1960", *Africana Research Bulletin*, Vol. 6, No. 4, 1976, pp. 65 - 85; LaRay Denzer, "Constance A. Cummings-John: Her Early Political Career in Freetown", *Tarikh*, Vol. 7, No. 1, 1981, pp. 20 - 32; LaRay Denzer, "Pan-African Influences on Cummings-John's Career", in Robert Hill, ed., *Pan African Biography*, Los Angeles: Crossroads Press, 1987; Rina Okonkwo, "Adelaide Casely-Hayford", in Okonkwo, ed., *West African Nationalists*, Enugu: Delta, 1986; Adelaide Cromwell Gulliver, *Victorian Feminist: Adelaide Smith Casely-Hayford*, London: Cass, 1986.

② Susan Geiger, "Umoja wa Wanawake wa Tanzania and the Needs of the Rural Poor", *African Studies Review*, Vol. 25, No. 2/3, 1982, pp. 45 - 65.

③ Cheryl Johnson, "Grass Roots Organizing: Women in Anti-colonial Activity in Southwestern Nigeria", *African Studies Review*, Vol. 25, No. 2/3, 1982, pp. 137 - 157; Nina Mba, *Nigerian Women Mobilized: Women's Political Activity in Southern Nigeria, 1900 - 1965*, University of California/Institute of International Studies, 1982; Judith Van Allen, "'Sitting on a Man': Colonialism and the Lost Political Institutions of Ibo Women", *Canadian Journal of African Studies*, Vol. 6, No. 2, Special Issue: The Roles of African Women: Past, Present and Future, 1972, pp. 165 - 181.

④ George Brooks, "The Signares of Saint-Louis and Goree: Women Entrepreneurs in Eighteenth-century Senegal", in Nancy J. Hafkin and Bay, eds., *Women in Africa*, Marketing Flyer, 1976, pp. 19 - 44; Cheryl Johnson, "Madam Alimotu Pelewura and the Lagos Market Women", *Tarikh*, Vol. 7, No. 1, 1981, pp. 1 - 10.

传统史学主要关注上层精英和政治史的一种体现。这些研究并不能体现非洲普通妇女的生活经历，但却是非洲妇女研究的良好开端。

2. 下层阶级的演员——作为受害者的非洲妇女研究

随着非洲史学从民族主义热情和对“辉煌历史”的重构转向关注政治经济，到了20世纪70年代末20世纪80年代初，对女英雄的研究热度也开始慢慢消退，而越来越多的作品开始关注作为受害者的女性角色，包括妓女、女佣、女巫、女工、女奴和农业妇女等。深受马克思主义的影响，这些妇女史学家特别关注阶级以及生产和生育问题。他们把性别不平等与殖民主义联系一起，同时也对非洲社会内部的不平等产生浓厚兴趣，并以当地父权结构和殖民主义来解释妇女的地位。社会学家贝琳达·波佐利把这一现象称为“父权制大杂烩”。①

研究非洲城市地区的学者为非洲城镇妇女勾勒了一幅暗淡的前景图：殖民地城镇的女性只有通过非法的、不道德的或两者兼而有之的活动才能获得经济上的独立，尤其是非正规经济部门中的啤酒酿造者和妓女。由于殖民当局对妇女行为道德上的偏见以及他们出于规范劳动力市场的需求，妇女参与啤酒酿造和销售都属于非法。然而，酿啤酒是在城市里无法就业的妇女得以生存的一个关键途径。② 该研究领域里发展最快的是南部非洲针对城市妇女的研究。这些研究反映了南非城市化和劳动力市场的特殊需求，同时也反映了从殖民前的历史向更现代的历史主题的微妙转变。从艾丽斯·伯杰（Iris Berger）早期对殖民前东非妇女的宗教角色的研究（1976）转向对南非工厂女工（1986）的研究就可窥见一斑。③

---

① Belinda Bozzoli，“Marxism，Feminism and South African Studies”，*Journal of Southern African Studies*，Vol. 9，No. 2，1983，pp. 139 - 171.

② Claire Robertson，“Developing Economic Awareness：Changing Perspectives in Studies of African Women，1976 - 1985”，*Feminist Studies*，Vol. 13，No. 1，1987，p. 117.

③ Iris Berger，“Rebels or Status-seekers：Women as Spirit Mediums in East Africa”，in Hafkin and Bay，eds.，*Women in Africa*，Marketing Flyer，1976，pp. 157 - 181；“Sources of Class Consciousness：South African Women in Recent Labor Struggles”，in Claire Robertson and Iris Berger，eds.，*Women and Class in Africa*，New York：Africana Publishing Company，1986，pp. 216 - 236.

到20世纪70年代末，我们可以注意到文献中出现的另一个新趋势——“单就女性本身无法构成研究分析的合理范畴，还必须考虑其他的因素，如阶级、年龄、民族身份或宗教以及男女差异”。[①] 由此，历史学家开始把非洲妇女研究与阶级形成、城市无产阶级的出现和社会中存在的奴隶或较低地位的人等结合在一起，非洲妇女研究的领域进一步扩大，越来越多的研究开始围绕非洲妓女和女奴这两大主题进行。

一些研究以特定城市区域的妓女史（特别是内罗毕、金沙萨和约翰内斯堡）作为理解城市或乡村生活变化的交叉点。性交易被看作没有技术的非洲女工的一种主要就业机会。路易斯·怀特（Luise White）和查尔斯·范·昂赛雷恩（Charles Van Dnselen）[②]是这个领域里最著名的历史学家，尽管历史研究很大程度上受人类学家，如珍妮特·卜吉拉（Janet M. Bujra）、珍妮特·马克加菲（Janet MacGaffey）以及社会学家莎伦·史迪奇（Sharon Stichter）对殖民时期妇女的描述所影响。[③] 如果说路易斯·怀特笔下描述的妓女是简单的受害者，那是一种误解。实际上妓女在困难的环境下成为创造自己生活的独立主体。怀特描述了卖淫妇女的经济效用以及在没有皮条客的情况下可能出现的各种交易形式。最初时期非洲妓女与领薪女工的

① Margaret Jean Hay, “Queens, Prostitutes and Peasants: Historical Perspectives on African Women, 1971 - 1986”, *Canadian Journal of African Studies/Revue Canadienne des Études Africaines*, Vol. 22, No. 3, Special Issue: Current Research on African Women, 1988, p. 434.

② Luise White, “A Colonial State and an African Petty Bourgeoisie: Prostitution, Property and Class Struggle in Nairobi, 1936 - 1940”, in Fred Cooper and Beverly Hills, eds., *Struggle for the City*, California: Sage, 1983, pp. 167 - 194; “Prostitution, Identity, and Class Consciousness in Nairobi During World War II”, *Signs: Journal of Women in Culture and Society*, Vol. 11, No. 2, 1986, pp. 255 - 273; Charles Van Onselen, “Prostitutes and Proletarians, 1886 - 1914”, in Van Onselen, ed., *Studies in the Social and Economic History of the Witwatersrand*, Vol. 1, 1982, Harlow: Longman.

③ Janet M. Bujra, “Women Entrepreneurs of Early Colonial Nairobi”, *Canadian Journal of African Studies*, Vol. 7, No. 2, 1975, pp. 213 - 214; “Sexual Politics in Atu”, *Cahiers d'Etudes Africaines*, Vol. 17, No. 65, 1977, pp. 13 - 39; Janet MacGaffey, “How to Survive and Get Rich Amidst Devastation: The Second Economy in Zaire”, *African Affairs*, Vol. 82, No. 328, 1983, pp. 351 - 366; Sharon Stichter, “Women in the Labor Force in Kenya, 1895 - 1964”, in Audrey Wipper, ed., *Rural Women: Development or Undevelopment?*, Special issue of Rural Africa 29, 1975/1976, pp. 45 - 67.

角色是等同的。殖民时期内罗毕妓女为许多外来男工提供性之外的服务，如提供休息场所、早餐和洗衣服务等。然而随着殖民主义越来越具有剥削性，工人和妓女的实际工资变得越来越少，到了20世纪30年代末逐步趋同于欧美模式，即只提供性服务。

20世纪80年代非洲妇女研究的另一个热门主题是奴隶。显而易见，奴隶贸易和家务奴隶的存在对非洲妇女产生了广泛的影响。克莱儿·罗伯森（Claire C. Robertson）和马丁·克莱因（Martin A. Klein）编辑的《妇女和奴隶》，[①]不仅开创性地提出性别对奴隶制的影响，同时也打破了所有妇女都是“被迫害者”的观念。它体现了存在于妇女自身当中的隔离和阶级，让我们看到了“姐妹关系”之外的妇女关系。[②] 受这部书的影响，许多学者试图在非洲的背景下定义“奴隶”，但是却发现很难界定“奴隶”和“妻子”的区别，因为两者之间存在重叠。例如，在受19世纪奴隶贸易破坏的中非和南部非洲，男人把女奴当妻子以及卖掉妻子当奴隶的行为改变了妻子和奴隶的角色，并使所有妇女成为弱势群体。[③]

当然20世纪六七十年代也有一些针对妇女受害者的角色的研究，而80年代也还是有学者关注女精英的生活。[④] 然而整体上研究主体从强调特权妇女到受害者和被剥削者的转变，反映了非洲史学研究的重心从上层转移到下层，从少数精英转移到普通民众。

3. 性别化的主体：跨学科多元化的研究视角

如果说20世纪七八十年代的研究以人类学、历史学和社会学为主，那

---

① Claire C. Robertson and Martin A. Klein, eds., *Women and Slavery in Africa*, Madison: University of Wisconsin Press, 1983.

② Nancy A. Hewitt, "Beyond the Search for Sisterhood: American Women's History in the 1980s", *Social History*, Vol. 10, No. 3, 1985, pp. 299 - 321.

③ Marcia Wright, "Bwanikwa: Consciousness and Protest Among Slave Women in Central Africa, 1886 - 1911", in Robertson and Klein, eds., *Women and Slavery in Africa*, 1983, pp. 246 - 267; *Women in Peril: Life Stories of Four Captives*, Lusaka: NECZAM, 1984.

④ Cynthia Brantely, "Mekatalili and the Role of Women in Giriama Resistance", in Donald Crummey, ed., *Rebellion and Social Protest in Africa*, Banditry, London: James Currey; Portsmouth: Heinemann, 1986, pp. 333 - 350.

么90年代后非洲妇女研究呈现出多学科交叉的特点——社会学、人类学、经济学、语言学、考古学、生物学、医学等多个学科交叉合作，研究的领域进一步深化与多元，主题涉及妇女健康、性行为、同性恋、教育、经济、政治参与、宗教活动，等等。

妇女健康，尤其是妇女生育健康一直是多学科视角下，尤其是社会学和生物医学领域的关注点。特定的性别传统，如婚姻制度（早婚、一夫多妻、隐居、夫兄弟婚）以及其他的一些文化传统如女性割礼等影响产妇发病率和死亡率以及生育行为。同时，由于非洲大陆上艾滋病的泛滥，公共健康问题越来越引起重视，有关妇女艾滋病的经历和反应成为快速发展的研究领域，其中领军人物有兰德尔·帕卡德、谢丽尔·麦柯迪等。[①]

20世纪90年代学术界出现了对20世纪知识分子和政治传统把性问题边缘化的批判。这些批评与学术界涌现的"后"主义（后现代主义、后殖民主义、后结构主义）交织在一起。[②] 在邓巴·穆迪关于南非矿工的开创性作品的基础上，[③]一群年轻的历史学家开始研究男性气质和同性恋，[④]为非洲性

① Randall Packard, *White Plague, Black Labor: Tuberculosis and the Political Economy of Health and Disease in South Africa*, Berkeley: University of California Press, 1989; Sheryl McCurdy, "Urban Threats: Manyema Women, Low Fertility and Venereal Diseases in British Colonial Tanganyika, 1926 - 36", in Dorothy Hodgson and Sheryl McCurdy, eds., *"Wicked" Women and the Reconfiguration of Gender in Africa*, Portsmouth, NH: Heinemann, 2001; Francine Van den Borne, *Trying to Survive in Times of Poverty and AIDS: Women and Multiple Partner Sex in Malawi*, Het Spinhuis, 2005; Margaret A. Rugadya, Hema Swaminathan and Cherryl Walker, eds., *Women's Property Rights, HIV and AIDS & Domestic Violence: Research Findings from Two Districts in South Africa and Uganda*, Human Sciences Research Council, 2009; Mark Hunter, *Love in the Time of AIDS: Inequality, Gender, and Rights in South Africa*, Indiana University Press, 2010; Sanyu A. Mojola, *Love, Money, and HIV: Becoming a Modern African Woman in the Age of AIDS*, University of California Press, 2014 等。

② Musisi Nakanyike, "Gender and Sexuality in African History: A personal Reflection", *The Journal of African History*, Vol. 55, No. 3, 2014, pp. 304 - 305.

③ Dunbar Moodie, *Going for Gold: Men, Mines and Migration*, Berkeley: University of California Press, 1994.

④ Lisa Lindsay and Stephen Miescher, eds., *Men and Masculinities in Modern Africa*, Westport, CT: Heinemann, 2003; Lisa Lindsay, *Working with Gender: Wage Labor and Social Change in Southwestern Nigeria*, Portsmouth, NH: Heinemann, 2003; Robert Morrell, ed., *Changing Men in Southern Africa*, Pietermaritzburg: University of Natal Press, 2001.

研究领域打开了大门。研究者把社会性别看成父权制下的社会建构，在这个框架下，性被当作妇女受压迫和性别不平等的因素之一。研究者把女性主义理论与殖民后婚姻、种族、性行为、文化研究等分析联系在一起来处理今日非洲复杂的性行为问题，同时也把抵抗和赋权作为分析女性性行为重要的因素。① 非洲性行为研究者认为，殖民主义侵略把性区分为“正常的”（异性恋、一夫一妻）和“不正当的”“不道德的”“危险的”（同性恋、一夫多妻、婚外恋和妓女）两个类别。史学里也充满了有关殖民政策对个人性行为产生分裂影响的研究记录。这种分裂削弱了已有的社会界定，形成了殖民统治下所认为的“不正常”的性行为。总之，史学总体上认为霸权殖民上层建构形成了殖民地独特的性欲望和性经验。②

教育是殖民主义影响非洲社会的另一重要因素。殖民前非洲社会的教育作为概念性和实用性的目的旨在适应社会和物质环境的需要。虽然殖民前在不同社会和政治环境中存在性别阶级，但是妇女却以不同的知识水平在不同领域里占据领导位置，如宗教信仰体系、母系政治体系、秘密组织，以及通过日常活动参与到农业、家庭管理、贸易和卫生保健等领域。而殖民时期的教育受殖民主义影响，其目的发生了改变。例如殖民时期津巴布韦妇女教育的目标就是让妇女成为合格的家庭主妇和维持生活的农夫。③ 关于非洲殖民后妇女和教育的研究主要关注在小学、中学和高等教育等各个阶

---

① Akosua Adomako Ampofo, Josephine Beoku-Betts, Wairimu Ngaruiya Njambi and Mary Osirim, “Women's and Gender Studies in English-speaking Sub-Saharan Africa”, *Gender and Society*, Vol. 18, No. 6, 2004, p. 695; Lloyda Fanusie, “Sexualtiy and Women in African Culture”, in Mercy A. Oduyoye and Musimbi R. A. Kanyoro, eds., *The Will to Arise: Women, Tradition, and the Church in Africa*, Wipf and Stock Publishers, 1992, pp. 135 - 154; Anne Nachisale Musopole, “Sexualtiy and Religion in a Matriarchal Society”, in Mercy A. Oduyoye and Musimbi R. A. Kanyoro, eds., *The Will to Arise: Women, Tradition, and the Church in Africa*, Wipf and Stock Publishers, 1992, pp. 195 - 205; Jennifer Cole and Lynn M. Thomas, eds., *Love in Africa*, University of Chicago Press, 2009.

② Musisi Nakanyike, “Gender and Sexuality in African History: A Personal Reflection”, *The Journal of African History*, Vol. 55, No. 3, p. 306.

③ Rudo B. Gaidzanwa, “Gender Analysis in the Field of Education: A Zimbabwean Example”, in Ayesha Imam, Amina Mama and Fatou Sow, eds., *Engendering African Social Sciences*, Dakar, Senegal: CODESRIA Book Series, 1997.

段性别歧视所产生的影响。① 不同地区在入学率、毕业率、学业水平、课程内容等方面都存在性别差异。同时学者们还分析了女子教育恶化的因素，如：早婚、早育、家务和农活的压力、某些职业的性别化以及潜在的失业风险等。新自由主义的影响，特别是结构调整计划也与妇女教育息息相关。比较一致的意见认为，结构调整计划减弱了国家给市民提供基础教育的能力，中小学教育不断私有化以及严重的政府资金的削减让许多穷人的孩子离开了学校，而这对妇女和女童的影响尤其严重。②

妇女与经济的研究也是 20 世纪 90 年代后发展迅速的领域。③ 一部分

---

① M. N. Bloch, J. A. Beoku-Betts and B. R. Tabachnick, eds., *Women and Education in Sub-Saharan Africa: Power, Opportunities, and Constraints*, Boulder, CO: Lynne Rienner, 1998; Lumumba N'Dri T. Assie, *Women and Higher Education in Africa: Reconceptualizing Gender-based Human Capabilities and Upgrading Human Rights to Knowledge*, Ceparred, 2007; Mutindi Mumbua Kiluva-Ndunda, *Women's Agency and Educational Policy: The Experiences of the Women of Kilome, Kenya*, State University of New York Press, 2000; Benedicata Egbo, *Gender, Literacy and Life Chances in Sub-Saharan Africa*, Cromwell Press Ltd., 2000; Joy Kwesiga, *Women's Access to Higher Education in Africa: Uganda's Experience*, Fountain Publication, 2002; Meghan Healy-Clancy, *A World of Their Own: A History of South African Women's Education*, University of Virginia Press, 2014.

② N'Dri Assie-Lumumba, "Educating Africa's Girls and Women: A Conceptual and Historical Analysis of Gender Inequality", in Ayesha Imam, Amina Mama and Fatou Sow, eds., *Engendering African Social Sciences*, Dakar, Senegal: CODESRIA Book Series, 1997; Florence E. Etta, "Gender Issues in Contemporary African Education", *Africa Development*, Vol. 19, No. 4, 1994, pp. 57 – 84; Rudo B. Gaidzanwa, "Gender Analysis in the Field of Education: A Zimbabwean Example", in Ayesha Imam, Amina Mama and Fatou Sow, eds., *Engendering African Social Sciences*, Senegal: CODESRIA Book Series, 1997; Rosalia Katapa and Magdalena Ngaiza, "Debt in Tanzania: Are Women Silent or Concerned?", *Visions of Gender Theories and Social Development in Africa: Harnessing Knowledge for Social Justice and Equality*, Dakar, Senegal: AAWORD Book Series, 2001; Joy Kwesiga, *Women's Access to Higher Education in Africa: Uganda's Experience*, Kampala, Uganda: Fountain Publication, 2002; Marjorie Mbilinyi, "Searching for Utopia: The Politics of Gender and Education in Tanzania", in Marianne Bloch, Josephine A. Beoku Betts and B. Robert Tabachnick, eds., *Women and Education in Sub-Saharan Africa: Power, Opportunities, and Constraints*, Boulder, CO: Lynne Rienner, 1998; Ruth N. Otunga, "School Participation by gender: Implications for Occupational Activities in Kenya", *Africa Development*, Vol. 22, No. 1, 1997, pp. 39 – 64.

③ Molara Ogundipe-Leslie, *Re-creating Ourselves: African Women & Critical Transformations*, Africa World Press, 1994; Grietjie Verhoef, "The Role of Women in the South African Economy", *South African Journal of Economics*, Vol. 64, No. 3, 1996; Margaret C. Snyder, *Women in African Economies: From Burning Sun to Boardroom*, Fountain Publishers, （转下页）

学者关注妇女在正规和非正规经济部门的角色转变，而另有部分学者把注意力投向结构调整计划对非洲妇女就业产生的影响。在殖民后时期非正规部门成为日益重要的社会经济和政治现象。比起其他经济领域，越来越多的研究关注妇女在非正规部门的工作。① 这是对经济危机和结构调整计划后非洲男女参与到非正规部门工作不断增加的一种反应。非正规经济一方面提高了妇女的经济地位，而另一方面对部分女性而言却意味着更大的工作负担和压力，因为女性在工作领域面临与男性不同的挑战，如缺乏信贷、缺乏财产、低水平的社会资本和警察骚扰等。全球化对妇女就业的影响也非常大。② 大部分学者认为全球化以及国际货币基金组织施加的结构调整计划导致劳动力市场里低层职业的女性化、从事性工作的女性增加、女性工作量加大以及女性贫困进一步增加。一些学者也指出全球化给非洲妇女既

(接上页)2000；Daniela Casale，“What Has the Feminisation of the Labour Market ‘Bought’ Women in South Africa? Trends in Labour Force Participation, Employment and Earnings, 1995 - 2001”，*Journal of Interdisciplinary Economics*，Vol. 15，No. 3/4，2004；Michael Kevane，*Women and Development in Africa：How Gender Works*，Lynne Rienner Publication，2004；Gracia C. Clark，*African Market Women：Seven Life Stories from Ghana*，Indiana University Press，2010；M. Turshen，*African Women：A Political Economy*，Palgrave Macmillan，2010 等。

① Kate Meagher，“Crisis，Informalization and the Urban Informal Sector in Sub-Saharan Africa”，*Development and Change*，Vol. 26，No. 2，1995；Jane Seruwagi Nalunga，*Women Employees in the Informal Sector，Kampala，Uganda*，Organization for Social Science Research in Eastern and Southern Africa，1998；Aba Amissah Quainoo，*Financial Services for Women Entrepreneurs in the Informal Sector of Ghana*，World Bank，Africa Region，1999；Rodreck Mupedziswa and Perpetua Gumbo，*Women Informal Traders in Harare and the Struggle for Survival in an Environment of Economic Reforms：Research Report No. 117*，Nordic Africa Institute，2000；O. A. Akinboade，“A Review of Women，Poverty and Informal Trade Issues in East and Southern Africa”，*International Social Science Journal*，Vol. 57，No. 184，2005；G. Singh，“Paradoxical Payoffs：Migrant Women，Informal Sector Work，and HIV/AIDS in South Africa”，*New Solutions*，Vol. 17，No. 1，2007；Mary Njeri Kinyanjui，*Women and the Informal Economy in Urban Africa：From the Margins to the Centre*，Zed Books，2014 等。

② Akosua Darkwah，“Trading Goes Global：Market Women in an Era of Globalization”，*Asian Women*，Vol. 15，2002，pp. 31 - 49；Yassine Fall，“Globalization，Its Institutions and African Women's Resistance”，in Yassine Fall，ed.，*Africa：Gender，Globalization and Resistance*，Dakar，Senegal：AAWORD Book Series，1999；Munguti，Kabui and Isoilo，“The Implications of Economic Reforms on Gender Relations：The Case of Poor Households in Kisumu Slums”，in Aicha Tamboura Diawara，ed.，*Gender，Economic Integration，Governance and Methods of Contraceptives*，Dakar，Senegal：AAWORD Book Series，2002 等。

带来利益也带来问题。西尔万·博科和同事编著的《非洲发展中的妇女：21世纪全球化和自由化的挑战》①分析了全球化和结构调整计划对非洲妇女经济活动的影响，其主要目标是评价这些推动力如何促使妇女对非洲发展作出贡献。

社会性别、女性主义与政治也是学者比较关注的主题之一。② 尽管习惯法、成文法和宗教法在许多东部和中部非洲国家仍然对妇女保持歧视，③在包括南非、卢旺达和乌干达等许多国家的教育、健康和平权等方面都推进了对女性有利的政策。④ 20世纪90年代以来，撒哈拉以南非洲女性代表权的

---

① Sylvain H. Boko, Mina Baliamoune-Lutz and Sitawa R. Kimuna, eds., *Women in African Development: The Challenge of Globalization and Liberalization in the 21st Century*, Africa World Press, 2005.

② 专著方面主要有：Ifi Amadiume, *Male Daughters, Female Husbands: Gender and Sex in an African Society*, London: Zed Books, 1987; Gwendolyn Mikell, *African Feminism: The Politics of Survival in Sub-Saharan Africa*, University of Pennsylvania Press, 1997; Oyeronke Oyewumi, *The Invention of Women: Making an African Sense of Western Gender Discourses*, Minneapolis: University of Minnesota Press, 1997; Dorothy L. Hodgson, Sheryl McCurdy, eds., *"Wicked" Women and the Reconfiguration of Gender in Africa*, Heinemann, 2001; Goetz Anne Marie and Hassim Shireen, eds., *No Shortcuts to Power: African Women in Politics and Policy Making*, London: Zed Books, 2003; Oyeronke Oyewumi, *African Women and Feminism: Reflecting on the Politics of Sisterhood*, Africa World Press, 2004; Gretchen Bauer and Hannah E. Britton, eds., *Women in African Parliaments*, Lynne Rienner Pub, 2006; Catherine M. Cole, Takyiwaa Manuh and Stephan F. Miescher, eds., *Africa After Gender?*, Indiana University Press, 2007; Kathleen M. Fallon, *Democracy and the Rise of Women's Movements in Sub-Saharan Africa*, Johns Hopkins University Press, 2008; A. M. Tripp, I. Casimiro, J. Kwesiga and A. Mungwa, *African Women's Movements: Transforming Political Landscapes*, Cambridge University Press, 2009; Aili Mari Tripp, *Women and Power in Postconflict Africa*, Cambridge University Press, 2015; Gretchen Bauer and Josephine Dawuni, eds., *Gender and the Judiciary in Africa: From Obscurity to Parity?*, Routledge, 2015; Balghis Badri and Aili Mari Tripp, eds., *Women's Activism in Africa*, Zed Books, 2017。该领域还有许多国别研究及期刊论文，就不一一列举。

③ A. M. Tripp, "Women's Movements, Customary Laws and Land Rights in Africa: The Case of Uganda", *African Studies* Quarterly, Vol. 7, No. 4, 2004, pp. 1–19.

④ G. Bauer and H. E. Britton, "Women in African Parliaments: A Continental Shift", in G. Bauer and H. E. Britton, eds., *Women in African Parliaments*, Boulder Co: Lynne Rienner, 2006, pp. 1–44; A. Huggins and S. K. Randell, "Gender Equality in Education in Rwanda: What is Happening to Our Girls?", paper presented at the South African Association of Women Graduate Conference on "Drop-outs from School and Tertiary Studies: What is Happening to Our Girls?", Cape town, May, 2007.

增长一直是令人震惊的。1990—2010年间，妇女在非洲议会议员的数量上翻了三倍。根据各国议会联盟（Inter-Parliamentary Union）2016年2月的数据，非洲妇女在国民议会中的平均席位为23.3%，略高于世界平均水平的22.6%。影响非洲妇女参政议政因素有很多，包括左倾政党、殖民主义、外国援助、国际组织、经济发展、妇女在社会结构中的地位变化、妇女的集体行动、政治文化、制度因素——如选举制、配额制等。[①]

围绕宗教对非洲妇女角色和地位影响的研究也是学者关注的维度之一。[②] 宗教构成人类日常生活的一部分。同样的，社会特有的性别习俗也是根植于宗教和哲学传统。当代非洲的社会文化是分别根植于非洲、阿拉伯和西欧的三大文化融合的结果，而连接三大文化的主要工具分别是非洲本

---

① Sarah Bush, "International Politics and the Spread of Quotas for Women in Legislatures", *International Organization*, Vol. 65, No. 1, 2011, pp. 103 - 37; Staffan Lindberg, "Women's Empowerment and Democratization", *Studies in Comparative International Development*, Vol. 39, No. 1, 2004, pp. 28 - 53; Mi Yung Yoon, "Explaining Women's Legislative Representation in Sub-Saharan Africa", *Legislative Studies Quarterly*, Vol. 29, No. 3, 2004, pp. 447 - 68; Aili Mari Tripp, "Regional Networking as Transnational Feminism: African Experiences", *Feminist Africa*, Issue 4, 2005, pp. 46 - 63; F. Steady, *Women and Collective Action in Africa: Development, Democratization, and Empowerment, with Special Focus on Sierra Leone*, Palgrave Macmillan, 2005.

② Callaway and Lucy Creevey, *The Heritage of Islam: Women, Religion and Politics in West Africa*, Boulder: Lynne-Rienner, 1994; Ifi Amadiume, *Re-inventing Africa: Matriarchy, Religion and Culture*, Zed Books, 1997; Sondra Hale, *Gender Politics in Sudan: Islamism, Socialism, and the State*, Westview Press, 1997; Barbara L. Muthoni Wanyeki, ed., *Women and Land in Africa — Culture, Religion and Realizing Women's Rights*, Zed Books, 2003; Ousseina D. Alidou, *Engaging Modernity: Muslim Women and the Politics of Agency in Postcolonial Niger*, University of Wisconsin Press, 2005; Tumani Mutasa Nyajeka, *The Unwritten Text: The Indigenous African Christian Women's Movement in Zimbabwe*, Africa University Press, 2006; Mary Wren Bivins, *Telling Stories, Making Histories: Women, Words and Islam in Nineteenth-century Hausaland and the Sokoto Caliphate*, Heinemann, 2007; Neil Macmaster, *Burning the Veil: The Algerian War and the "Emancipation" of Muslim Women, 1954 - 62*, Manchester University Press, 2009; Margot Badran, *Gender and Islam in Africa: Rights, Sexuality and Law*, Stanford University Press, 2011; Pade Badru and Brigid M. Sackey, eds., *Islam in Africa South of the Sahara: Essays in Gender Relations and Political Reform*, Scarecrow Press, 2013; Mercy Amba Oduyoye, *Beads & Strands: Reflections of an African Woman on Christianity in Africa*, Orbis Books, 2013.

土宗教、伊斯兰教和基督教。[①] 其中代表西方文明阵营的学者认为传统非洲宗教和相关信仰阻碍了妇女赋权，[②]而由非洲女性主义和激进神学家主导的阵营则认为非洲妇女，尤其是与伊斯兰教和基督教有联系的妇女在接受文化方面相对处于弱势。[③] 早在阿拉伯和欧洲入侵前，非洲就已有发展良好的本土宗教。传统非洲人的信仰与生活紧密交织，其区别不易察觉。传统非洲宗教对妇女的角色限制较少，尽管古代非洲也有一定的性别上的劳动分工，然而两性的功能被认为是互补的，并不存在阶级上的区别。[④] 这就意味着古代非洲的大部分地区，女性与男性在社会中一样占据重要的地位，拥有同样的权力和权威。然而阿拉伯人及其伊斯兰教对许多非洲本土的规范、传统实践和信仰并不认可，尤其是在家庭和公共领域里的性别关系。因此，早在第一个欧洲人到达非洲大陆一千多年前，伊斯兰教在他们征服的非洲大陆上成功改变了两性关系，特别是在蒙巴萨和桑给巴尔地区。受影响的规范和实践中就包括了两性服饰、两性角色和妇女权利。[⑤] 而基督教和欧洲

---

① Ambe J. Njoh and Fenda A. Akiwuni, "The Impact of Religion on Women Empowerment as a Millennium Development Goal in Africa", *Social Indicators Research*, Vol. 107, No. 1, 2012, p. 2. 从地理位置上看，自塞拉利昂向西，沿利比里亚、科特迪瓦、布基纳法索、贝宁、尼日利亚、乍得、南苏丹、埃塞俄比亚、厄立特里亚边界画线，这条线以北以穆斯林为主，以南的国家基督徒占多数（除索马里和吉布提以外）。而利比里亚、科特迪瓦、多哥、贝宁、喀麦隆、中非、马达加斯加以非洲传统宗教为主。

② J. Adhiambo-Oduol, *Transforming Tradition as a Vehicle for Women's Empowerment: A Critical Dimension for Poverty Eradication*, Prepared under Topic 2: Empowerment of Women as a Transformative Strategy for Poverty Eradication, for the United Nations Division for the Advancement of Women (DAW) Expert Group Meeting on "Empowerment of Women throughout the Life Cycle as a Transformative Strategy for Poverty Eradication", November 26 - 29, 2001, New Delhi, India.

③ A. J. Njoh, *Tradition, Culture and Development in Africa: Historical Lessons for Modern Development Planning*, Aldershot, UK: Ashgate, 2006; R. Uchem, "Overcoming Women's Subordination in the Igbo African Culture and in the Catholic Church", *Critical Half: Annual Journal of Women for Women International*, Vol. 1, No. 1, 2003, pp. 27 - 31; Ifi Amadiume, *Re-inventing Africa: Matriarchy, Religion and Culture*, Zed Books, 1997.

④ N. Sudarkasa, "The Status of Women in Indigenous African Societies", *Feminist Studies*, Vol. 12, No. 1, 1986, pp. 91 - 103.

⑤ Ambe J. Njoh and Fenda A. Akiwuni, "The Impact of Religion on Women Empowerment as a Millennium Development Goal in Africa", *Social Indicators Research*, Vol. 107, No. 1, 2012, pp. 5 - 6.

殖民主义在非洲有许多重合之处，两者存在许多共同的目标，例如殖民者和基督教传教士都把教化所谓的“黑色大陆”上的居民作为主要目标。为了改变殖民前的性别关系，基督教传教士以精挑细选的圣经文本，如亚当和夏娃之类的圣经故事作为布道的基础，从而加强妇女的文化附属，也有效地在非洲人中间巩固了“女性次于男性的信念并让妇女接受了她们被压迫的地位”。[①] 在外来宗教改变或破坏传统非洲妇女的角色地位的同时，非洲妇女同样也利用宗教运动提高自身的地位。她们加入各种宗教教派，利用宗教提供的教育机会扩展视野，甚而成为本教派的领导者，从而引领自己的姐妹进一步提高社会、政治和经济地位。

20 世纪 90 年代后至今，非洲妇女研究在深度和广度上的拓展既是对非洲男女平权的呼应和体现，也是非洲史学发展的结果。

（二）南非妇女史研究

南非妇女史的研究历程和特点与整个非洲妇女史的研究异曲同工，但是比起其他许多工业化国家要晚许多。20 世纪 70 年代末当南非史的自由主义阐释受到第一波批判的时候，学术界对妇女史的写作几乎还没有真正的发展。然而非洲大陆其他国家和地区书写妇女史的第一波浪潮确是发生在这个时期，以作为对 60 年代后非洲民族主义发展和非洲各国获得独立所发生的剧烈的政治变革的一种反应。南非妇女史的兴起晚于非洲其他各国的原因主要有：种族隔离政体导致占统治地位的文化环境不能容纳不同的思想表达，从而阻碍了妇女史的发展；占主导地位的白人精英比起其他非洲国家在人口中占据的比例更高，控制了复杂的经济建设以及大部分黑人劳动力，导致殖民时期南非史主要关注白人精英；种族不平等使性别不平等进一步复杂化，班图斯坦〔黑人家园（homeland）〕和城镇人口的隔离意味着黑人和白人妇女的生活经历注定存在极大的差异，甚至可以区分为不同的历

---

① Rose Uchem，“Overcoming Women's Subordination in the Igbo African Culture and in the Catholic Church”，*Critical Half*：*Annual Journal of Women for Women International*，Vol. 1，No. 1，2003，p. 26.

史,因此南非妇女研究的主体差异性很大。①

过去二十几年,有关反隔离斗士和激进行动的研究遍地开花,但是大部分研究都以宣扬和庆祝为目的,主要倾向于关注男性"英雄"或者以特定的解放运动为主。② 尽管妇女同样参与到南非反隔离斗争,她们并没有得到与男性一样的关注度。女性主义活动家米尔(Meer)认为左派妇女"厌倦了男性的个人政治,正因为有妇女在家里生火烧饭、照顾孩子,甚至有时为养家糊口撑起半边天,男人才能够无负担地参与解放运动"。③ 昂纳特(Unterhalter)认为南非解放史学史中:

> 妇女属于隐性或同质性的概念……妇女可能是无性别区分的同等统治,也可能是支持但并没有直接参与斗争的女英雄。她们或可能受伤、或无知、或是支持男性斗争的亲属。在所有这些掩盖下,她们没有自主权,没有不同的政治利益,没有反抗。她们的观点总是由男性来表达或解释。④

在20世纪70年代末,随着史学和女性主义的发展以及南非政治经济的变化,南非妇女研究开始勃兴。

1. 南非妇女史研究兴起的原因

南非妇女史研究的兴起主要受当时国内政治变化、史学发展和女性主义传播的影响,也是更广泛的非洲反殖民斗争以及欧洲激进的学术界合力

---

① Albie Sachs, "Preparing Ourselves for Power", *Southern African Report*, Vol. 9, No. 2, 1993, p. 13.

② 例如:Ahmed Kathrada, *Ahmed Kathrada: Memoirs*, Cape Town: Struik, 2004; I. C. Meer, *Ismail Meer: A Fortunate Man*, Cape Town: Zebra Press, 2002; Jay Naidoo, *Fighting for Justice: A Lifetime of Political and Social Activism*, Johannesburg: Picador Africa, 2010。

③ Shameem Meer, "Feminist Agendas in Activism and Academia: The Challenge for Agenda", *Agenda*, Vol. 34, 1997, p. 6.

④ Elaine Unterhalter, "The Work of the Nation: Heroic Masculinity in South African Autobiographical Writing of the Anti-apartheid Struggle", *The European Journal of Development Research*, Vol. 12, No. 2, 2000, p. 174.

推动的结果。20世纪70年代早期，南非的白人统治受到被禁止和流放的民族主义者的运动和有组织的工人和学生运动的挑战。激进的修正主义开始搅乱学术正统，尤其是在人文学科领域。① 由于新马克思主义史学家削弱了早期强调种族关系的自由主义阐释的统治，南非史学史自20世纪70年代发生了转变。② 新马克思主义传统以黑人工人阶级的资本积累、生产和再生产为基础来阐释南非的政治经济史。20世纪70年代末80年代初，南非由于受外部史学潮流和史学家们参加政治斗争的影响，史学界内部的争辩让修正主义、民族主义、结构主义和激进主义史学家的思想相互影响。许多20世纪80年代的南非史学家开始书写详细的社会史。20世纪七八十年代，"新社会史"在"新史学"中日趋风行。"新社会史"强调在历史过程中社会普通群体的行为和意识的作用，扭转了传统史学只注重研究占人口少数的上层人物的偏向，主张研究被压迫者和下层民众，如奴隶、穷人和妇女。同时，新社会史所提倡的研究方法，诸如运用人类学、社会学等方法分析教区记录、税务账、法庭档案、结婚登记簿以及其他可利用的史料③以及口述史的发展，对南非妇女研究史料的发展影响极大。南非妇女史正是运用了"新社会史"多种形式的史料和研究方法，从而获得了迅速发展，成为当代非洲史学研究中的重要部分。在这样的背景下，女性主义者挑战学术界占主导的种族和阶级焦点，坚持认为性别应该作为一个分析范畴和研究领域而得到认可。他们借鉴欧美女性主义并形成南非的研究议程。1984年南非大学(University of South Africa)成立了第一个妇女研究中心(Women's Studies Center)。中心提供了资源设施、实时通信，并组织不同系列的研讨会等。自20世纪80年代初，许多大学的科系提供有关妇女和性别的课程。大部分课程都属于大学里的人文和社会科学系。总体上，社会学似乎是对

---

① Bill Freund, *The Making of Contemporary Africa*, London: Macmillan, 1984; Christopher Saunders, *The making of the South African Past. Major Historians on Race and Class*, Cape Town: David Philip, 1988.

② Christopher Saunders, *The Making of the South African Past: Major Historians of Race and Class*, Cape Town, 1988, Part 4 & 5.

③ 侯建新：《西方妇女史研究述评》，《天津师大学报》1991年第5期，第53页。

待妇女研究最严谨的学科。[1] 自此之后,许多大学的本科和研究生教育中也开设了妇女研究的课程。

2. 早期南非妇女史研究发展概况

学术界第一波涌现的南非女性主义写作出现在20世纪70年代后期。这些在70年代末接受培训的女性主义史学家开始研究黑人妇女反抗种族压迫的历史和妇女的劳动经历。她们非常清楚自己书写的是"添加史",是对女性生活被忽略的弥补。

把妇女的经历、态度和行动还原到历史叙述和分析中已经成为南非历史学家的"共识"。而这种共识的建立很大部分要归功于比琳达·波佐利(Belinda Bozzoli)在1983年发表的《马克思主义、女性主义和南非研究》[2],对南非妇女研究作出很大贡献。该文在分析中提高了性别权利关系意识。波佐利指出无论"从劳动力构成还是国家形式",要更全面了解南非社会就必须意识到妇女在"国内斗争"和性别关系中的角色。[3] 她认为尽管南非历史在过去的十几年间激进化,但是大部分的激进主义学者仍缺乏性别问题意识,她认为这主要是因为南非缺乏重大的女性主义运动。她还告诫读者避免:

> 割裂地、感性地研究"女性"或者甚至是"男和女"……或者……不加批判地赞美历史中妇女的抵抗……(反之)……我们要在严格的基础上判定性别关系如何与阶级和种族相互作用,我们需要发展一个通用的史学理论,能从整体上考虑性别在整个体系中的位置。[4]

受结构主义理论影响,波佐利认为南部非洲社会中的父权制既有资本

---

① D. Budlender, "Preliminary Report on Questionnaire to Universities", *Agenda Evaluation*, Unpublished, 1994.

② Belinda Bozzoli, "Marxism, Feminism and South African Studies", *Journal of Southern African Studies*, Vol. 9, No. 2, 1983, pp. 139 - 171.

③ Ibid., p. 147.

④ Ibid., p. 171.

主义前的因素又包含资本主义社会关系，就像“拼布床单”一样笼罩着妇女的生活。[①]

南非早期性别研究者主要是研究妇女的女性学者。随着一些女性在某些非主流领域研究性别史，其他(特别是)男性历史学家开始把性别视角纳入他们的研究中。随着女性主义理论的发展，这一挑战变得更加复杂和重要。当然早期南非女性主义史学家中也有少数的白人和中产阶级。关注南非性别研究的历史学家的整体概况是白人女性占主导地位，黑人女性、黑人男性和白人男性的比例极小，这也反映了当时的政治问题以及南非学术机构构成中的性别排斥和阶级模式。[②]

20 世纪 70 年代晚期开始的妇女史研究在修正主义或者激进的南非史的普遍准则下展开，很大程度上符合所谓的“复原的”妇女史，弥补了妇女在历史叙述中的缺席。妇女(主要是黑人妇女)为主角的政治斗争的文献被挖掘，目击者的叙述被记录入档案。[③] 其中一个原因是为了恢复 20 世纪 60 年代早期被南非隔离政府压制的非洲民族主义历史和文化。南非史学中的“性别”与其他领域一样，都倾向于把性别设想为是“女性”的同义词或关联词。在某些情况下，性别指的是男女之间的关系，但是在实际应用中，通常把“女性”作为关注的中心——妇女受男性或父权制的压迫。由此性别史主要以女性或那些主要与女性相关的社会生活领域为目标，例如家庭、私人领域、生育、性行为以及文化上构成“女性工作”的特定生产领域。新的“妇女史”的主题主要有围绕反通行证法的斗争、妇女加入大众组织、妇女在涌现的乡镇文化中的作用、反映阶级构成和大众组织的激进的社会史的问题等。[④]

---

① Belinda Bozzoli, “Marxism, Feminism and South African Studies”, *Journal of Southern African Studies*, Vol. 9, No. 2, 1983, p. 139.

② Linzi Manicom, “Ruling Relaitons: Rethinking State and Gender in South African History”, *Journal of African History*, Vol. 33, 1992, p. 442.

③ Cherryl Walker, *Women and Resistance in South Africa*, Monthly Review Press, 1982. 该书是关于妇女斗争和组织的比较综合全面的历史叙述。

④ 例如：Hilda Bernstein, *For Their Triumphs and For Their Tears: Women in Apartheid South Africa*, International Defence and Aid Find, 1975; Cherryl Walker, *Women and Resistance in South Africa*, Monthly Review Press, 1982; Joanne Yawitch, *Natal 1959: The* (转下页)

例如著名女性主义学者彻丽尔·沃克(Cherryl Walker)于1978年完成的硕士论文《20世纪南非政治中的妇女：南非妇女联合会的起源、发展和衰落》[①]，提出妇女史的研究并不是孤立的，而是与整个社会史的研究联系在一起，因为自然属性的性别差异并不是妇女地位的决定因素。尽管她相信性别上的劳动分工先于阶级划分，但是她认为在资本主义社会，性别矛盾被资本和劳动之间以及生产方式所有者和工人之间的主要矛盾所遮蔽，并受其影响。不同的阶级地位而不是性别划分决定了基本的政治属性。彻丽尔·沃克于1979年出版了有关南非妇女选举权运动的研究《南非妇女选举权运动》[②]，1982年出版了专著《南非妇女和抵抗》，反映了早期女性主义作家对唯物主义方法的使用，认为妇女史的研究要以阶级地位和阶级与意识形态之间的关系为基础。妇女政治激进主义斗争是伊莱恩·翁特哈尔特(Elaine Unterhalte)研究的主题。[③] 她探索了斗争的起源和组织模式。翁特哈尔特

(接上页)*Women's Protests*, paper presented to the Conference on the History of Opposition in Southern Africa, Johannesburg, 1978; Helen Bradford, "'We Are Now the Men': Women's Beer Protests in the Natal Countryside, 1929", in Belinda Bozzoli, ed., *Class, Community and Conflict — South African Perspectives*, Ravan Press (Pty) Ltd, pp. 292 - 323; 以及 Julia Wells 的一系列关于反通行证法的文章："'The Day the Town Stood Still': Women in Resistance in Potchefstroom 1922 - 1930", in Belinda Bozzoli, ed., *Township, Labour and Protest: Studies in the Social History of the Witwatersrand*, Ravan Press in association with the Institute of African Studies, 1979, pp. 269 - 307; "'Passes and Bypasses': Freedom of Movement for African Women under the Urban Areas Act of South Africa", in Margaret Jean Hay and Marcia Wright, eds., *African Women and the Law: Historical Perspectives*, Boston University, 1982, pp. 126 - 150; "Why Women Rebel: A Comparative Study of South African Women's Resistance in Bloemfontein (1913) and Johannesburg (1958)", *Southern African Studies*, Vol. 10, No. 1, 1983, pp. 55 - 70; Joanne Yawitch, *Black Women in South Africa: Capitalism, Employment and Reproduction*, B. A. Honours dissertation, University of the Witwatersrand, 1978。

① Cherryl Walker, *Women in 20th Century South African Politics: The Federation of South African Women, Its Roots, Growth and Decline*, MA thesis, University of Cape Town, 1978.

② Cherryl Walker, *The Women's Suffrage Movement in South Africa*, Cape Town, 1979.

③ Judy Kimblea and Elaine Unterhalter, "We Opened the Road for You, You Must Go Forward: ANC Women's Struggles, 1912 - 1982", *Feminist Review*, Vol, 12, No. 1, 1982, pp. 11 - 35; Elaine Unterhalter, *Forced Removal: The Segregation, Division and Control of the People of South Africa*, London: International Defence and Aid Fund, 1987, "Class, Race and Gender", in John Lonsdale, ed., *South Africa in Question*, Heinemann, 1988, pp. 154 - 171.

同时也认为由于妇女，尤其是但不仅是女户主家庭所承担的责任，所以妇女斗争具有独特的特征。在反抗高额租金、贫困住房、强制性搬迁以及劳动力市场里不同形式压迫的斗争中，运动经常把妇女当作母亲的角色进行宣传。这些研究总体上把女性视为是城市或农村人口中特别弱势的群体。

关注妇女抵抗运动的史学家也很容易找到妇女在工作领域被剥削的史料，特别是家政女工。这个领域最著名的女性主义文本是科克(Jacklyn Cock)书写的《女佣和夫人：剥削政治研究》。① 科克是社会学家，他结合社会学分析和历史重建来解释家政行业的黑人妇女地位。该书针对南非 80 万黑人家政工进行研究，主要分析资本主义社会下黑人和白人妇女地位，也分析了南非从资本主义前向资本主义社会的转变。1979—1990 年间他还出版了一系列有关家政工的文章。② 除此之外，盖茨克尔(Deborah Gaitskell)也是研究南非工人阶级黑人妇女经历的著名学者之一。她在 1979—1983 年间出版了一系列相关研究。③ 她对约翰内斯堡家政工的研究

① Jacklyn Cock, *Maids and Madams: A Study in the Politics of Exploitation*, Ravan Press, 1980.

② Jacklyn Cock, "Trapped Workers: Constraints and Contradictions Experienced by Black Women in Contemporary South Africa", *Women's Studies International Forum*, Vol. 10, No. 2, 1987, pp. 133 - 140; "Domesticity and Domestication: A Note on the Articulation of Sexual Ideology and the Initial Incorporation of Black Women into Wage Labour", Africa Perspective, Issue 3, 1980, pp. 16 - 26; "Domestic Servants in the Political Economy", *Africa Perspective*, Issue 15, 1980; "Deference and Dependence: A Note on the Self-Imagery of Domestic Servants", *South African Labour Bulletin*, Vol. 6, No. 1, 1980; "Disposable Nannies: Domestic Servants in the Political Economy of South Africa", *Review of African Political Economy*, No. 21, 1981, pp. 63 - 83; Jacklyn Cock, E. Eindon and B. Klugman, "Childcare and Working Mothers", *Africa Perspective*, Issue 26, 1985, pp. 29 - 60; D Gaitskell, "Class, Race and Gender: Domestic Workers in South Africa", *Review of African Political Economy*, Vol. 10, No. 27/28, 1983, pp. 86 - 108.

③ Deborah Gaitskell, "Class, Race and Gender: Domestic Workers in South Africa", *Review of African Political Economy*, Vol. 10, No. 27/28, 1983, pp. 86 - 108; Gaitskell, "Christian Compounds for Girls", *Journal of Southern African Studies*, Vol. 6, No. 1, 1979, pp. 44 - 69; Deborah Gaitskill and Judy Kimble, "Wailing for Purity: Prayer Unions, African Mothers and Adolescent Daughters, 1912 - 1940", in Shula Marks and Rathbone Rathbone, eds., *Industrialization and Social Change in South Africa: African Class Formation, Culture and Consciousness, 1870 - 1930*, Longman, 1982, pp. 338 - 357; Deborah Gaitskill, "Housewives, Maids and Mothers: Some Contradictions of Domesticity for Christian Women in Johannesburg, 1963 - 39", *Journal of African History*, Vol. 24, No. 2, 1983, pp. 241 - 256.

揭露了这些妇女在意识形态上的矛盾和不安,南非种族隔离的社会秩序影响了她们的意识形态。艾丽斯·伯杰(Iris Burger)针对家务劳动、雇佣劳动和资本主义的关系进行研究。[①] 伯杰提出南非妇女无产阶级化程度不如男性工人彻底的观点。她描述了在服装和纺织品业黑人和白人妇女都参与到劳工斗争以及她们的战斗范围。伯杰认为,尽管南非女工在经济和情感上与她们的家庭紧密联系,但是一些因素还是让黑人妇女工人阶级培养了激进的政治意识,这些因素包括:大部分妇女背负的沉重责任;大量妇女流动劳工,尤其是在德班地区的纺织业中,居住在人口密集的被严密控制的单身宿舍里;黑人生活和工作条件的苛刻规定。[②] 这些是工会组织、宗教团体、非正式援助网络、社区基础的反抗运动、非洲人国民大会妇女联盟(African National Congress Women's League, ANCWL)活动以及 20 世纪 50 年代通行证运动中的反抗和团结的传统。伯杰还认为妇女在家庭中的实际地位也需要进一步的研究。她认为许多妇女对家庭生存负全部责任,因此并不完全依赖男性。

早期学者们关注的另外一个焦点是南非法律和妇女。其中比较著名的是西蒙(H. J. Simon)关于南非黑人妇女法律地位的研究[③]和沙诺克(Martin Chanock)关于殖民时期习惯法对男女影响的研究[④]。非洲父权制下的性别价值观与殖民官员和法官自己的父权观,以及他们对控制黑人妇

① Iris Berger, "Sources of Class Consciousness: South African Women in Recent Labor Struggles", first published in *The International Journal of African Historical Studies*, Vol. 16, No. 1, 1983, pp. 49 - 66, later included in Robertson and Berger, eds., *Women and Class*, pp. 216 - 236; "Solidarity Fragmented: Garment Workers of the Transvaal, 1930 - 1960", in Shula Marks and Stanley Trapido, eds., *The Politics of Race, Class and Nationalism in 20th Century South Africa*, Longman, 1987, pp. 124 - 55.

② Iris Berger, "Sources of Class Consciousness: South African Women in Recent Labor Struggles", p. 216.

③ H. J. Simons, *African Women: Their Legal Status in South Africa*, Northwestern University Press, 1968.

④ Martin Chanock, "Making Customary Law: Men, Women and Courts in Colonial Northern Rhodesia", in Margaret Jean Hay and Marcia Wright, eds., *African Women and the Law*, Boston University Papers on Africa, VII, Boston: Boston University African Studies Center, 1982, pp. 53 - 67.

女和加强酋长对地方的管理能力的目的融合一起，从而使南非黑人妇女受到更加严格的控制。沃克在研究南非性别和流动劳动中就有这样的论断，[①]而比尔(Jo Beall)在研究纳塔尔契约劳工制度下对印度妇女的镇压政策中也得出相类似的结论。[②]

随着南非社会情况的变化，南非妇女/性别研究史的观念和性别类别逐步发生转变。学界认为性别构建了男性和女性不同的生活，男女经历的历史和日常生活是有差异的，并把这些差异作为分析的起点。性别不再是种族和阶级分析的附属，而成为分析复杂社会史的工具。

当代性别史的焦点仍然是"女性"或是与女性密切相关的社会生活领域——家庭、家务劳动、妇女在城镇的工作。经济史学家布雷福德(Helen Bradford)在《自由的滋味》中就强调了阶级分析的重要性。[③] 但是在关于纳塔尔啤酒厅 1929 年的抵抗研究中，强调了历史重构中性别分析的重要性。[④]她认为，围绕南非酒业的社会矛盾调查，尽管加深了我们对酒业、无产阶级化和社会控制之间互相联系的理解，但是也破坏或遮蔽了妇女的作用。家庭结构中的父权影响通常让位给阶级剥削和民族压迫。布雷福德认为啤酒抵制运动中，由于南非妇女反抗男工对妇女收入的绝对的经济控制，更多揭示了妇女女性主义意识而非阶级意识。她的分析"试图说明除非个体被视为政治——除非(女性占主导的)家庭领域与(男性占主导的)政治经济领域发生关联——否则无法彻底理解黑人的抵抗"[⑤]。社会史学家研究的起点就

① Cherryl Walker, "Gender and the Development of the Migrant Labour System, c. 1850 - 1930", in Cherryl Walker, David Philip and James Currey, eds., *Women and Gender in Southern Africa to 1945*, Bloomington: Indiana University Press, 1991, pp. 168 - 196.

② Jo Beall, "Women under Indentured Labour in Colonial Natal, 1860 - 1911", in Cherryl Walker, David Philip and James Currey, eds., *Women and Gender in Southern Africa to 1945*, Bloomington: Indiana University Press, 1991, pp. 146 - 167.

③ Helen Bradford, *A Taste of Freedom: The I. C. U. in Rurual South Africa*, 1924 - 1930, Yale University Press, 1987.

④ Helen Bradford, "'We Are Now the Men': Women's Beer Protests in the Natal Countryside, 1929", in Belinda Bozzoli, ed., *Class, Community and Conflict — South African Perspectives*, Ravan Press (Pty) Ltd, 1987, pp. 292 - 323.

⑤ Ibid., p. 293.

是“家庭领域”，认为它们是构成妇女经验和意识的最直接的领域。因此布雷福德和贝纳特(William Beinart)[①]把20世纪20年代和30年代黑人抵抗的主要原因归结为黑人家庭的极度贫困。他们对物质世界的详细记录提供了妇女政治运动的背景。妇女斗争不仅仅是反抗阶级压迫和国家，同时也反抗根植于家庭关系中的父权制结构。这些结构从早期的资本主义前的社会构成中延续下来，但是在南非资本主义的特殊环境下又有所不同。

黑人妇女成为妇女研究的主体，但是同时不同阶级、种族和文化的妇女也被分别对待。性别、阶级、种族和语言区分下白人妇女史得到一些关注[②]。围绕女性气质和男性气质的意义的性别意识、性别建构和斗争获得了更广泛、详细的关注。总体而言，20世纪七八十年代南非女性主义史学有两大主题：一是把黑人妇女描述成是得到国家支持的特殊的资本主义压迫的“受害者”；另外一个是妇女对这种压迫的“英雄式”的反抗。

3. 南非转型时期和新南非妇女研究

新南非的建立为女性把妇女问题政治化创造了机会。各种族的妇女开始合作，并认为解放后的妇女问题不应该再被忽视，强调女性在政治中的地位，并决心创建一个开明的环境。在这样一个相对较短的时期内南非妇女地位的改变可以称得上是一种“性别革命”，甚至有学者认为这是世界上任何其他地方都没有的独特的性别平等运动史。

有不少学者专门对转型时期妇女的角色进行研究。例如艾伯坦(C. Albertyn)的《南非妇女和民主转型》[③]、科克的《南非民主转型中的妇

---

① William Beinart, “Womenin Rural Politics: Herschel District in the 1920's and 1930's”, in William Beinart and Colin Bundy, *Hidden Struggles in Rural South Africa: Politics and Popular Movements in the Transkei and Eastern Cape 1890 – 1930*, J. Currey, University of California Press, Ravan Press, 1987.

② Cherryl Walker, “The Women's Suffrage Movement: The Politics of Gender, Race and Class” and Elsabe Brink, “Man-made Women: Gender, Class and the Ideology of Volksmoeder”, both in Cherryl Walker, David Philip and James Currey, eds., *Women and Gender in Southern Africa to 1945*, Bloomington: Indiana University Press, 1991, pp. 313 – 345 and 273 – 292.

③ C. Albertyn, “Women and the Transition to Democracy in South Africa”, in C. Murray, ed., *Gender and the New South African Legal Order*, Johannesburg: Juta, 1994.

女》[1]和哈斯姆(Shireen Hassim)的《南非民主转型时期的妇女运动》[2]等，考察妇女在南非民主转型的关键时期如何发动自己的力量为妇女争取权利。

妇女传记和自传部分地弥补了种族隔离时期有关妇女斗争史的研究。一些学者在热情书写肩负"母亲职责"的活动家的工作中为女性行动开拓空间。[3] 其他一些女性学者进一步强调女性在反隔离斗争中以及在反对性别主义和父权制中起到同样重要的作用。[4] 同样地，还有研究者进一步把例如回忆录中的婚姻、情感和家庭生活等个人问题包含在内。[5] 其中波佐利、布里(Hannah Britton)、盖斯勒(Geisler)、哈斯姆和拉塞尔(Diana Russell)的研究[6]不仅涵盖反隔离斗争中的妇女生活，也包括隔离后政治圈内的妇女。这些研究包括诸如女议员试图在议会内外部改变性别关系，妇女和妇女政治组织在影响南非民主过渡和政策制定中的作用，以及母亲身份、监狱生

---

① Jacklyn Cock, "Women in South Africa's Transition to Democracy", in Joan W. Scott, ed., *Transitions, Environments, Translations: Feminisms in International Politics*, New York/London: Routledge, 1997.

② Shireen Hassim, "A Conspiracy of Women: The Women's Movement in South Africa's Transition to Democracy", *Social Research*, Vol. 69, No. 3, 2002, pp. 693 - 732.

③ Emma Mashinini, *Strikes Have Followed Me All My Life — A South African Autobiography*, London: The Women's Press, 1989; Sandiwe Magona, *Forced to Grow: An Autobiography*, London: The Women's Press, 1992; Ellen Kuzwayo, *Call Me Woman*, London: The Women's Press, 1985.

④ 例如：Amina Cachalia, *When Hope and History Rhyme: An Autobiography*, Johannesburg: Picador Africa, 2013; Anne Mare du Preez-Bezdrob, *Winnie Mandela: A Life*, London: Random House Struik, 2005; E. Walter Sisulu and Albertina Sisulu, *In Our Lifetime*, Cape Town: David Philip, 2003; Gillian Slovo, *Every Secret Thing*, London: Little, Brown, 1997; Fatima Meer, *Prison Diaries: One Hundred and Thirteen Days 1976*, Cape Town: Kwela Books, 2001; Mamphele Rampele, *Across Boundaries: The Journey of a South African Woman Leader*, New York: The Feminist Press at CUNY, 1999。

⑤ 例如：Zubeida Jaffer, *Our Generation*, Cape Town: Kwela, 2003; Prega Govender, *Love and Courage: A Story of Insubordination*, Johannesburg: Jacana, 2007。

⑥ Belinda Bozzoli, *Women of Phokeng: Consciousness, Life Strategy, and Migrancy in South Africa, 1900 - 1983*, Heinemann, 1991; Hannah Britton, *Women in South African Parliament: From Resistance to Governance*, Urbana: University of Illinois press, 2005; Gisela Geisler, *Women and the Remaking of Politics in Southern Africa, Negotiating Autonomy, Incorporation and Representation*, Uppsala: Nordiska Afrikainstitutet, 2004; Shireen Hassim, *Women's Organizations and Democracy in South Africa: Contesting Authority*, Madion: University of Wisconsin Press, 2006; Diana Russell, *Lives of Courage: Women from a New South Africa*, Oakland: Basic Books, 1991.

活、流放和工会制度的复杂性等。但是这些出版物里仍然存在性别和阶级的偏见问题，出版的女性故事大都是“标杆性”的公众人物。另外有关印度妇女的研究主要关注中产阶级，也包含强烈的阶级偏见。[①]

新南非诞生后，新南非的妇女研究进入快速发展的阶段，研究视角也越来越多元化，涵盖妇女的方方面面，如性别不平等问题、婚恋、家庭、暴力、健康、生育、教育、工作、法律、文化、宗教、参政等[②]，而且许多视角产生交叉，如

---

① Betty Govinden, *Sister Outsiders: The Representation of Identity and Difference in Selected Writings by South African Indian Women*, Pretoria: University of South Africa Press, 2008; Goolam Vahed and Thembisa Waetjen, *Dear Ahmedbhai, Dear Zuleikhabhen: The Letters of Ahmed Kathrada and Zuleikha Mayat 1979 - 1989*, Johannesburg: Jacana, 2009; Goolam Vahed and Thembisa Waetjen, *Gender, Modernity, and Indian Delights: The Women's Cultural Group of Durban, 1954 - 2010*, Cape Town: HSRC Press, 2010; Devi Rajab, *Women — South Africans of Indian Origins*, Johannesburg: Jacana, 2011.

② Ingrid Palmary, *Gender, Sexuality and Migration in South Africa: Governing Morality*, Palgrave Macmillan, 2016; Melissa Steyn and Mikki van Zyl, eds., *The Prize and the Price: Shaping Sexualities in South Africa*, Human Sciences Research Council, 2009; Susanne M. Klausen, *Abortion Under Apartheid: Nationalism, Sexuality, and Women's Reproductive Rights in South Africa*, Oxford University Press, 2015; Henriette Gunkel, *The Cultural Politics of Female Sexuality in South Africa*, reprint edition, Routledge, 2011; Alexandra Gibson, and Catriona Macleod, "Beyond 'Coming Out': Lesbians'(alternative) Stories of Sexual Identity Told in Post-apartheid South Africa", in Suzanne McKenzie-Mohr and Michelle N. Lafrance, eds., *Women Voicing Resistance: Discursive and Narrative Explorations*, Routledge, 2014, pp. 29 - 43; Beth Goldblatt, "Case Note: Same-sex Marriage in South Africa — the Constitutional Court's Judgment", *Feminist Legal Studies*, Vol. 14, No. 2, 2006, pp. 261 - 270; Kerry Bystrom, *Democracy at Home in South Africa*, Palgrave Macmillan US, 2016; Zitha Mokomane, Francine Masson and Eleanor Ross, "Workplace Changes and Its Implications for Work-Family Conflict and Gender Asymmetries in South Africa", in Zitha Mokomane, ed., *Work-Family Interface in Sub-Saharan Africa*, Springer International Publishing, 2014; Rachel Carter, *The Domestic Violence Act* (116 *of* 1998): *Increased Safety for Women Experiencing Domestic Violence in South Africa?*, University of Cape Town, 2014; Hannah Britton, "Organising against Gender Violence in South Africa", *Journal of Southern African Studies*, Vol. 32, No. 1, 2006; Pumla Dineo Gqola, *Rape: A South African Nightmare*, Jacana Media; 2016; Mark N. Lurie, "Migration, Sexuality and the Spread of HIV/AIDS in Rural South Africa", *Southern African Research Centre*, Queen's University, 2004; Susanne M. Klausen, *Race, Maternity, and the Politics of Birth Control in South Africa, 1910 - 39*, Palgrave Macmillan UK, 2004; Catriona Macleod and Tiffany Tracey, "Pregnancy Among Young Women in South Africa", in Andrew L. Cherry and Mary E. Dillon, eds., *International Handbook of Adolescent Pregnancy*, Springer US, 2014; Fiona Scorgie, Duane Blaauw, Tessa Dooms, Ashraf Coovadia, Vivian Black and Matthew Chersich, "'I Get Hungry All the Time': Experiences of Poverty and Pregnancy in an Urban Healthcare Setting in （转下页）

马克·亨特(Mark Hunter)的《艾滋病时代的爱情》[①]，详细描述了南非男女在社会经济边缘化、持续的性别不平等和艾滋病感染率不断攀升的环境下如何重新改进性别、性行为和亲密关系，并认为当代南非性行为和性关系受政治经济和性行为的辩证关系的影响。[②] 在相互影响的过程中，南非后殖民时期的性、爱情和亲密度被殖民和隔离资本主义和新自由主义民主的反复无常的复杂方式所改变。此外，妇女成为跨学科研究的主体，涉及社会学、人口学、医学、法律、历史学、人类学、经济学等学科。加萨（Nomboniso Gasa）编写的《南非历史中的妇女》[③]就是一本跨学科文集，涵盖了来自历史学家、社会学家、政治家等的作品，反映了南非历史上妇女的压迫情况、地位变迁和妇女事业，时间跨度上从殖民前时代一直到殖民后时代，描述了女酋长、女奴、女工、政治妇女、妇女运动以及新南非妇女的斗争和胜利等。

新南非性别平等和性别权利的研究呈现以下几个特点：强调宪法权利的综合性和进步性，以及在不同文化环境中把这些转化成有效的政策和行动所面临的困难。学术领域的分散性，从不同学科背景关注性别问题，出现

(接上页)South Africa", *Globalization and Health*, Issue 11, 2015; Linda Chisholm and Elaine Unterhalter, "Gender, Education and the Transition to Democracy: Research, Theory and Policy in South Africa 1980 - 1998", *Transformation*, Issue 39, 1999; Doria Daniels and Nazreen Dasoo, "Muslim Women Academics in Higher Education: Reflections from South Africa", in Terence Lovat, ed., *Women in Islam: Reflections on Historical and Contemporary Research*, Springer Netherlands, 2012; Meghan Healy-Clancy, *A World of Their Own: A History of South African Women's Education*, University of Virginia Press, 2014; H. B. Holmarsdottir, V. Nomlomo and A. I. Farag, eds., *Gendered Voices: Reflections on Gender and Education in South Africa and Sudan*, Sense Publishers, 2012; E. Van Huyssteen, *The Constitutional Court, Civil Society and the Construction of Gender and Inequality in South Africa*, paper presented at the Workshop on the Role of Communitarian Law in Implementing Equal Rights, June 7 - 9, Gipuzkoa, Spain: International Institute for the Sociology of Law, 2000; Abiola Sunmonu, *Gender Inequality, Legal Pluralism & Land Reform in South Africa*, (M. A.), Carleton University, 2005; Fiona C. Ross, *Bearing Witness: Women and the Truth and Reconciliation Commission in South Africa*, Pluto Press, 2003 等。

① Mark Hunter, *Love in the Time of AIDS: Inequality, Gender, and Rights in South Africa*, Indiana University Press, 2010.

② Ibid., p. 5.

③ Nomboniso Gasa, ed., *Women in South African History*, HSRC press, 2007.

跨学科的合作成果，对政策和计划实施的研究关注较少。大部分的研究关注妇女和儿童，而忽略了男性扮演的重要角色，特别是男性作为“作恶者”的角色，如暴力和家庭虐待的社会问题影响到妇女和儿童的权利。对妇女的关注使妇女和儿童在国家政策、指导方针和规划方面获得一定重视。尽管新南非承诺给女性平等的权利，但是健康、贫困、暴力、强奸等问题仍然存在，还需学界更进一步的研究和关注。

二、 国内研究回顾

国内对非洲妇女和南非妇女的研究起步很晚，仅有的一些研究主要始于20世纪90年代，而且缺乏深入的细节性的研究，对南非妇女的研究更是阙如，迄今为止国内还没有任何一本针对非洲妇女或是南非妇女的专著。尽管如此，国内学者还是从各个方面对非洲妇女研究进行尝试和探讨。

魏翠萍是国内较早关注非洲妇女的学者之一。她发表的《试论非洲妇女的社会地位及作用》(1994)探讨了非洲妇女地位的历史变迁。[①]《传统文化与非洲妇女人权》(1995)[②]一文，从非洲妇女在社会、文化、法律、婚姻家庭制度、财产继承、传统隔离、经济、从属地位等八个方面阐述了非洲妇女人权受到的严重侵害，强调非洲传统文化以男性为中心的男权思想和观念。

同时关注非洲妇女发展的学者及其研究成果还有贺文萍《和平发展与非洲的妇女解放》(1995)，夏吉生《非洲妇女在土地、财产继承和婚姻方面的法律地位问题》(1997)和《跨入新世纪的非洲妇女》(2001)，时春荣《非洲妇女与“第二次解放运动”》(2007)，魏晓明、李娜、吴霜《在艰难中跃向平等——非洲女童教育现状分析》(2007)，李伯军、石婷《非洲妇女在武装冲突中遭受性暴力的人权保护法律问题及对策》(2012)，李英桃《和平进程中的

① 魏翠萍：《试论非洲妇女的社会地位及作用》，《西亚非洲》1994年第1期，第60—65页。
② 魏翠萍：《传统文化与非洲妇女人权》，《西亚非洲》1995年第5期，第26—28页。

非洲妇女安全：以布隆迪和利比里亚为例》(2014)，和建花、丁娟《非洲妇女参政配额制实施状况的研究与思考》(2015)。[①]

洪永红教授主要研究了南非妇女发展。他撰写的《1913年南非布隆方丹妇女运动初探》(1993)与《从两次反通行证法看南非妇女运动》(1996)[②]两篇文章，主要探讨南非妇女运动自身的特点。他的硕士学生吴晓力的学位论文《南非〈家庭暴力法〉探析》(2010)[③]从法律层面对南非妇女的状况有所涉及。同时还有张德坤《南非婚姻法律制度研究》(2012)[④]、李思梦《新南非妇女参政研究初探》(2014)[⑤]两篇硕士学位论文分别从法律和妇女参政方面进行研究。

张象主编的《彩虹之邦新南非》(1998)一书中专门有一章对南非妇女运动的历史及妇女运动对反种族隔离制斗争的贡献作了比较详尽的阐述。[⑥]

以上学者的论著从不同角度探索非洲妇女的历史，对于我们了解非洲以及南非妇女有一定的帮助。国内南非妇女研究没有形成延续性，缺乏长期跟踪研究，只是偶尔为之，而且研究缺乏深层次的挖掘，偏宏大叙事，概念笼统，细节不够详实等。本书的研究目标是既有全局的观照又有微观的分析，既有长时段的考察，又有当时横向的比较，希望能呈现出立体动态的南非黑人妇女形象。

---

① 贺文萍：《和平发展与非洲的妇女解放》，《西亚非洲》1995年第5期，第20—25页；夏吉生：《非洲妇女在土地、财产继承和婚姻方面的法律地位问题》，《西亚非洲》1997年第4期，第51—55页；夏吉生：《跨入新世纪的非洲妇女》，《亚非纵横》2001年第3期，第33—36页；时春荣：《非洲妇女与"第二次解放运动"》，《西亚非洲》2007年第8期，第62—65、80页；魏晓明、李娜、吴霜：《在艰难中跃向平等——非洲女童教育现状分析》，《全球教育展望》2007年第3期，第93—96页；李伯军、石婷：《非洲妇女在武装冲突中遭受性暴力的人权保护法律问题及对策》，《广州大学学报(社会科学版)》2012年第5期，第27—31页；李英桃：《和平进程中的非洲妇女安全：以布隆迪和利比里亚为例》，《国际安全研究》2014年第3期，第136—160页；和建花、丁娟：《非洲妇女参政配额制实施状况的研究与思考》，《山东女子学院学报》2015年第6期，第36—44页。

② 洪永红：《1913年南非布隆方丹妇女运动初探》，《湘潭大学社会科学学报》1993年第4期，第189—224页；洪永红：《从两次反通行证法看南非妇女运动》，《湘潭大学社会科学学报》1996年第1期，第88—91页。

③ 吴晓力：《南非〈家庭暴力法〉探析》，硕士学位论文，湘潭大学，2010年。

④ 张德坤：《南非婚姻法律制度研究》，硕士学位论文，湘潭大学，2012年。

⑤ 李思梦：《新南非妇女参政研究初探》，硕士学位论文，湖南师范大学，2014年。

⑥ 张象主编：《彩虹之邦新南非》，当代世界出版社1998年版。

第三节 概念的界定

一、 南非妇女与南非黑人妇女

南非的多种族特征导致对南非妇女的分析不能把其当成一个整体一概而论。南非居民主要分为黑人、白人、有色人和亚裔人。从出生开始，一个孩子的地位就“由例如血统、外表(头发、嘴唇、指甲，等等)、社会认可、习惯、口音和教育等标准所决定”。[①] 各种族内部还有不同的部族。黑人是南非的主体居民，土著居民主要有科伊人、桑人和班图人；南非白人主要是欧洲移民的后裔，最早的移民来自荷兰(旧称布尔人)、德国和法国的新教徒，后来形成了特殊的群体被称为阿非利加人，还有来自英国的英裔白人；有色人主要指白人与当地土著婚配的后裔；亚洲裔人以印度人为主体，还有少数华人。[②]

根据南非 2011 年第三次人口普查报告，南非总人数达到 5 177 万，黑人、有色人、白人和亚裔四大种族分别占总人口的 79.2%、8.9%、8.9%和 2.5%，黑人是南非的主体居民。其中男性占总人口的 48.7%，女性人口占 51.3%。[③] 在南非社会中，男性和女性起着各不相同的作用，而占人口一半以上的南非妇女的历史经历却一直被忽视。黑人是南非的主要人口，将近占南非总人口的 4/5，而其中黑人男性占 48.6%，黑人女性占 51.4%。[④]南非黑人妇女从其既为黑人又是女性的生活体验而言，经历更多的苦难和压迫。一方面她们与黑人男子一起遭受种族歧视、殖民主义和阶级的压迫，同时白人妇女也许受害于性别歧视，但是种族主义让她们成为黑人的剥削者

① Fiona Mclachlan, “The Apartheid Laws inBrief”, in *The Anti-Apartheid Reader: South Africa and the Struggle against White Racist Rule*, New York: Grove Weidenfeld, 1987, p. 76.

② 夏吉生主编:《南非种族关系探析》,华东师范大学出版社 1995 年版,第 2—4 页。

③④ Statistics South Africa, *Census* 2011 *Census in brief*, 2012, pp. 19 - 32.

和迫害者；黑人男性也许受到种族主义的残害，但性别歧视又让他们成为黑人妇女的剥削者和迫害者。南非著名的反种族隔离斗士、诺贝尔和平奖获得者德斯蒙德·图图主教这么描述他的黑人妻子："丽雅作为我的配偶住在约翰内斯堡，她遭受的是双重歧视——作为黑人，还作为妇女。她甚至享受不到黑人男性的那点可怜的权利。"①

文中指称的南非妇女统指包括所有种族在内的妇女，而南非黑人妇女或者其他种族的妇女会有专门所指。英语中为了避免种族歧视，用"非洲人"(African)一词取代黑人(black people)。本书中为了避免理解上的混乱，还是沿用"黑人"和"黑人妇女"的称呼。

二、社会性别主流化

1985 年在内罗毕举行的第三届世界妇女会议上出现了性别主流化(gender mainstreaming)的概念，之后一直活跃在联合国的各个发展组织中。② 1995 年在北京召开的联合国第四届世界妇女大会明确了此概念，强调联合国以及下属各单位必须在女性充分有效的参与下加强女性主义的发展政策和计划，以促进女性的权利，又有人称之为特殊女权。这是旨在提高两性平等的一项全球性策略。1997 年 2 月联合国经济及社会理事会确定其定义：

> 所谓社会性别主流化是指在各个领域和各个层面上评估所有有计划的行动(包括立法、政策、方案)对男女双方的不同含义。作为一种策略方法，它使男女双方的关注和经验成为设计、实施、监督和评判政治、经济和社会领域所有政策方案的有机组成部分，从而使男女双方受益均等，不再有不平等发生。纳入主流的最终目

① [南非]德斯蒙德·图图：《没有宽恕就没有未来》，江红译，上海文艺出版社 2002 年版，第 16 页。

② Mark A. Pollack and Emilie Hafner-Burton, "Mainstreaming Gender in the European Union", *Journal of European Public Policy*, Vol. 7, No. 3, 2000, pp. 432－456.

标是实现性别(男、女、性倾向、跨性别)平等。[①]

社会性别主流化的目标是改变不平等的社会和体制结构,使之对男女双方都平等公正。自1995年联合国第四次世界妇女大会在北京成功举行之后,许多国家通过采取社会性别主流化等积极措施,推进社会性别平等和妇女发展,其中南非就是成员国之一。

第四节 研究思路与框架

本书的主要研究思路是综合南非妇女在法律、政治、教育和文化四个领域中的地位变迁,以反映南非黑人妇女在公共领域中如何对抗种族和性别歧视,最终提高南非妇女在公共领域的地位。

之所以选择从这几个角度对南非黑人妇女的地位变化进行研究,是因为妇女参与公共生活的障碍主要来自法律、政治、教育和文化等的限制。性别歧视概念化的一个关键问题是公共空间和私人空间二元划分的性别化。公共领域传统上一直是属于男性。尽管在国际层面达成共识,认为国家有义务扫除妇女全面积极参与公共领域所面临的障碍,但是在国家层面,要实现妇女在该领域的平等,仍任重而道远。国家层面的宪法和法律可以通过排斥性和限制性的条款阻碍妇女参与公共和政治生活,进而限制妇女全面进入公共领域。[②]

政治和公共生活中的性别平等问题不能割裂来考虑,因为妇女进入公共生活还面临着决策权的复杂障碍,不仅包括政治,还包括如社会、经济、文

① 联合国:《联合国妇女问题:社会性别主流化》,http://www.un.org/chinese/esa/women/mainstreaming.htm。

② Johanna E. Bond, "Constitutional Exclusion and Gender in Commonwealth Africa", *Fordham International Law Journal*, Vol. 31, No. 2, 2007.

化、家庭、健康和安全等各个层面的决策权。[①] 政治上是否具有平等人权，是否进入领导层具有决策权，将全面影响妇女参与国家议会和政治政策中的性别平等问题。妇女人权是支持妇女参与公共领域和政治生活的保障。

而教育是提高妇女参与公共领域的一个重要途径。教育作为培养现代化的平等性别观念的一种有效手段，其作用已经得到国际社会的公认。受过良好教育的妇女思想活跃，社会主体意识强，一般具有较平等的性别观念，能够认识到女性的社会价值。这正是女性提高政治认知、增强政治意识、明确政治价值观的重要前提，也是女性广泛参与社会经济生活的基础。

文化中根深蒂固的性别角色划分和消极的刻板印象是持续阻碍妇女参与政治和公共生活的另一个重要因素。两者通过持久有害的规范、实践、传统以及在生活所有领域里对妇女角色、责任和身份的父权式的态度而强化对女性的歧视。妇女参与政治和公共生活还受父权制文化的影响，因为这种文化认为妇女最适合的场所就是家庭。黑人妇女生儿育女和维持家庭的责任所构成的不成比例的负担，阻碍了妇女参与政治和公共生活的进程。这或许是因为“公共领域体制的建立假设公共领域中的主体很少有或没有家庭责任”。[②] 这种现象被称为“劳动的性别分工”，反映在家庭中就是缺乏平等的劳动划分。这对妇女造成了很大的影响，因为平衡工作和家庭责任的选择对她们仍然非常有限。传统文化中对性别角色和刻板印象的观念是实现性别平等的阻碍，而这些文化信念渗透到政治和公共领域的所有行动中。文化生活构成了直接的、间接的和结构性的性别歧视。

基于以上的原因，本书从法律、政治、教育和文化四个角度来探索南非黑人妇女在南非社会转型时期的地位变迁。之所以没有从经济角度进行分析，是因为公共领域理论从一开始对劳动和工作是否属于公共领域存在争

① Rebekah Wilson, “Western Region”, report to the Working Group on the Issue of Discrimination Against Women in Law and in Practice, Women in Parliament 2011: The Year in Perspective, IPU, p. 5.

② International Parliamentary Union, *Equality in Politics: A Survey of Women and Men in Parliaments*, 2008, p. 72.

议，而农耕时代南非黑人妇女的主要劳动领域在家庭和农场，与现代意义上的经济领域在意涵上有一定区别。为避免争议，故在今后的研究中再针对经济领域进行探讨。

本书的框架主要分七个部分。

绪论部分包括文本的研究意义和研究思路，同时也对中外学者对于非洲和南非妇女的相关研究成果进行梳理。

第一章阐述了妇女研究的丰富理论，结合女性主义者弗雷泽提出的女性公共领域，说明利用公共领域框架阐述黑人妇女地位变迁的原因以及公共领域理论在本书中的应用。

第二章从法律视角看南非黑人妇女地位的变化，着重分析了传统法律体系，特别是习惯法中妇女受歧视的法律地位。通过 20 世纪 90 年代转型时期黑人妇女对制宪过程的推动，最终形成了 1996 年南非宪法中规定的无种族歧视和无性别歧视的原则。

第三章从参政角度看南非黑人妇女地位的变化。种族隔离时期黑人妇女从隶属于男性，为男性组织的运动服务，再到组建自己的组织；从把性别平等的诉求让位给民族解放运动，再到提出两性平等的转化，妇女在政治运动中不断成长和壮大，最终形成在南非政党，特别是非洲人国民大会（African National Congress，ANC，简称非国大）内的性别配额制，扩大妇女担任公职的机会，促进形成性别平等的政策保障与国家机制。

第四章从教育角度看南非黑人妇女的变化。主要从基础教育、高等教育和成人教育几个方面看黑人妇女受教育情况的变化，分析在教育目的、教育内容、教育经费、教育设施、教育政策等方面的变化。尽管黑人妇女教育在新南非成立后得到改变，但还是面临许多困难。

第五章从文化领域看黑人妇女的地位变化。本章以最能体现性别偏见的体育文化中的黑人妇女为分析主体，并以南非黑人女足为例，分析南非黑人妇女在体育文化领域中的变化。

结论部分从总体上评价黑人妇女在公共领域中取得的成就。黑人妇女联合其他种族的妇女以及整个黑人群体，努力推动南非妇女地位不断提高，使南非在社会性别主流化中走在世界前列。但是公共领域的性别平等不等于私人领域的性别平等，形式上的平等也不等于实质上的平等。新南非女性仍然面临许多问题与困难。因此即使新南非已经有了解放妇女和促进性别平等的法律法规和措施，也一定要还原到具体生活，落实在女性的个体生命中才能实现真正的平等。

第一章

妇女研究的多维度视角

历史的纷繁复杂使研究者在不同的历史时段运用不同的理论和视角关注不同的研究主体和焦点。妇女研究的书写不管是"他者"的镜像还是"她者"的切身体会，站在不同的学术与政治立场，撰写出来的"妇女史"也将具有不同的价值导向。历史长河中的妇女生活多姿多彩，妇女研究也注定不只有一种范式，它的研究对象、角度、理论、方法都是多元的。

第一节　妇女史和社会性别史研究的若干理论方法

如果浮光掠影地回顾一下过去几十年的妇女史与社会性别史，一方面是20世纪70年代的妇女解放运动造就了一批女性主义史学家，他们在法国领导了一场史学革命。乔治·杜比（George Duby）和米歇尔·佩罗（Mechelle Perrot）主编的《西方妇女史》中，一批女性主义史学家分别撰文论述了从古代希腊、罗马至当代的西方妇女史。[①] 与一般史学著作不同的

① Georges Duby and Pauline Schmitt Pantel, eds., *History of Women in the West*, 5 Vols, Belknap Press: An Imprint of Harvard University Press, 2000.

是，此书的作者们从女性视角出发，把古代诸神、圣母玛利亚、巫婆等当作各种类型的妇女典型，用这些材料来分析历史上妇女的社会状况，客观地展示出男性和女性对“妇女”的不同评述，这种差异性贯穿在全部妇女史中。由于这是破天荒第一次在史学分析中将男性与女性等量齐观，“两性关系”旋即成为一系列问题的焦点所在。另一方面，同性恋者们，尤其是男性同性恋领导了性经验史的一场认识论革命。在这个问题上，米歇尔·福科（Michel Foucault）的思想体系占主导地位。而著名希腊史学家妮科尔·洛罗（Nicole Loraux）引领了语言学转向潮流，被视为20世纪80年代影响了社会科学的一场解释学革命。

此外，最具影响力的是社会性别理论的出现。它是对自然性别理论的扬弃，不仅成为女性学的基本理论，而且在其他领域也产生了广泛的影响。社会性别理论使性别研究脱离男女二元对立的思维模式，不再仅限于对妇女的思考，而是走向对社会性别的关注，对更广阔的权力关系进行探索。琼·瓦拉赫·斯科特的《社会性别：历史分析中的一个有效范畴》一文，使得人们能重新审视社会性别与家庭、劳动、国家的构建以及民族国家革命之间的错综复杂的关系。①

“社会性别”原是语言学范畴内涵盖阴阳之义的名词，20世纪70年代之后，女性主义者援用该词以示生物性别与社会性别之差异。人类的性别角色行为模式，不仅存有生物性别（sex）上的区分，也由后天社会界定，且经文化模造产生。正如法国女权作家西蒙娜·波伏娃（Simmor De Beauvoir）在《第二性》中提出的观点：“作为社会角色的‘女人’不是天生的，而是后天被造就的。”②简单地说，社会性别理论认为，男女之间的差异不是因为男女的生理特征而自然产生，而是在社会文化中形成的，是“社会体制和习俗”把人设置在规范好的“男性”“女性”的活动中所产生的结果。它要求在看待有关性别问题时，要考察女性与男性面对的不同的社会现实、生活期望、经济

---

① 贺萧、王政：《中国历史：社会性别分析的一个有用的范畴》，《社会科学》2008年第12期，第143页。

② ［法］西蒙娜·德·波伏娃：《第二性》，陶铁柱译，中国书籍出版社1998年版，第309页。

环境等。因此女性主义者认为，社会公共政策的制定应分析对女性和男性的不同影响，尤其是可能给女性带来的负面影响，进而修改社会公共政策包括法律等，以期消除男女之间的实际不平等。①

对妇女研究影响最大的莫过于女权运动和女性主义的各种理论。女权史讨论了不同时期、以系列波形式出现的强大的女权运动的历史面貌。女性主义理论与女权运动相辅相成，一方面女权运动促使不同女性主义理论的形成，另一方面女性主义理论的繁荣又进一步促进女性主义运动的发展。"女性主义"一词起源于19世纪法国，意指妇女运动，在这两个世纪内被广泛使用而被赋予不同意义。至今一般人倾向于把女性主义看作为了终止女性在社会生活中的附属地位所作的种种努力，即妇女要求享有身为人类的完整权利。女性主义被认为是向原有的劳力分配让男人得以控制所有的公共领域的挑战，包括工作、运动、战争、政府等领域，而女人成为家庭中不支薪的奴工，承担整个家庭生活的重担。同时女性主义也是向男人和女人之间的关系挑战，并且反抗所有造成女人无自主性、附属性和屈居次要地位的权力结构、法律和习俗。女性主义理论的发展，随着时代、地域、文化情境的不同影响，必然产生不同的主张与诉求。

早期的女性主义发展脉络比较清晰可寻，近数十年由于社会文化和妇女处境快速变迁，女性主义理论的各种流派之间交互激荡产生了各种面貌，其分类方式多样，流派纷杂，如有自由主义女性主义、马克思主义女性主义、社会主义女性主义、存在主义女性主义、激进女性主义、精神分析女性主义、当代主义女性主义、生态女性主义、后现代女性主义、后殖民女性主义、本质主义女性主义等流派。

女性主义运动大体上经历了以下几个发展阶段："第一波"女性主义运动指的是发生在19世纪晚期、20世纪早期的女权运动，它以争取妇女平等权利为主要目标，尤其是选举权。这一时期以自由主义女性主义理论为代表，在论证了男女具有同等的理性和能力的基础上，提出男性和女性应当在

① 刘伯红：《社会性别分析：社会性别主流化的重要工具》，《中国妇运》2016年第3期，第22页。

社会生活的各个方面有平等的权利和同等的发展机会。自由主义女性主义一直在为妇女的受教育权、就业权、参政权以及在法律上与男性完全平等的权利而辩护和斗争，并为以后其他女性主义流派的兴起奠定了思想基础。但不可否认的是，其自身也有一定的局限性。“第二波”女性主义运动指的是20世纪60年代末至70年代的女权复兴运动，不仅抗议妇女缺乏政治平等权，还抗议家庭、性行为以及工作等的不平等。在这次女性主义运动中，女性主义理论有了长足的发展，新的女性主义理论大量问世。其中主要的女性主义理论流派是激进女性主义、马克思主义女性主义和社会主义女性主义。“第三波”女性主义运动指的是自20世纪80年代以来，随着西方国家进入后工业化社会及后现代主义思潮的异军突起，现代女性主义在总体上发生了某些转向，导致女性主义发展进入一个新的阶段。在这个新阶段中，以现代女性主义为基础，对后现代主义思想加以吸收和融合，从而催生了后现代女性主义。

女性主义者在性别研究中采取了多种研究方法，这些方法可以大致归纳为两种视角取向的选择。第一种基于纯女性主义理论，从父权制解释妇女从属地位的因果；第二种与后现代主义相结合，试图解构男性中心主义和父权制，强调差异性和多元论。当然这两种分类是相对的，因为许多后现代主义理论也存在对父权制的批判。

一、批判“父权制”的视角

“patriarchy”一词在语义上指“父亲的统治”，[①]来自希腊文patriarkhēs。历史上，该词主要用来指家庭男主人的独裁统治。[②] 根据简·品彻(Jane Pilcher)和伊美达·维勒汉(Imelda Whelehan)在《社会性别研究的五十个

---

① Kathy E. Ferguson, “Patriarchy”, in Helen Tierney, *Women's Studies Encyclopedia*, Vol. 2, Greenwood Publishing, 1999, p. 1048.

② Michelle Meagher, “Patriarchy”, in George Ritzer and J. Michael Ryan, *The Concise Encyclopedia of Sociology*, John Wiley & Sons, 2011, pp. 441 - 442.

关键词》中的定义，“父权制、家长制”的本意是一个社会的基本单位（家庭、部落等）由男性首领所统治。家长通常是社会中的长者，拥有对社会其他成员（包括年轻男性、所有的妇女和儿童）的合法权力。[①]

西方马克思主义女性主义者认为女性受压迫和歧视的文化根源在于父权制，而父权制以西方主流哲学中的二元对立为思想基础，将世界区分为截然对立的两面，例如：自我/他者，客观/主观，理智/情感，文化/自然等，而自我、客观、理智、文化等因素是与男人相联系的，受到主流社会的肯定，后者则相应地与女人相关，受到贬抑与排斥。父权制夸大了男女之间的生物性差异，认为男性的生物性别决定其统治地位，而女性自然而然成为从属于男性的“第二性”。父权制是一个社会体系，与这一体系相关的意识形态是男性优于女性。以批判“父权制”为中心概念的三个重要理论分别为激进女性主义理论、马克思主义女性主义理论和社会主义女性主义理论。

激进女性主义于20世纪60年代末出现，建立在对父权制的全方位批判的基础之上。该理论认为男权制是妇女受压迫的唯一根源，只有消灭男权制才能达到女性运动的目标。激进女性主义谴责父权体系利用司法系统将暴力制度化，认为暴力是男性专利。父权暴力依赖实践途径，即婚姻、性暴力、剥夺女性生育权利等，从而实行对女性的身体统治。

马克思主义女性主义是女性主义批评的一个重要流派，兴起于20世纪60—70年代，主要致力于用马克思主义的方法与观点去思考、解决女性主义问题。马克思主义女性主义对经典马克思主义既有吸收，又有质疑和批判。该理论主要从历史唯物的角度挖掘妇女受压迫和剥削的根源，充分利用了传统马克思主义作为旨在消除阶级剥削压迫和不平等现象与制度的理论，使后者成为马克思主义女性主义最重要的思想武器之一，尤其是恩格斯在《家庭、私有制和国家的起源》中对妇女受压迫根源的论述为女性主义提供了有力的理论支持。后期马克思主义女性主义借助现代的心理学、人类

---

① Jane Pilcher and Imelda Whelehan, *Fifity Key Concepts in Gender Studies*, London: Thousand Oaks, Calif: SAGE Publications, 2004, pp. 92 - 93.

学、文化学、语言学等成果对马克思主义尤其是恩格斯理论提出质疑、批评、补充、修正和重新阐释，努力构建符合后现代语境的女性主义理论。他们认为，马克思主义理论家过分关注妇女问题中的经济因素，将女性生理因素与其受压迫的现实联系得过于简单化，忽视了女性本身具有的差异性、他异性、异质性，希望顾及具体差异的分析，而不要采取不加区分的"普遍主义"策略。为此，马克思主义女性主义者引入社会性别理论，用以对马克思主义的补正，把分析范畴细化到不同阶级、种族下的性别歧视。最主要代表人物之一为斯皮瓦克，为进一步发展马克思主义女性主义理论作出了贡献。

与此同时，还活跃着另一支以批判父权制为基础的女性主义流派——社会主义女性主义，某种程度是在对马克思主义女性主义进行批评的基础上建立起来的。"马克思主义女性主义与社会主义女性主义有相似之处。它反对马克思主义的性别盲点和早期激进女性主义的阶级盲点"[①]，将两者结合起来，同时又避免两者各自的问题，企图发展一种新的政治理论与实践方式。社会主义女性主义强调女性受压迫的根源在于资本主义父权制，是制度与性别合力的结果。

尽管在不同的历史时期和不同性质的阶级压迫的社会中，父权制的表现形式存在差异，但其实质不变。它比任何形式的种族隔离更加坚固，比阶级的壁垒更普遍持久。[②]

二、 后现代主义视角

20 世纪 60 年代，随着科技文明的迅速发展，西方发达国家先后步入后工业时代，西方文化在经历了一次次裂变之后终于推进到后现代时期。以"反宏大叙事、反权威、反文化、反基础、去中心"为宗旨的后现代主义作为后

① 李银河：《女性主义》，山东人民出版社 2005 年版，第 55 页。

② 史巍：《现代性批判的别样曲——从〈资本主义的终结〉看西方马克思主义女性主义的资本主义观》，东北师范大学出版社 2015 年版，第 42—43 页。

工业时代的主流思潮，已迅速渗透到哲学、历史、经济和社会生活的方方面面。[①] 后现代主义社会文化思潮使人们对文化、真理、权力等有了新的认识，在广泛吸收了诸如福柯(Michel Foucault)的后结构主义、拉康的心理分析、德里达的解构主义等各种后现代主义理论观点后，至20世纪七八十年代，后现代主义终于成为女性主义的一种话语，形成了区别于现代女性主义的后现代女性主义。

和后现代主义的主要理论观点一样，后现代女性主义以解构为核心——一种代表了被社会所排斥、躲避、拒绝和抛弃的贫穷或边缘化的妇女的声音，批判性地否定所有男性宏大话语，彻底解构二元思维。后现代主义对传统思想的批判实际上正是摧毁现存的"男性中心主义"的思维方式。

对女性主义影响比较大的后现代主义理论是福柯的"话语就是权力"，利奥塔(Lyotard)的反"元叙述"以及罗蒂(Rorty)、霍伊(Hoy)、格里芬(Griffin)等人的内在联系论、整体论和多元论等。后现代女性主义否定"宏大叙述"或"元话语"，研究的重点从大一统理论的构建转向了分散的、局部的、小型的理论探讨，在思维方式上，反对二元对立的思维模式。其次否认传统的被占有的、自上而下的、镇压式的话语权力，借用福柯有关权力的新的后现代观点，认为权力是生产性的、分散的、不确定的、形态多样的，它构造了个人的认同。在福柯权力理论的影响以及对它的批判下，后现代女性主义试图发明属于女性的话语。再者，后现代女性主义接受标准化或正常化及惩戒凝视的观点。福柯认为社会通过纪律管束人的身体，通过话语来定义何为正常、何为反常；通过标准化和正常化过程来要求人对规范的遵从。女性主义借用福柯这一思想，说明妇女就是生活在这样一种社会压力下，不仅要服从纪律，而且要遵从规范，自己制造出自己驯服的身体；并认为所有的现代女性主义模式都是属于一个男权压迫和禁制女性的模式。最后，后现代女性主义反对性别两分，反对生理决定论和本质主义，重视性别之外的种族、阶级、国家、民族及性倾向的区别。

① 王淼：《后现代女权主义与后马克思主义的关系初探》，《广西社会科学》2007年第1期，第35页。

从女性主义各理论派别的发展过程看，其产生和流行都有着鲜明的时代特征，即每一派别的产生都与其所产生的那一时代的社会发展和那一时代的理论思潮密切相关。伴随着社会从“前现代—现代—后现代”的跃迁，女性主义也呈现出从“追求平等—性别分离—差异中的平等”的发展特点。这是一个由低层次向高层次的发展，它标志着女性主义正在走向成熟。① 今天，“女性/性别史”的视角和理论已日益渗透进妇女史研究，成为探讨性别差异产生和变化的重要分析工具。

第二节　公私二元理论与女性公共领域建构

一、 公私二元理论

各流派的女性主义理论观点虽然看似眼花缭乱、相争占优，但仔细分析，我们可以寻到它们的许多共同点。各女性主义流派的理论基本上都建立在“妇女”“经历”“母性”和“性别”等几个范畴之上，并在此基础上，就一些关于女性受压迫的基本问题达成了共同认识：其一，父权制（不论是由什么原因引起的）是妇女受压迫、受剥削和处于从属地位的一个根本原因；其二，“公共领域”和“私人领域”的分离，使妇女没有机会进入公共领域，而长期被圈在私人领域是妇女地位低下的一个直接原因；其三，妇女的生育使妇女在社会劳动市场的竞争中处于劣势，妨碍了妇女在事业中取得成功；其四，“男尊女卑、男强女弱、男主外女主内”等的性别制度是男性话语霸权的表现。②

公共领域与私人领域的区分是近现代政治哲学的基础。公共领域与私人领域的二分自柏拉图、亚里士多德起就存在了。城邦的生活就是公共领域，而家庭的生活就是私人领域，妇女、孩子、奴隶没有权利参与城邦生活。“在公私领域划分下，‘基于生物要素和上帝的意志’，男性占有公共领域，即

①② 张广利、杨明光：《后现代女权理论与女性发展》，天津人民出版社 2005 年版，第 140—149 页。

政治、经济、商业和法律世界。而女性的‘合适的领域’是家庭生活、养儿育女、家务管理和宗教教育的私人领域。”①

自20世纪90年代以后，人们对公私领域的划分展开了论述，大致可以分为以下三种模式：一是古代的古典共和模式，国家＝公，家庭（含经济活动）＝私；二是以19世纪国家和市民社会分离为前提的自由主义模式，国家＝公，市民社会＝私，家庭＝私；三是以国家和市场融合为前提的现代市民社会论模式，国家、市场＝公，市民社会＝新公，家庭＝私。② 而女性主义对公私二元论的批判最大的焦点在于把公划分给男性，而把私划分给女性的非对称性别规范。

20世纪后半叶，女性主义理论家开始认识到，公私领域的二元对立对于塑造女性角色具有潜在的负面影响力③。通过这种途径的性别建构，迫使女性将主要时间和精力花费于以家庭为中心的私人领域，而被排除在公共领域之外，不仅家务劳动、育儿、看护等被视为私人问题，就连女性的社会地位等问题也被视为私领域的问题。其次，女性受教育的机会普遍少于男性，受教育程度也低于男性，限制了女性参与公共领域活动的能力，导致在公共领域内主体性别比例的严重失调。女性主体的缺失使女性独特的视角在权力形成和发展的过程中被有意忽略，而公共领域的理性、客观性因男性的统治地位得到进一步强化。公共/私人两分法抑制妇女可依赖的言论和源自自决的对话，因而阻碍妇女成功地参与公共领域。基于此，女性主义对公、私领域二分法进行了批判性反思，认为“个人的私生活与国家、政府的权力干预有着十分密切的关系，个人或家庭生活具有正义的性质，所以，只有确保家庭成员之间的平等，尤其是夫妻之间的平等权利，才能保证公共领域的

① Robyn Ryle, *Questioning Gender: A Sociological Exploration*, SAGE Publications, 2011, pp. 342 - 343.

② 丁慧：《批判与再筑：公私二元性别规范的省思》，《辽宁师范大学学报（社会科学版）》2012年第9期，第597页。

③ ［加］芭芭拉·阿内尔：《政治学与女性主义》，郭夏娟译，东方出版社2005年版，第59页。

正义特征。”①

女性主义对公私二元论批判并不是对公私领域划分的否定，并不是将所有个人的事项均看作公共的事项，并就此将私人领域在公共领域中消解，而是主张对公私领域划分的重新审视，意图在批判过去的公与私边界设定的根源性缺陷的基础上，通过对公共领域与私人领域的再研讨和再定义，达到将其作为女性研究的新的理论阵地的目的。

二、 女性公共领域的构建

20世纪60年代至70年代，激进的女性主义者就已经认识到了公私领域的不可分割性。第一，家庭与个人生活中发生的行为也具有政治特征。家庭中反对男性的压迫与公共领域中的社会契约理论反对父权制具有同样的性质。第二，政治决策在某种程度上影响私人领域的生活方式和行为方式，个人的私人行为是否被接受往往决定于公共领域的政治决策。第三，个人的性别特征首先来自性别机构的影响，而“适合于”公共领域的男性特征其实也是形成于私人的家庭当中。② 正是基于以上认识，“个人的就是政治的”认知越来越成为人们共识。要实现妇女的平等，必须打破传统的公私二分法。首先，公共领域与私人领域的划分不是以事务发生的领域而是以事务的性质作为依据；其次，家庭领域中的事务又可划分为公共要素与私人要素，针对私人要素而言的国家权力应有限制，但是对家庭中的公共要素仍然负有检查的义务。③ 只有确保女性进入公共领域，确保公共领域的正义性质，尤其是性别之间的平等能力，才能保证私人领域的正义特征。只有通过公共领域，使正义原则进入私人领域，才能使女性真正实现性别平等。

在构建女性公共领域理论的尝试中，出现了许多具有代表性的思想和

---

① 戴红雪：《性别正义与家庭正义的建构——女性主义的政治学与伦理学视野》，《浙江学刊》2007年第6期，第208页。

② 郭夏娟：《为正义而辩——女性主义与罗尔斯》，人民出版社2004年版，第168—173页。

③ [加]威尔·金里卡：《当代政治哲学》，刘莘译，上海三联书店2004年版，第710页。

著作,其中以美国学者南希·弗雷泽(Nancy Fraser)对哈贝马斯公共领域思想的批判最为典型。

哈贝马斯在使用公共领域概念时具有多重语义。哈贝马斯早期的公共领域理论主要是针对"资产阶级公共领域"这个理想类型,其中一层意义是指国家公共权力机关担负着为全体公民谋幸福的使命,他认为"公域和公共权力具有相同的范围"[①];另一层意义是指为一些公共的问题同公共权力机关开展讨论。公共领域,照哈贝马斯的典范性研究,乃是介于个人与国家之间的一个自主性社会领域,其核心机制乃是通过公共交往和对话,形成批判性的公众舆论,其出发点是捍卫和促进公共利益。哈贝马斯认为公共领域最早从具有强烈父权特征的小家庭发展起来,公共领域本身就带有父权的烙印。这就意味着,这种具有激进民主使命的公共领域将女性排除在外。[②]不仅如此,哈氏甚而认为这具有必然性——因为正是性别决定了政治公共领域的结构。这种结构就是弗雷泽所说的"资产阶级的、大男子主义的、白人至上主义的公共领域概念的核心"。[③]

哈贝马斯的这一理论使女性主义陷入矛盾。一方面,政治公共领域这种激进民主的范畴为女性主义者反抗父权制的压迫并争取平等与自由提供了一种途径;另一方面,哈贝马斯的政治公共领域具有太多限制条件,尤其是将女性排除在外,这一点却正是女性主义者批判的焦点。[④]

弗雷泽曾先后多次从女性主义的视角评价哈氏的公共领域理论,并将社会性别用作对哈氏公共领域模型进行犀利批判的框架。女性主义哲学家认为哈贝马斯早期的公共领域理论和后期的交往行为理论都带有"性别盲

---

① [德]哈贝马斯:《公域的结构性变化》,载邓正来等编《国家与市民社会》,中央编译出版社2002年版,第155页。
② [德]哈贝马斯:《公共领域的结构转型》,曹卫东等译,学林出版社1999年版,序言第7页。
③ [美]南茜·弗雷泽:《正义的中断——对"后社会主义"状况的批判性反思》,于海清译,上海人民出版社2009年版,第81页。
④ 杨礼银:《女性公共领域如何可能?——论弗雷泽对哈贝马斯的批判》,《华南师范大学学报》2013年第4期,第16页。

点”，甚至带有“男性至上的”观念。[①]

弗雷泽采取了折中的态度，企图中和资产阶级公共领域的积极和消极的因素，从而提出一种使女性公共领域成为可能的替代方案。[②] 在以弗雷泽为代表的女性主义者的不断努力和女性力量的不断壮大下，哈氏在《公共领域的结构转型》1990 年版序言和《在事实与规范之间》[③]中调整了自己有关公共领域中的女性的部分观点，认为家庭暴力等私人议题确实具有公共性，应该被放入公共领域讨论。女权运动可以加入资产阶级公共领域用以表达自身的话语，以求从内部改变这些话语以及公共领域结构本身。[④] 而女性公共领域的假设也有利于这一理论的进一步完善。但他限定了公共领域的话题，认为只有受到公众的关注、事关公众利益，并为大多数人所承认的话题才可以在公共领域讨论。可见，哈贝马斯之所以修改了自己的理论，与弗雷泽等人的努力密不可分。

弗雷泽认为，在现实生活中，女性处在公共领域的边缘，即使进入公共领域，也不能平等参与其中的话语互动。因此，她主张充分揭示或彰显公共领域中的不平等，用更具批判性的“公共领域”范畴来替代同质化、意识形态的“社群”范畴，从而为被压迫的女性争得一席之地。而且弗雷泽认为多元公共领域优于单一公共领域。她指出：“包括女性、工人、有色人种、男女同性恋者等在内的从属社会群体的成员，发现构建替代公共领域是有益的。我建议把这些公共领域称为下层的反抗性公共领域（subaltern counterpublic）[⑤]，以表明它们是类似的话语舞台，从属社会群体的成员在这个舞台上创造和传播反话语，而这些反话语反过来又容许他们就其身份、利

---

① Nancy Fraser, “Sex, Lies, and the Public Sphere: Some Reflections on the Confirmation of Clarence Thomas”, *Critical Inquiry*, Vol. 18, No. 3, 1992, p. 596.

② [美]南西·弗雷泽：《正义的中断——对“后社会主义”状况的批判性反思》，于海清译，上海人民出版社 2009 年版，第 73—103 页。

③ [德]哈贝马斯：《公共领域的结构转型》，曹卫东等译，学林出版社 1999 年版；[德]哈贝马斯：《在事实与规范之间：关于法律和民主法制国的商谈理论》，童世骏译，生活·读书·新知三联书店 2003 年版。德文初版于 1992 年。

④ [德]哈贝马斯：《公共领域的结构转型》，曹卫东等译，学林出版社 1999 年版，序言第 9 页。

⑤ subaltern counterpublic，原译为反公共领域。

益和需要提出对抗性解释。”[①]在平等主义框架下的多元文化社会中，女性公共领域为女性建构和表达自己的文化认同提供了机制，也对一元的特权文化公共领域提出了挑战。另外，她认为公共领域有强弱之分。强公共领域主要是指代表国家公共权力而形成公共决策的议会等；而市民社会中仅仅形成公众舆论而不进行决策的公共领域则被称为弱公共领域。强弱公共领域各司其职、相辅相成，使弱公共领域中的公众舆论促使国家公共决策的形成。就女性公共领域而言，在国家层面，对具有父权制特征的国家权力进行批判是其重要目标，但是在社会中，女性公共领域仍然需将其在弱公共领域中形成的舆论，尽可能地诉诸强公共领域来形成公共决策或法律。[②] 因此，女性公共领域并不排斥国家，反而需要借助国家这一强有力的途径。

尽管弗雷泽的女性公共领域理论受到许多批判，但是她所提出的是为了消灭社会不平等，建立多元的、将各种“私人”议题纳入其中并突破国家公共权力界限的公共领域。女性需要进入公共领域，通过平等地参与公共领域事务来提出自己的主张、捍卫女性的权利、重塑女性的角色并在社会中形成认同；将原本属于私人议题的女性问题转化为公共议题，形成公众舆论并诉诸强公共领域（议会），形成法律或公共决策，以最终实现或保障女性的权益。[③]在她看来女性公共领域的建立和发展将是女性解放的重要标志。

利用公共领域理论来分析南非黑人妇女从种族隔离时期的附属地位到新南非时期实现性别平等的转变，特别符合南非历史和黑人妇女的发展历程，是一个有力的分析工具。

---

① [美]南茜·弗雷泽：《正义的中断——对“后社会主义”状况的批判性反思》，于海清译，上海人民出版社2009年版，第87页。

②③ 杨礼银：《女性公共领域如何可能？——论弗雷泽对哈贝马斯的批判》，《华南师范大学学报（社会科学版）》2013年8月，第18页。

三、公共领域理论在本书中的应用

正如许多学者所认同的，无论是作为单一的概念术语还是作为一种系统的社会科学理论，公共领域都是十分复杂的。这一既具有社会学和历史学的意图还具有道德和哲学蕴含的理论概念[①]，究竟应该如何理解与把握？它是否可以用来解读有关妇女在历史变迁与社会发展中面临的问题？或者更具体地说，这一理论概念是否能运用于南非黑人妇女争取平等权利的研究之中？

“他山之石，可以攻玉”。应当肯定，运用公共领域理论作为研究南非妇女地位历史变迁的学理依据，不失为调整研究视角、开阔研究视野、转变研究取向的一种有益尝试。

南非在地理上属于南半球国家，数百年来，南非受到欧洲殖民主义、种族隔离制度以及男权根深蒂固的歧视思维的重大影响。种族隔离制度不仅仅把各种族隔离开来，它“让黑人……（在）五个关键的领域：政治权利、财产和居住权、就业、教育和收入处于屈从地位”。[②] 由于受到压迫和隔离，公共领域的观念引发了黑人激进分子和评论者的想象空间，开始蕴含着一切事务属于大众，不同事务属于不同群体的观念。该观念受到从准极权统治向民主化转型的特殊环境的影响，从一开始，南非公共领域的主要功能就是集中于政治方面，重在推进由种族隔离制度向民主政府的过渡。

南非非白人妇女，尤其是黑人妇女，尽管受到殖民、种族、性别的多重压迫，造成她们屈从、边缘的地位，但是她们在具有父权特征的公共领域里并非完全被隔离在外，而是主动的参与者。妇女积极成立自己的组织，争取妇

---

① [美]黄宗智（Philip C. C. Huang）：《中国的“公共领域”与“市民社会”——国家与社会的第三领域》，程农译，载邓正来、[英]J. C. 亚历山大编《国家与市民社会——一种社会理论的研究路径》，中央编译出版社 1999 年版，第 428 页。

② Jacklyn Cock, *Maids and Madams: A Study in the Politics of Exploitation*, Johannesburg: Raven, 1980, p. 232.

女平等权利，推动南非在立法上确立男女平等，并争取在政治、教育、文化等公共领域实现两性平等。

南非黑人妇女参与公共领域的经验汇聚了多重边缘化因素的影响，因此，她们的经历为世界妇女争取平等所遭遇的重重困境提供了宝贵的经验，为理解和考察多重边缘化身份的他者提供了一个女性主义视角——这些边缘化的因素包括性别、种族、性取向、艾滋病感染状况、健康状况、残疾、年龄、文化、经济失权、性别身份、受害者/加害者角色以及诸多的其他相关变量。①

自1994年以来，南非政府当局认可了在性别理论的基础上解决当前南非妇女所面临的困境，由此政府向妇女赋权开始大踏步前进。即便是在全世界范围内，南非也是妇女参政议政最为开放的国家之一。因此研究公共领域中南非妇女的历史发展，不但有益于我们认识当今南非社会为实现种族、阶级、性别平等以及民族和解持续进行斗争的根源复杂性，同时也为分析南非社会遗存的西方男权统治的种种痕迹提供了一个独特的框架。②

在运用公共领域理论时，需要厘清以下几个问题：

（一）作为分析框架的公共领域理论

作为分析框架的公共领域乃是一种理论工具，适用于从微观与宏观上描述或解释尤其是发生在社会转型时期的某种历史现象或社会组织形式。因此，作为分析性框架的公共领域可以被理解为某种具有特定的历史内涵和结构性特征的社会构造。③ 而本书研究的时段恰好是南非从种族隔离社会向现代化民主转型时期，运用该理论进行研究，有助于利用历史学、社会学、法学等相关学科给妇女研究提供一个全新的学术视角和研究取向，着力探讨黑人妇女在南非公共领域的生长、发育以及在这一领域中所体现出的

①② [美]布赖恩·马克·厄博赛提思：《伤痛的和解之路——当代南非人民追求社会正义与可持续发展的斗争》，崔政等译，Morningside South Press 2015年版，第47页。

③ 方平：《晚清上海的公共领域（1895—1911）》，上海人民出版社2007年版，第15—16页。

社会自主性。

（二）西方理论与南非“语境”

公共领域毕竟是对西方历史的一种理论抽象与概括，它以西方的历史经验，尤其是17、18世纪英、法等国的社会变迁为实证性基础，与西方的历史、文化背景密切相关。尽管南非的历史在很大程度上受欧洲，尤其是英国的影响，但是其文化和历史背景还是有其特殊性。因此在运用该理论时，只有把握“语境”的限制性，加强对历史个案的研究，在分析的基础上进行恰如其分的理论概括，才能真正做到“量体裁衣”。这一点哈贝马斯的公共领域理论早已涉及，即公共领域深深地植根于现实生活世界，从生活世界那里吸取文化和意义之源。

尽管弗雷泽提出了女性公共领域，但是要使其成为南非黑人女性主张、批判、辩护和认同的空间，其规范基础必须与南非具体的历史条件和所在的传统文化价值结合起来，即必须在特定的历史语境下分析特定的文化价值。女性公共领域不能消灭女性的特殊性；相反，是要以彰显其特殊性来实现普遍性价值。因此，除了作为女性反抗压迫和获得承认的中介之外，女性公共领域的另一核心功能就是展现女性作为社会的独特群体在人的解放和发展过程中的重要意义。可以说，女性对于人的解放作出的贡献越大，越是成就了她作为女性的价值。①

南非黑人女性如何打破公共领域的父权特征，使许多与其有关的议题成功地进入公共领域，在南非社会转型进程中在公共领域的生长、发育状况以及在这一公共领域中所体现出的社会自主性是本书关注的重点。

（三）研究时段的限定

1948—2009年这个时段对南非黑人妇女有特殊含义。推行强硬民族

① 杨礼银：《女性公共领域如何可能？——论弗雷泽对哈贝马斯的批判》，《华南师范大学学报（社会科学版）》2013年第4期，第15—20页。

主义政策的南非国民党(National Party)在1948年大选中击败了由扬·史末资(亲英的布尔人)领导的联邦党，从而让种族隔离在南非制度化，对南非黑人妇女造成极大的不公。在种族隔离制下，非白人的居住、通行自由与社会、政治和经济权利均遭到苛刻的不同对待。黑人妇女不仅要承受与白人妇女一样的性别和父权制的压迫，还要承受种族歧视和民族压迫。尽管黑人妇女的运动隶属于男性，女性解放需求让位于民族解放，她们参与民族解放的斗争积累了政治经验和教育机会，为进一步的妇女解放奠定了基础。1994年新南非政府成立彻底取消种族隔离制度，新政府在政治、经济、法律、外交等各方面都发生了巨大的改变。新南非成立前后，黑人妇女打破种族界限，选择与其他种族的妇女联合一起为妇女的权利而斗争，妇女社会地位取得质的飞跃，给整个非洲乃至全球妇女运动带来深刻影响。

2006年5月8日，执政的非洲人国民大会副主席、南非前副总统雅各布·祖玛在南非约翰内斯堡出庭。他于2005年12月6日被控强奸了一名战友的女儿。约翰内斯堡高级法院当天判决祖玛强奸罪名不成立。雅各布·祖玛在2009年5月6日国民议会举行的总统选举中当选，成为南非结束种族主义统治以来的第四位总统，也是首位奉行一夫多妻制的南非总统。祖玛的当选意味着自1994年以来象征南非向民主过渡的最具代表性和进步意义的性别政治貌似翻了个跟头，在宪法的“英雄式”外观之下，妇女在生活中的实质性不平等还远没有结束。

在1948—2009年这样一个社会发生急剧转变时期，受迫害最深的南非黑人妇女在这个特殊的时代有过怎样的经历？社会变革对她们在公共领域中的地位和角色产生了怎样的影响？她们自身的能动反应对社会有什么样的反作用？她们的经验和教训给现代非洲妇女又会带来什么样的启示？

带着这样的问题，本研究将在公共领域的框架下，借鉴社会学、历史学、妇女学等跨学科的研究方法，选取黑人妇女在政治、教育、文化层面发生的变化进行比较全面的分析，力图真实动态地反映出1948—2009年间南非黑人妇女在公共领域中的地位变迁。

第二章

法律视野中的南非黑人妇女

从历史上看，殖民主义、种族隔离和父权制意味着黑人女性受制于严格的种族和性别界限，而法律是维持这些界限的核心，因为它在公共和私人生活中实施种族和性别隔离。性别不平等以及由此衍生的对妇女不同形式的侵害和限制是南非历史中的一个重要问题。法律或明或暗地限定人们的行为，它通过规定“可接受的”行为模式，不仅影响我们如何对待他人，也影响如何构思和定位自己。因此要实现妇女实质性平等，首先要实现法律领域里的性别平等。

南非白人政府将灵活的习惯法编纂为一套固定的性别规则，使男性特权凌驾于女性之上，大多数黑人女性别无选择，只能服从“官方”的习惯法。南非黑人妇女实现性别平等的历史进程，是对新秩序的多重挑战，是在男性主导的制度之外探索新的社会形态。这一片吸收了殖民宗主国法律，融合了本土习俗、基督教、伊斯兰教和传统非洲宗教而孕育出独特社会构造与文化的土地上，以一种果断的平等主义方式制定了无性别歧视的宪法，在法律层面保证所有人的尊严、身心和财产的前提下协调南非妇女的诉求。南非黑人妇女如何通过妇女运动在法律上取得何种程度的性别平等，正是本章探索的核心问题。

第一节 公共领域与法律

一、公共领域与法律

亚里士多德认为,“法治应包含两重含义:已成立的法律获得普遍服从,而大家所服从的法律又应该本身是制定得良好的法律”。[①] 所以法治的含义可以简化为制定“合法”法律和实施法律的措施。以此看来公共领域的存在和发展对于法治建设具有实质性的促进作用。一方面,公共领域发扬理性,提供立法前的民主商谈机制而影响立法过程,进而确保合法之法的生成;另一方面,公共领域通过扩大法律的民情基础和提供深厚的社会根基(包括道德、价值、信仰和文化根基),从而使已经制定的法律得到贯彻、落实以及被遵从。因此,公共领域具有法治人权价值。

南非国家过去实行种族隔离,“非法”之法律就在其中发挥了关键作用:种族之间的歧视和政治压迫正是依法实施的。南非的例子充分证实了法律可以为压迫服务,也可以为自由服务。南非种族隔离时期的法律并不是合法之法,而是体现了白人专制立法,为南非准极权政府服务。它所通过的法律即使在程序上看起来是合法的,却仍旧践踏了占人口多数的非白人的基本人权,因此大多数学者一致认为南非的种族隔离政权没有理由可以声称是实行法治。

南非“虽有疆界的统一,但无政治的统一”[②]。随着种族隔离体制化,南非占人口多数的黑人的民族意识得到强化,凝聚力得到加强,为公共领域的发展奠定了基础。市民社会推进民主化进程,强调合法“法治”。随着南非实现民主转型,建立民主政权,法律制度也发生相应的变化。新南非的临时

① [古希腊]亚里士多德:《政治学》,吴寿彭译,商务印书馆 1965 年版,第 199 页。

② 杨立华:《新南非十年——多元一体国家的建设》,《西亚非洲》2004 年第 4 期,第 42 页。

宪法(1993)和新宪法(1996)都规定了法律面前人人平等的原则。其次，新南非实行“三权分立”制，司法机关依据宪法和法律的规定，独立地、不受任何干预地行使其职权，这就确保了其司法上的独立。

南非的司法制度几经演变和发展，发展到今天，在法律体系、组织机构、司法程序和一些具体制度方面，都已经比较严密和完备。新南非的建立，使司法制度摆脱种族主义桎梏，开始走上健全的法治发展的道路，有利于民主化进程的推进。[①]

二、法律与性别

男女平等保障机制主要是由法律、政策和机构共同构成。其中法律由于其权威性以及其独有的指引、强制、预测作用和评价功能，成为各个国家保障性别平等机制中最为重要的一个环节和因素。[②] 早期由于男性在法律制度建构和社会关系形成中占优势甚至是主导地位，在制定法律的过程中，很少考虑到女性的权利。性别平等作为法律思想的提出与女性主义运动的兴起紧密联系在一起。第一次女性主义运动以为妇女争取法律上、经济上以及政治上的平等权利为目标，[③]认为妇女只有在政治上获得与男子平等的地位与法律权利，妇女才能真正获得解放。如果没有首先实现公共领域，特别是政治和法律地位上的性别平等，在私人领域的两性平等就更无法实现。在女性主义运动的推动和女性主义思想的影响下，男女平等的观念逐步被认可和接受，进而体现在法律层面。法律面前人人平等的主旨思想是：尽管存在人种、性别、年龄、出身、性取向、能力、残疾等方面的客观差异，任何人在法律上都具有人格尊严，在自由人格的形成上必须享有平等的权利，体现为机会平等和形式平等。[④]

---

① 夏吉生：《新南非司法制度初探》，《西亚非洲》1997年第2期，第54页。

② 董克难：《性别平等保障机制研究》，吉林大学出版社2015年版，第23页。

③ 周安平：《性别与法律》，法律出版社2007年版，第72页。

④ 韩红俊：《社会性别视域中的法律平等观》，《山东社会科学》2009年第10期，第66页。

但是无差异的形式平等和机会平等忽略了男女在生理和心理上的实际差异以及社会结构中对女性的各种实质性的歧视对待，反而也是一种歧视。因此，女性从自身的不利地位出发，更多要求的是实质平等和合理的差别待遇。

对宪法、性别和法律的研究表明，性别平等条款对女性的社会、经济和政治地位具有重要影响力。首先，宪法中的性别平等条款增强了权利主张的合法性。① 其次，主张人人平等的宪法是授权法律变革框架的一部分。② 最后，宪法中的妇女权利条款有助于建立更牢固的立法基础，并"为妇女在法庭上挑战国家活动提供工具"。③ 宪法条款影响立法和司法决定，因为这些条款加强了权利诉求和对歧视性法律进行挑战的法律基础，对立法赋予了宪法权重和正当理由。因此，性别平等的条款是立法者、权利倡导者、法官和公民追求社会平等的法律战略可以采取的重要手段之一。

南非民主的一个重要特征是在不间断地为获得权力和资源的政治和法律斗争中对权利的使用。明白这一点，法律就成为性别斗争中获得权力、利益、价值和资源的一个重要场所。这些斗争发生在法庭、立法机关和人们的日常生活中。④ 南非向民主的过渡创造了一种独特的环境，制定了一部进步的宪法，把性别平等明确写入其中，以及为之后妇女的广泛权利在法律上的巩固提供了基础及保障。

在南非，宪法条款承认妇女是需要保护和促进实现平等的个体。性别平等在南非是一项明确的宪法价值，之后的立法以这些宪法理念和具体条款为基础，积极促进性别平等。⑤ 因此南非的法律条款，包括宪法、国际和国

---

① Michelle O'Sullivan and Christina Murray, "Brooms Sweeping Oceans? Women's Rights in South Africa's First Decade of Democracy", *Acta Juridica*, Vol. 2005, No. 1, 2005, p. 1 - 41.

② Georgina Waylen, "Women's Mobilization and Gender Outcomes in Transitions to Democracy: The Case of South Africa", *Comparative Political Studies*, Vol. 40, No. 5, 2007, p. 538.

③ Beverly Baines, "Introduction: Towards a Feminist Constitutional Agenda. ", in Beverly Baines, ed., *In The gender of Constitutional Jurisprudence*, Cambridge University Press, 2005, p. 9.

④ Catherine Albertyn, "Law, Gender and Inequality in South Africa", *Oxford Development Studies*, Vol. 39, No. 2, 2011, p. 140.

⑤ Druscilla Scribner and Priscilla A. Lambert, "Constitutionalizing Difference: A Case Study Analysis of Gender Provisions in Botswana and South Africa", *Politics and Gender*, Vol. 6, No. 1, 2010, p. 57.

内法，为保护妇女的基本权利提供了强有力的承诺。此外，这些法律的大部分目的是纠正妇女传统上被边缘化和从属的地位。

当然要实现妇女实质意义而不是形式意义上的平等，除了改变社会建构中的性别歧视，还必须改变私人领域中妇女的屈从处境，必须将公共领域的平等与自由的正义规则引入家庭，而婚姻法、家庭法、劳动法、反家庭暴力法等法律的制定就是最好的实践。

第二节　新南非诞生前黑人妇女在传统习惯法中的地位

南非习惯法在南非的法律传统中一直占据着非常重要的地位。南非习惯法的形成和发展历史悠久，在以父权制为主导的殖民前南非社会业已发展成熟。南非土著黑人的习惯法和酋长法庭并没有随着荷兰和英国殖民者入侵带来的罗马-荷兰法而消亡，反而在南非形成了由罗马-荷兰法、英国法和习惯法组成的奇特的混合法律传统。“制宪原则”、临时宪法和新宪法对南非传统领导人的地位和作用及固有习惯法的有效性都予以承认。[①] 南非宪法第 39 条规定：“权利法案不否认由普通法、习惯法或立法所承认或授予的任何其他权利与自由的存在，只要它们与权利法案相一致。”[②]因此，研究南非妇女的法律地位就无法绕开习惯法在法律体系中的作用和影响。

一、传统习惯法中对黑人妇女的歧视

（一）习惯法

本书中的土著习惯法，主要指南非土著在长期的生活实践中形成的并

---

① 王奎：《南非习惯法的历史发展》，《佛山科学技术学院学报（社会科学版）》2011 年第 1 期，第 11—15 页。

② Constitution of the Republic of South Africa，1996，Chapter 2，Section 39(3).

被遵循的传统习惯和管理。南非《习惯法适用法(草案)》对习惯法作了如下定义:"习惯法"是指南非共和国本土非洲民族所传统遵循的习惯和惯例,并且无论这些习惯和惯例是否予以汇编,它们构成这些民族文化的一部分。[①]在南非这样一个不断变动和发展的社会中,其法律经常修订、补充和发展以适应新形势的变化,但是罗马-荷兰法构成现有的普通法的基础这一点没有改变,而适用于南非黑人的习惯法在殖民地时期、南非联邦时期、南非共和国时期以及新南非时期不但没有废除,甚至通过成文法形式得到承认。

在南非习惯法的形成过程中,父权制下的南非社会不允许女性参与法律构建,因而法律体现的是男性的意志,女性无法成为法律关系的主体,而是被置换成法律的客体,并作为男性监护的对象而存在。法律上的主客体之分,加上社会制度的安排,相对于男人而言,女性整体上处于他者、次要者和客体的地位。[②] 男性作为一个群体控制着女人的一般生活机会,同时作为个体又在婚姻家庭的私人领域中控制着弱小的女人。[③]

(二)性别视角下的国家、习惯法与传统领导人

男性和女性与国家之间的关系是不同的,国家机器对他们的控制程度也不同。殖民国家强调的是妇女作为后代繁衍者以及社会上的生产者的角色,而对男性关注的是他们的劳动能力以及利用他们的劳动进一步为隔离政府的资本主义经济服务。

在殖民统治历史上,国家和习惯法的关系呈现的普遍特点是利用和收买的关系。在许多非洲国家适用的习惯法,可以用马丁·沙诺克的一句话来概括:"既不是习俗也不是法律。"[④]尽管新传统主义者(neo-traditionalist)

---

① 朱伟东:《南非法律冲突的解决:普通法与习惯法的协调》,载谢晖、陈金钊《民间法》(第四卷),山东人民出版社2005年版,第551—553页。

② [法]西蒙娜·德·波伏娃:《第二性》,陶铁柱译,中国书籍出版社1998年版,第12—15页。

③ [加]威尔·金里卡:《当代政治哲学》,刘莘译,上海三联书店2004年版,第680页。

④ Martin Chanock, "Neither Customary Nor Law: A Case of Mistaken Identity", unpubished paper delivered at the Regional Conference on Social Change and Legal Reform in East, Central and Southern Africa, Harare, January, 1987, p. 13-16.

有时候把习惯法美化成在纯粹性和尊严上体现了非洲文化和习俗的本质，但是却忽视了社会影响和殖民主义的剥削利用，所以这个观点本身就是错误的。[①]

习惯法随着群体的变化而变化，成为殖民宗主国操控的工具。马丹尼(Mamdani)认为习惯法的法律框架是一种殖民建构。[②]

在南非种族隔离的环境下，一些传统的领导者成为政府加强隔离政策以及驱逐南非黑人进入偏远贫瘠的保留地的傀儡管理员，他们从人民的领袖变成执行白人制定的法律的工具。马丹尼用“攥紧的拳头”来暗指殖民和隔离国家的专制统治如何利用传统的领导者对黑人进行分化：

> 酋长不仅有通过法规(地方法规)来管理领域内居民的权力，也是所有法律的执行者，而且是“自己领地”的行政官，在领地上解决所有的争端。因此酋长集所有审判、立法、执法和行政权力于一人之身。这种权力就像一个攥紧的拳头，其立足的根本是因为酋长站在市场经济和非市场经济的交叉口。站在总体权力和实质的行政执法和行政强制背后的是一个超经济强制的政体。这个政体让居民陷入各种各样的强制行为之中：强迫劳动、强迫作物、强迫出售、强迫贡献以及强迫搬迁。[③]

马丹尼认为尽管酋长集所有审判、立法、执法和行政权力于一人之身，其背后却是一个超经济强制的政体。[④]他认为在国家和传统领导者之间的权力存在二元划分，但是控制权在国家。尽管马丹尼的分析没有考虑性别因素，但是他的分析强调了在习惯法和国家法的相互作用之间存在权力的重

① Martin Chanock, “Making Customary Law: Men, Women and Courts”, in Margaret Jean Hay and Marcia Wright, eds., *Colonial Northern Rhodesia in African Women and the Law: Historical Perspectives*, Boston University Press, 1982, pp. 72 - 90.

② Mahmood Mamdani, *Citizen and Subject: Contemporary African and the Legacy of Late Colonialism*, Princeton, New Jersey: Princeton University Press, 1996, p. 225.

③④ Ibid., p. 23.

合之地，这对性别关系分析非常重要。这种重合导致的结果之一就是国家和传统规则都强化妇女的附属地位。那么国家和传统体制的关系是如何强化了这种性别不平等呢？

在传统领导人的配合下，种族隔离政府保持长期的种族和性别歧视体制。“传统的管理者通过习惯法形成基于等级制度的性别特权、婚姻地位和年龄的社会秩序，用权力维护父权制和男性特权。”①男性被尊崇为法律中唯一的真正的“人”，成为家庭财产唯一的所有者，由此把妇女放置在法律参数之外，使之消失不见。② 传统领导层的结构和体制进一步阻碍妇女获得权利。根据比尔的观点：“南非的酋长选举与民主思想是相对立的，因为酋长不是由公众投票选举，而是（基于男性的）世袭制和终身制；这就把妇女排除在外，并让她处于等级的底层。”③习惯法有效地把妇女定位在社会阶级的底层，让她们成为不受欢迎的人。在习惯法中，妇女被认为不具备代表自己行动的能力。④ 概言之，脱离父亲和丈夫，妇女的财产和法定资格是不被承认的。她们被认为是男性亲属的附属和被监护人，终其一生不能拥有自己的土地或者无权享有累积的财产。用波伏娃的话来概括，就是“在父权制度下，她是父亲的财产，父亲根据自己的意愿把她嫁出去。后来在附属于丈夫的家庭时，她不过是丈夫的财产，是她加入的那个氏族的一份动产”。⑤

莫妮克·德韦克斯（Monique Deveaux）认为种族隔离时期的习惯法和国家法勾结一起，维护和加强文化上和政治上的隔离。隔离政府引诱、操控

---

① Haripriya Rangan and Mary Gilmartin, “Gender, Traditional Authority, and the Politics of Rural Reform in South Africa”, *Development and Change*, Vol. 33, No. 4, 2002, p. 641

② Yvonne Mokgoro, “The Customary Law Question in the South African Constitution”, *Saint Loius University Law Journal*, Vol. 41, 1997, pp. 1270 - 1289.

③ J. Beall, et al., “Traditional Authority, Institutional Multiplicity and Political Transition in Kwazulu-Natal, South Africa”, Crisis States Programme, Working Paper, No. 48, Development Research Center, Destin LSE., London, 2004, p. 5.

④ Lisa Bennet, “Women, Law and the Property in the Developing World: An Overview”, *Human Rights Quarterly*, Vol. 3, No. 2, pp. 88 - 95.

⑤ [法]西蒙娜·德·波伏娃：《第二性》，陶铁柱译，中国书籍出版社 1998 年版，第 827 页。

以及指派传统的非洲人领导者。它也支持并承诺酋长的权力和权威以作为对他们忠诚的回报。① 在殖民和隔离时期，传统领导者被赋予了很大的权力，辅助他们巩固对属民的控制。根据比尔的观察，"在黑人的村庄里，酋长负责通行证管理和劳动办公室的运转，负责每年更新许可证"。② 这就意味着他们对流动劳工拥有极大的管理权，可以决定谁获得迁移证，谁可以获得拿薪水的职位。正是在传统领导者的合作下才能建立起班图斯坦，并利用它间接强化隔离统治以及削弱黑人流动和运动。1951 年《班图法案》(*Bantu Act*)的颁布实施加强了这种权力，该法案实际上宣告黑人"部落自治"。1959 年的《班图自治法》按部族为单位划分了 8 个"班图斯坦自治区"，后增至 10 个，使"酋长成为班图斯坦的强制代理者，成为可以被政府雇用、解聘、付薪，如果必要还可以随意设职的实质上的公务员"。③ 1974 年开始用"黑人家园"概念取代班图斯坦，使之在名义上独立。"黑人家园"计划强制黑人搬迁，使"黑人南非"与"白人南非"更严格地隔离开来。一旦黑人家园独立，所属的居民就丧失南非国籍而只有黑人家园的国籍，从而丧失在南非的一切政治、经济等权利，但是黑人家园的执政者却得到南非当局的认可，成为实质上的"间接"殖民统治的执行人。

习惯法是殖民政府和非洲男性长者之间的一种同盟合作，在非洲等级社会中保证了国家的地位。④ 由此，习惯法和国家法互惠互利，两者都得以维护自身的政治权力和社会控制。

---

① Monique Deveaux, "Liberal Constitutions and Traditional Cutures: The South Africa Customary Law Debate", *Citizenship Studies*, Vol. 7, No. 2, p. 165.

② J. Beall, et al., "Traditional Authority, Institutional Multiplicity and Political Transition in Kwazulu-Natal, South Africa", Crisis States Programme, Working Paper, No. 48, Development Research Center, Destin LSE., London, 2004, p. 563.

③ Ineke Van Kessel and B. Oomen, "One Chief, One Vote: The Revival of Trational Authorities in Post-Aparthed South Africa", *African Affairs*, Vol. 96, No. 385, p. 564.

④ Ibid., p. 165.

二、 习惯法中黑人妇女的不平等地位——以家庭法为例

非洲黑人非常注重家庭的价值，而且传统的习惯法也主要围绕黑人的家庭/家族/部落活动展开。因此，传统习惯法中家庭习惯法对妇女地位影响深远。殖民时期家庭习惯法如何实现从“习俗”到习惯法的转变呢？在大部分非洲国家，这一转变过程一贯地与殖民统治和非洲男性长者的权力联合相关。后者作为“战略性资源”权力的传统拥有者，如土地、牲口、妇女和子嗣等[①]，亲历了这种权力的缩减，因此试图通过操控例如婚前男方送给女方家的彩礼[②]和监护权(guardianship)等体制重新获得这些权力。

而殖民政府，要么误解非洲传统体制的本质，要么坚持认为在男性控制下非洲社会的妇女是无权的。无论殖民统治和非洲传统领导各自出于何种不同的动机，两者合力推动形成严格的“习惯法”代替了习俗。从此，通过西方模式的法庭这一媒介，城市化、人口流入控制和持续的习惯法的创制全面影响了黑人家庭和妇女。

习惯法曾经一度被废除，但是 1927 年的《黑人管理法》(*Black Administration Act*)恢复了习惯法。当时的一些国会成员反对恢复酋长地位以及一夫多妻和彩礼制，但是国会的大部分白人成员表示热烈欢迎。[③] 在习惯法下黑人妇女一直是处于附属地位。妇女婚前的监护权属于父亲，婚后转移给丈夫，如果婚姻解散或丈夫去世，监护权则属于父系男性亲属。没有监护人的同意，妇女不能随意结婚。妇女没有缔约权。寡妇必须征得丈夫家族中符合年龄的男性继承人的许可才能安排自己女儿的婚姻。即使婚

---

① B. Rwezaura, “Rural Women and the Law in Contemporary Africa”, unpublished paper repared for the fourth International Women’s Rights Action Watch (IWRAW) International Conferecen, Vienna, February 20 - 22, 1989.

② 祖鲁语 ilobolo，主要是在祖鲁、斯威士兰、科萨、恩德贝勒北部和南部等地的习俗，被称为“新娘彩礼”或“新娘价格”，可以是现金或实物财产。传统习俗中更多以牛作为彩礼。

③ Julia Segar and Caroline White, “Constructing Gender: Discrimination and the Law in South Africa”, *Agenda: Empowering Women for Gender Equity*, No. 4, 1989, p. 106.

姻解体，子女监护权仍然属于父亲或他的男性亲属等。[①]

（一）非洲家庭法中的传统价值观

习惯法在南非妇女的生活中起着重要的作用。习惯法的规范和实践渗透到人际关系和交往中。这一点在家庭关系环境中尤其明显。关于非洲文化的争论主要集中在家庭背景中的妇女身上以及习俗对她们所享有的权利的影响。家庭被描述为一个为象征、资源权利和决策而斗争的地方。而家庭法是任何社会对法律规范和妇女地位的试金石。在这一领域，法律、种族和关于妇女权利的意识形态融合成为一股强大的意识形态力量。习惯法在维持妇女在家庭和社会中的地位的文化规范方面起着至关重要的作用。因此，从分析传统习惯法中妇女在婚姻家庭中的地位就可以窥见黑人妇女在整个国家法律中之地位。

黑人对家庭的价值观主要体现在“婚姻的非个体性本质”，也可以称之为婚姻关系中的集体或公共属性。在南非黑人当中，婚姻是整个社会结构运转的基本单位，通过婚姻建立和加强亲属关系。婚姻伴侣的选择并不自由，而是有一整套完整的严格的规则决定可以与谁结婚，或不能与谁结婚以及可以嫁给哪个部落或娶哪个部落的女人。这些通常是以氏族关系和文化习惯为基础。因此婚姻安排的重点不在于个人而在于整个家族甚至是部落。婚姻首先是两个家族或部落的联盟，而不仅仅是两个相爱的人的结合，尽管有时也会考虑爱情因素和个人选择。这种婚姻的目标概言之就是为繁衍后代和生存之用。这是前工业社会族群幸福生活的必要条件：妻子和子嗣是一种经济资产，围绕两者所制定的规则是生存策略的一部分。群体的利益比个人的利益重要得多，而在父权制社会中群体的利益即男性的利益。

这就是非洲习俗中经久不衰的性别不平等的本质原因。家庭关系领域是非洲人构建其他社会生活的基础。正如拉德克利夫·布朗（Radcliffe

---

① Julia Segar and Caroline White，“Constructing Gender：Discrimination and the Law in South Africa”，*Agenda：Empowering Women for Gender Equity*，No. 4，1989，p. 106.

Brown)所述:“要全面理解一个非洲人的社会生活——经济、政治或宗教——关键的一点是要充分了解他们的亲属和婚姻体系。”[1]打着群体利益幌子而掩盖着实质上的不平等,在利益系统中缺乏发声的妇女和儿童,注定处于不利地位。

我们可以举一些例子来说明。婚姻作为服务更广泛的群体利益而不是夫妻双方的直接利益的一种工具,产生了如下一些结果:

生殖繁衍的需要导致了与不孕有关的复杂的规定。例如娶姨习俗(有些原始部落丈夫在妻亡之后娶妻子的姐妹为妻)就规定如果妻子不孕,要求其姐妹或家庭中另外一个女性亲属被送过去为她姐妹的丈夫怀孕生子;如果妻子的家族无法送来替代品,就会要求把聘礼还给丈夫的家族,丈夫用这些聘礼娶第二个妻子。同样,当一个男性死后,除了科萨族、腾布(Thembu)和一些南索托的部群外,在大部分情况下就会采取收继婚(寡妇与亡夫的兄弟结婚),通常是死者的近亲,如兄弟、侄子,为该女子继续提供家庭、经济和婚姻支持。

早婚和“强迫婚姻”的流行,甚至由于对试婚年龄小龄化的容忍导致某种程度上接受与儿童发生性关系。尊重长辈的道德规范加上犯罪者拥有的习俗权,例如对妻子的妹妹和表妹的婚姻优先权,导致“白人的法律”中有关不法性行为的条例无法在非洲社会实施。

由于婚姻最重要的目的与夫妻个体无关,而是与家族相关,因此通过交换牲口(彩礼)得以保障婚姻中男性对妇女和子嗣的拥有权,反之则不然。同样这样的婚姻肯定导致普遍上对妇女的家庭暴力,更别提寡妇的地位以及针对她们所实施的不人性的丧亲仪式和哀悼禁忌等。[2]

类似以上的做法可以在非洲人价值体系中有关婚姻和家庭的本质理念中找到解释。回过头来我们可以回答“习俗对妇女权利造成什么损害?”这一问题。其根源就在于对婚姻和家庭中的妇女的态度,把妇女仅仅当作群

---

① A. R. Radcliffe-Brown, “Introduction”, in A. R. Radcliffe-Brown and D. Forde, eds., *African Systems of Kinship and Marriage*, London: Oxford University Press, 1950, p. 1.

② Funso Afolayan, *Culture and Customs of South Africa*, Greenwood Press, 2004, pp. 181 - 213.

体的附属，当作部落生存的一种工具，而不承认她们本身的价值，不认可她们具有与男性一样的“人”的价值。

从人权角度分析妇女在非洲习惯法中的附属地位却遭到本土非洲人的反对，因为非洲人认为这是一种“西方式的鼓动”，是对传统的背叛。普遍的看法是人权的整个概念对非洲人而言是外来的东西，因此用来评判非洲大陆上的政治和社会体系是一种不恰当的标准。① 这一基于文化相对论的论调经常被用来反对强加在第三世界社会的西方的意识形态和文化价值，却实质上阻碍了非洲妇女追求性别平等的进程。

（二）传统价值中的歧视因素

在家庭领域中非洲文化惯例下隐含的价值观念可以用来分析群体的利益和需求。我们可以从家庭法中的三个主体类别来看传统价值中隐含的歧视与被歧视：男性长者、儿童和作为妻子或母亲身份的妇女。

首先是男性长者。尊敬男性长者几乎是所有非洲社会都推崇的价值，但是这一价值观也包含了对年轻人的歧视。一方面，尊敬长者的理念一直是教育培养年轻人谦逊、礼貌、体贴和尊重他人的习惯的一种有效方式；另一方面，它使不平等的关系制度化，甚至导致妇女在社会中的艰难地位。

作为一种社会责任，年轻人尊重长者的观念一方面是出于礼节的需要，另一方面出于非洲社会长者对经济控制的需求。传统非洲的男性长者身份确保其财富、权力、威信、特权和领导层的身份地位，因为他们控制了“战略性资源”。家庭内的男性长者能够控制晚辈亲属的劳动或财产，以此保证了对资源的获取和对年轻人的控制。因此制度化的性别不平等和长者的控制权之间有了明确的关联。例如，长者通过控制适婚女性，从而更容易获取年轻伴侣或者通过婚姻选择达到控制年轻男女的目的。尽管这与现代观念相悖，但在农耕社会这是对长者保障的关键因素。

---

① R. T. Nhlapo, “International Protection of Human Rights and the Family: African Variations on a Common Theme”, *International Journal of Law and the Family*, Vol. 3, No. 1, 1989, pp. 1 - 20.

这样一来利用嫁女获得的牲口以及女儿或妻子/母亲被诱惑而获得的罚款，男性可以不断积累财富，也可以连续娶妻（有时出于第一任妻子的催促）而有更多的后代劳动力资源。这样一种对资源的垄断，正如伊科拉尔(Eekelaar)所述："通过尊敬长者的意识形态以及实践，用人力资源供养年长一代，进而使其达到对社会的操控。"[①]赋予长者超群地位的最初功能是为了在社会福利不确定的社会中确保长者的生存。这种模式在农耕社会有很大的积极作用，但是到了近代，尤其进入工业化后，其消极方面更加突出，凸显其不平等甚至是专制的一面。

其次是子嗣的重要性。大家族的价值在于确保稳定，为其成员提供情感的、经济的和政治的支持系统。它有理性的起源，并传达了重要的当代规则。在有关大家庭和小家庭的辩论中，普遍认为前者包含许多积极的特征。[②] 大家族的价值值得保留，但是还需找到替代的无歧视的规则。例如子女监护权以及其他对子嗣的权利，传统的强制法律中偏向父系（甚至祖父），而母亲由于改变的经济和社会地位而被排除在外。[③] 在班图人中，至少有一个孩子出生才意味着婚姻的真正缔结。生儿育女是维系大家族最重要的基础。没有它家庭就无法继续，世系就没有未来。子嗣是非洲人婚姻观念的核心，它为更大的利益群体服务而不是出于直接的夫妻的需求。孩子除了给父母带来情感上的喜悦，作为家庭成员，也是家庭经济的重要参与者。女性从孩提时代开始就可以成为弟弟妹妹和亲戚的小保姆，在家务上可以提供许多服务，帮母亲减轻负担。结婚的女性还可以给家庭带来牲口，而牲口成为与其他世系和家庭结成新的关系的基础。同样，男孩子放养牲口，长大后承担照顾年迈的父母的全责，还要通过生儿育女以及定期敬献祖先神灵

---

① Eekelaar John, "Introduction", in Eekelaar John and Pearl David, eds., *An Aging World: Dilemmas and Challenges for Law and Social Policy*, Oxford University Press, 1989, p. 180.

② Felicity Kaganas and Christine Piper, "Grandparents and the Limits of Law", *International Journal of Law and the Family*, Vol. 4, No. 1, 1990, pp. 27－51.

③ Werner Eiselen, "Preferential Marriage: Correlation of the Various Modes among the Bantu Tribes of the Union", *Journal of the International African Institute*, Vol. 1, No. 4, 1928, pp. 413－428.

来确保世系或者宗祧群体的延续。由于子嗣的重要性，妇女不孕或者男子阳痿就要使用各种药物和配方。最后的办法就是用一夫多妻以及替代关系等方式以确保所有的夫妻都有继承人。因此对部落成员子女的抚养、社会化乃至最终个人的婚姻对整个部落都有利益关系。

最后是作为妻子和母亲身份的妇女。非洲妇女达到一定年纪就要结婚，而作为妻子，最首要的责任就是要成为母亲。只有极少数的情况下妇女身份与妻子身份（寡妇）、母亲身份无关。可以说，非洲妇女对自己的妻子身份没有太多的选择权。她们的生活要服从家族的需求，因此家族关系使妇女的个人利益服从更大的群体利益。

在非洲传统社会中妇女的地位具有两面性。通过婚姻她被带入丈夫的家族；通过作为彩礼的牲口，她的丈夫和夫家从她父亲那里获得她的生产和生育权。在新的家园里，作为一个必需的但是附属的外来者，她活在丈夫及其大家族的阴影和控制下，通过她的劳动和生育能力帮助获得未来的生存空间。作为生产和生殖能力的处理器，没有她就没有家园生存，每个家园都围绕着她展开，妇女的从属地位是合格的。通过她的劳动能力，她拥有较高的经济自由和自主程度，包括对农业过程真实、主要的控制，获得并保住自己的生产用地和支配土地上的产出。没有她的许可，没有人（包括她的丈夫）可以拿走或者干预她获得的土地。如果她夫家给她的土地不能满足她的农业需求，她可以接受来自她自己家族的土地。但是她的子嗣不能继承这种多出来的土地。在她死的时候或者她不再需要种植的时候要归还这块土地。[①]

母亲身份是社群延续的基础。母亲身份让妇女在非洲社会中的地位具有矛盾性：由此受尊敬，也由此受限制。作为世系的生育托管人，妇女在家庭里具有相当大的社会荣耀和影响力。但是在父权制社会中，群体利益通常等同于男性利益。一个男性控制的社会并不认为为了群体生存的一些做法是对妇女的歧视。例如一般孩子大约在三岁断奶，在这个阶段配偶之间

① Funso Afolayan, *Culture and Customs of South Africa*, Greenwood Press, 2004, pp. 181 - 213.

的性生活是完全禁止的，一夫多妻制就顺理成章成为缓解丈夫不便的工具。正是这种思想观念解释了非洲社会众所周知的单方面的性道德，它对妇女的行为施加修道士般的禁欲规定，但是对同样情况的男性却没有这样的限制。①

非洲人的价值体系并没有把妇女当作独立的个体而是把她们当作家庭的附属。在所谓的群体原则下，妇女比起男性失去更多的人格特征。因此改变妇女不平等的地位必须在不让妇女去人格化的情况下才能保留非洲人的价值。这并不是所谓的西方模式个人主义的讨论，这是关于个体化的讨论。正是基于这样的信念，即如果不谈及每个个体的幸福，那么谈论人权是毫无意义的。非洲妇女的生育能力不能成为拒绝她享有作为人的普通权利的正当理由。

对传统南非社会和法律结构中的妇女的历史分析表明，通过国家与习惯法的历史交互作用，南非创建了一个性别化的社会-法律阶级。在殖民主义与种族隔离下，习惯法被修改并转变成一个男性掌控的文化范式，最终导致黑人妇女处于经济和社会政治的底层。

第三节　南非黑人妇女对宪法制定的推进

作为一种社会意识，法律会随着社会生活的变迁而发展变化，因此法律的历史就其本质而言是一部变迁史。鉴于南非历史的演进历程，南非法律随之不断地经历消除、融合和发展变化，并最终形成了多元法律格局：传统习惯法与现代成文法、英国普通法与罗马-荷兰法并存。

南非现行宪法于 1996 年通过，宪法是南非的首要法律渊源。新宪法是平等和民主政治体制的确立和今后的民主国家建设的法律基石，是广大南非人民，尤其是占人口多数的黑人群众反抗殖民压迫、争取民主自由解放斗

① Funso Afolayan, *Culture and Customs of South Africa*, Greenwood Press, 2004, pp. 181 - 213.

争的最终结果。因此，新宪法的诞生被广泛誉为新南非的“出生证书”，标志着“一个新国家的诞生”。[①] 1996年的《宪法》明确规定了其至高无上的法律地位，是南非国家的根本大法，任何法律或行为若与宪法相冲突都将被宣布无效。[②]

宪法是一个国家治国安邦的总章程。女性要参与社会事务，要争取平等权利，就要在宪法的框架内用法律的方式保护自己的权益。为此，南非新宪法产生前后，南非妇女就为自己的权益积极地参与制宪活动，在推动国家民主法制建设的过程中不断奋斗。

与非洲其他国家不同，南非种族隔离斗争胜利后向民主转型时期，并没有把妇女边缘化，而是把性别平等纳入民主辩论的中心。妇女的政治参与延伸到代议制政府的领域，并建立一系列的制度决策以维护妇女的利益。究其原因，主要在于妇女的行动确保了宪法中的性别平等。与反隔离斗争时代不同的是，转型时期的“妇女（组织起来）成为有自己性别利益的妇女并随着新的妇女议程（进入）民主时代”。[③]

哈贝马斯认为，社会交往的合法性不是来自于个体的意愿，而是来自人们“商谈”的结果。因为“商谈”有着为全人类所共同拥有的平等、宽容、和平、自由等普遍伦理的精神资源，所以它能形成体现公正“社会基本结构”的制度安排。[④] 而南非妇女之所以能有“商谈”的资格，参与对宪法制定的“商谈”过程，这与她们形成代表自己利益的组织，为自己的权利而奋斗的事业密不可分。

转型期影响南非妇女促进性别平等有三个关键的因素：转型本身提供的机会、创建代表妇女利益的自治组织以及早期至少有一个以上的主要政治组织参与谈判。

---

① 贺文萍：《从曼德拉到姆贝基：南非民主政治的巩固》，《西亚非洲》2001年第6期，第7页。

② 夏新华、刘星：《论南非法律体系的混合特性》，《时代法学》2010年第8卷第4期，第81页。

③ Jane S. Jacquette and Sharon L. Wolchik, eds., *Women and Democracy: Latin America and Central and Eastern Europe*, Baltimore: Johns Hopkins University Press, 1998, p. 7.

④ [美]克瑞斯汀·丝维斯特：《女性主义与后现代国际关系》，余潇枫、潘一禾、郭夏娟译，浙江人民出版社2003年版，第13页。

一、转型：性别平等的新机遇

乔治娜·韦伦(Georgina Waylen)从社会性别角度分析民主化辩论，阐述她称之的民主化正统观点如何忽略女性。这种忽略源自“政治是一种精英驱动过程”的狭隘观念。[①] 正如菲利普·施米特(Phillipe Schmitter)认为的，尽管“在每一个重大的政治转型中妇女都有发挥作用”，然而，“作为社会-政治集体中有独特的利益和行为模式的妇女……却还没有系统地包含在围绕民主化主题而出现的理论和比较分析中”。[②] 因此关注精英们的选择和压制的研究中不仅缺乏女性，而且“本质上也没有了工人、资本家、地主，甚至是武装力量”。[③] 对南非民主转型的分析也同样地倾向于关注一小撮“关键的利益相关者”的行为和动机。一开始，关于政治是精英们，主要是男性精英的职责的观点在南非也非常普遍。因此仅发生在高层政治中的民主化谈判实际上只强调了男性主导的政治谈判，妇女作为政治代理人的角色被削弱，因为她们在政治活动领域不被重视。作为南非妇女运动核心部分的社会经济平等问题与政治平等割裂开来。谈判初始的焦点集中于权力的和平交接，因此性别平等，例如权力的重新分配需求被边缘化，或者被推迟。

1991—1994年南非妇女的政治运动被看作持续的反抗边缘化的斗争。因为妇女运动“临时联盟”的组织模式——全国妇女联盟(Women's National Coalition，WNC)相对狭窄、简单的性别平等需求比起权力交接而言没那么重要，转型期间妇女推动性别权力关系和结构转型问题无法一直保持活跃。这一时期妇女发动的组织模式和政治兴趣提供了一面棱镜，通

---

① Georgina Waylen, “Women and Democratization: Conceptualizing Gender Relations in Transition Politics”, *World Politics*, Vol. 46, No. 3, 1994, pp. 327 - 54.

② Phillipe C. Schmitter, “Contemporary Democratization: The Prospects for Women”, in Jane S. Jacquette and Sharon L. Wolchik, eds., *Women and Democracy: Latin America and Central and Eastern Europe*, Baltimore: Johns Hopkins University Press, 1998, p. 222.

③ Ibid., p. 223.

过它可以折射出受支配的边缘团体在促进实质性民主的过程中遇到的特殊的机会和阻碍。

1991 年 12 月 20—21 日，国民党政府、非国大、因卡塔、民主党(Democratic Party)、南非共产党、印度人团结党以及黑人家园的政府或政党等 19 个组织的 200 多名代表在约翰内斯堡召开了民主南非大会，讨论南非的政治前途、制宪和过渡政府等问题。[①] 转型为政党之间为新的民主秩序谈判打开了大门，结果客观上给妇女扩大了政治空间，允许出现性别平等方面的诉求。尽管如此，民主转型并没有自动赋予妇女权利。许多研究都表明在民主化过程中，妇女通常比男性获得更少的权利。例如东欧和中欧的民主化消除了在前社会主义政体下妇女享有的许多福利，而把妇女劳动重新私有化到家庭范围。转型时期和民主化给予妇女的利益仅限于她们对自己特别需求(包括意识形态和组织上)所能动员的范围。

在南非，尽管协商后妇女组织在南非民主统一战线[②]非洲人国民大会(UDF-ANC)中提出的革命性性别平等诉求没能实现，她们还是期望非洲人国民大会不仅能在宪法上还能在结构性的改革上帮助实现她们的需求。这种期望，加上非国大内部对《重建和发展计划》内容不断的讨论，给女性激进分子实现妇女参与谈判过程提供了一丝契机。其主要原因是基于非国大内部的观点：把传统的在民族解放运动中的支持者转化为选举的基础，以此对抗其他的政党竞争。换句话说，它不得不适应新的民主选举的游戏。妇女不再仅仅是政治号召的群众基础，而应该成为有选举权的可以在不同政党之间进行选择的选民。这就意味着对妇女的需求要有具体的回应以争取她们的选票。而解决选举权比去除导致妇女附属地位的制度体系要容易得多。

1990 年非国大全国执行委员会(African National Congress National Executive Committee)发表声明明确承诺支持妇女解放，使妇女摆脱压迫成

---

① 张象主编：《彩虹之邦新南非》，当代世界出版社 1998 年版，第 37 页。

② United Democratic Front，简称 UDF。

为民族解放斗争的核心目标。“妇女解放是我们人民争取自由的斗争的中心……其他社会的经验已经表明妇女解放不是民主斗争、民族解放斗争或社会主义斗争的副产品。必须在我们自己的组织、群众民主运动和整个社会中解决她们自己的权利问题。”[①]

二、 转型时期妇女全国组织的组建

南非全国妇女联盟是倡导和争取将妇女权利明确纳入南非宪法的前沿组织，它是由南非各地妇女组织组成的伞形组织，涉及政治、种族、社会、经济和宗教等各个领域。

南非妇女政治运动中一直有建立广泛的不分种族的妇女组织的想法。代表黑人妇女利益的非洲人国民大会妇女联盟[②]被期望成为建立这样一个组织的领导力量，以期组建进步的政治领导层以及制订行动计划。[③] 到1991年止，非国大妇女联盟囊括了20世纪80年代存在的一些妇女组织，成为唯一国家层面的代表进步妇女利益的政治组织。

在民主转型谈判前，对性别关系有新的更加激进诉求的妇女激进分子（主要在非国大），意识到在市民社会和国家内部进行一个有关妇女平等问题对话的紧迫性。

1991年9月，来自各组织的代表，包括政党、妇女组织和非政府组织受非国大妇女联盟之邀一起讨论建立一个没有种族和意识形态区分的，把妇女团结一起的全国妇女组织的可能性。“包容性对非国大妇女是一种策略……（她们）认为这将帮助解决战略问题。它能发现普通妇女的问题而与

---

① ANC, *The Emancipation of Women*, National Executive Committee, ANC, 1990.

② 非国大妇女联盟是非国大的妇女分支，在1931年成立，当时名为班图妇女联盟，代表黑人妇女利益。1943年加入非国大，1948年正式宣称成立非国大妇女联盟。1960年该组织被禁，1990年解禁。

③ 尽管有超越种族和阶级划分的妇女组织，如妇女联合组织、德兰士瓦妇女联盟和纳塔尔妇女组织，但是没有一个能够为妇女运动提供强大的全国政治领导。

其他政党联合。……弗雷纳·金瓦拉(Frene Ginwala)[①]认为宪法不能仅由非国大牵头起草，而且也需要其他妇女的支持。把妇女放置在同一组织里以争取到妇女的支持是战略性的一环。它扩大了群众基础——把那些支持女性主义但是可能不支持非国大的妇女争取过来——并由于进步的妇女议程而获得支持"[②]。而且金瓦拉还告诫："除非我们在组织上给女性赋权，否则我们无法解放自己。"[③]在这样的理念下，1992 年 4 月在非国大妇女联盟的倡导下，成立了全国妇女联盟，由 70 个组织和 8 个区域联盟组成，由此开始了妇女的共同合作。该联盟允许三种类型的组织参与：全国妇女组织、有妇女成员的全国组织以及妇女组织的区域联盟。加入的组织在规模、意识形态和组织文化上各异，但是其目标一致：提高妇女法律地位；妇女获得土地、资源和水的权利；解决针对妇女的暴力；解决健康和工作问题。[④] 联盟并没有依靠动员群众来支持这些要求，反而鼓励妇女进入各政党扩大影响力以争取达到目标。同时联盟以宪法协商的契机利用女性主义学者和律师的专业技术，这是以前妇女运动从来没有使用过的策略。[⑤]

妇女组织联盟之所以能成立并行动起来，反而是利用了在多党制宪谈判中明显排除妇女参与的漏洞。1991 年底，南非进入制宪谈判的准备阶段。11 月，南非各种族的 20 个政党在约翰内斯堡召开制宪谈判的预备会

---

① 金瓦拉出生于 1932 年，是南非印度人种。她是南非的一名记者和政治家，在沙佩维尔大屠杀后的国家警戒期为非国大领导人和干部策划秘密逃跑路线，为留在国内的革命者安排安全住所。1960 年末，她被迫离开南非，之后在达累斯萨拉姆，以及当时仍处于英国殖民统治下的坦噶尼喀建立非国大流亡办公室。除了为非国大服务，她还参与广泛的活动，为英国，包括 BBC 在内的一些媒体写稿、帮助新成立的坦桑尼亚共和国和桑给巴尔建立通信系统等。1991 年结束流亡返回南非，1994—2004 年成为南非国民议会议长，2005 年被聘为夸祖鲁-纳塔尔大学校长，是南非仅有的 4 名女校长之一。

② Shireen Hassim, *Women's Organizations and Democracy in South Africa*, The University of Wisconsin Press, 2006, p. 135.

③ Leslie Hill, "Putting South African Women on Democracy's Agenda", *Meridians: Feminism, Race, Transnationalism*, Vol. 4, No. 2, 2004, p. 116.

④ Shireen Hassim, *Women's Organizations and Democracy in South Africa*, The University of Wisconsin Press, 2006, p. 148.

⑤ Shireen Hassim, "Voices, Hierarchies and Spaces: Reconfiguring the Women's Movement in Democratic South Africa", *Politikon: South African Journal of Political Studies*, Vol. 32, No. 2, 2005, pp. 175-193.

议。12月召开南非全国多党制宪谈判会议(即“民主南非大会”)。1991年参与南非向民主转型协商中的政党挑选了所有男性代表组成队伍参与第一轮谈判。对妇女的忽略在当时点燃了反抗的火花。妇女联盟的一些领导成员写信给各报纸的编辑,要求非国大解释说明为什么不把妇女涵盖在内。1992年1月召开了一个妇女联盟研讨会,代表们要求非国大让更多的妇女加入到协商委员会(Negotiating Council)。1992年3月骚动扩大,民主党的女负责人以及负责反种族隔离议会长达30年的海伦·苏斯曼(Helen Suzman)谴责各种族各党派达成的最后协议即民主南非协商会议公约(CODESA)排斥妇女。不同的组织群体和个人,包括几个大学的校长甚至是在各政党中地位较高的女领导,付费给报纸扩大宣传,提出妇女要有更多的参与机会的需求。妇女在政治上被边缘化的境况受到前所未有的挑战。来自不同政党的妇女在为讨论成立妇女组织联盟的会议上形成海啸般的怒火,该会议强调全体妇女的共同利益,使新的妇女政治组织形态成为可能。

全国妇女联盟是政治运动形式上非常重要的质的飞跃,由妇女驱动而不是出于以往男性领导层的动员和要求。联盟的存在加强了妇女作为一股统一的政治力量代表自己的权利的思想理念。在争取扩大的包容性的政治氛围过程中,全国妇女联盟充分利用了为权利法案谈判辩论所提供的政治机会,尤其是这些辩论承诺要为政治提供新方法和解决新问题。

在1992年4月妇女联盟成立的演讲上,联盟的共同召集人弗雷纳·金瓦拉提倡与基层妇女进行广泛的磋商,强烈要求联盟“长出能伸到我们每一个角落的‘大耳朵’。让我们一起鼓励妇女说出她们的问题,以及她们对日常生活中的性别压迫的理解和经历”。① 她强调联盟需要制定一个在民主政治中能长期地保护妇女权利的宪章。在成立大会上激昂雄辩的演讲中,她很好地传达了宪章的框架理念,强调它能把被种族和阶级割裂开的所有妇女统一起来,以及它对推动宪法制定的重要性。宪章运动,又称“操控大耳

① Frene Ginwala, “Non-racial Democracy —Soon; Non-Sexism — How?”, Speeach to WNC National Workshop, April 25 - 26, 1992, Johannesburg, WNC Archives.

朵”运动，是一个非常有雄心的计划。一百多名工作者组成焦点工作组进行实地考察，用三个月的时间与全国各地的妇女进行面对面交谈。这个过程确定了妇女面临的普遍问题以及不同妇女间各自不同的利益诉求。同时这个运动也给妇女传达了联盟战略动员的信息，让受压迫的妇女参与到政治中；它也把基层政治组织与国家联系在一起。在不断忽视女性代表的诉求的环境下，宪章将成为全国妇女联盟在制宪谈判中提出的各种要求的基石，赋予了组织无可非议的政治可信度。

三、推动制宪谈判中的性别平等议程

由于南非新民主谈判一开始就把妇女排除在外，反而激起了活跃在政治舞台上所有妇女的集体抗议，而不考虑各组织妇女之间的差异，尤其是政治意识形态上的差异。因此最初就把妇女排除在谈判之外的状况，反而使妇女凝聚力增强，团结在以提高妇女在决策层中的比例这一目标周围。

妇女联盟确定了谈判中涉及妇女利益的三个关键领域：谈判团队中包含妇女；宪法原则里包含无性别歧视原则；宪法中包含的平等条款优先于习俗和传统中的权利。[①]

出于对妇女抗议的回应，南非民主大会管理委员会(Management Committee of the Convention for a Democratic South Africa)提议让妇女成为各政党代表的一部分。非国大妇女联盟成立战略小组着手处理这个问题，该小组由联盟中的关键领导者以及起带头作用的非国大女性学者组成。小组起草了联盟提交给大会的提案；文件包含了所有工作委员会都面临的性别问题并提出解决该问题的方法。小组提交了一个供选择的提案并意图推进成立一个性别咨询委员会(Gender Advisory Committee，GAC)，以期对大会授权调查的性别意涵以及管理委员会和工作小组的决议进行监督及

① Shireen Hassim, *Women's Organizations and Democracy in South Africa*, The University of Wisconsin Press, 2006, pp. 210 - 246.

提供建议。在经过强烈的游说后，提案被接受了，但是没有采纳必须成立性别咨询委员会的建议。提案被接受具有重大的意义，因为它意味着妇女有特殊的政治利益和政治关心的观念第一次强势进入了谈判议程。①

由于博伊帕通（Biopatong）和比朔（Bisho）大屠杀，②多党制宪谈判搁浅。在关键的政策问题上性别咨询委员会还没有充足的时间确立自己的角色定位并发展自己的地位。1993 年 4 月 1 日，中止了近 11 个月的多党制宪谈判在约翰内斯堡郊外的世界贸易中心（World Trade Center, WTC）恢复。参加谈判的政党和政府代表团扩大到 26 个。协商委员会成立了 7 个技术委员会来处理建议和提案，经过激烈辩论，最后决定于 1994 年 4 月 27 日进行国家首次不分种族大选。

制宪会议中妇女在谈判代表和多党谈判进程的技术委员会中的代表席位明显不足。性别咨询委员会的前成员反应迅速，要求多党谈判进程把性别咨询委员会包含在内，成为其中一个技术委员会，以及要求让女性成为谈判团队中的成员。技术委员会给女性激进分子提供了机会，使其能对不同提案中的性别意涵进行监督，使协商委员会不得不考虑有关性别的问题。同时，全国妇女联盟给政治领导者写了一封公开信，谴责他们在大会上把性别咨询委员会当作"政治贫民窟"，并质疑他们对妇女代表程度和参与程度的承诺。在协商委员会举行的第一次会议时，非国大妇女联盟在多党制宪谈判进程会议召开地世界贸易中心外面进行抗议，请求在协商委员会的会议厅中能听到来自所有政党的女性代表的声音，并威胁如果妇女的请求没有得到满足，她们将联合抵制第一次选举。

各政党中的妇女开始要求加入决策队伍。参与多党制宪谈判进程的所有政党的女性代表召开了一次会议。在会议上妇女要求"成立妇女核心小

① Leslie Hill, "Putting South African Women on Democracy's Agenda", *Meridians: Feminism, Race, Transnationalism*, Vol. 4, No. 2, 2004, p. 113 - 119.

② 1992 年 6 月，在非国大和因卡塔冲突的最前线约翰内斯堡附近一个叫博伊帕通的镇子，因卡塔的成员杀死了 46 名非国大的支持者。血案发生后，曼德拉指责当局政府参与了大屠杀，非国大宣布退出会谈。1992 年 9 月，在西斯凯家园里的比朔，示威群众遭到警察镇压，28 人死亡。

组，公布由男性组成的协商委员会最近召开的讨论妇女参与问题的所有报告，参加4月1号协商委员举行的最后一次会议，彻底地解决这个问题”。[①]艾伯坦这样描述接下来的进程：“非国大最初倡议代表团扩大到由一个谈判者和两个顾问组成（而不是一个谈判者和一个顾问），其中一名成员为女性。当非国大的西里尔·拉马福萨（Cyril Ramaphosa）在协商委员会上提出来的时候遭到了奚落。随后妇女们自己召开核心会议，提议所有的代表团扩大到必须包括一名具有完全投票权的女性代表。协商委员会接受了这一点。”[②]

然而战斗远没有结束。技术委员会成员名单中很少有女性的名字，而且随着更多新的代表名单的出现，冲突进一步加强。正如艾伯坦指出的：“女性进入这些委员会并不意味着他们会考虑性别问题。”[③]她认为由于妇女缺乏政治经验和专业技术能力，以及政党文化的限制和不愿支持的氛围，女性代表对技术委员会的影响能力有限，有必要从外部影响多党制宪谈判进程。

女性激进分子在丹麦政府的资助下于1993年7月成立了多党协商进程监督集团（Multi-Party Negotiating Process Monitoring Collective）。埃尔莎贝·韦塞尔斯（Elsabe Wessels）被聘成为全职监督员，负责把多党谈判进程上的讨论内容转达给由女性主义律师组成的监督集团。凯瑟琳·艾伯坦被临时从应用法律研究中心调任担当“文件监督员”。全国妇女联盟希望“在女性谈判者和全国妇女联盟监督集团之间能形成紧密合作”。[④] 这一阶段全国妇女联盟考虑的是确保宪法原则的制定以及多党制宪谈判达成的一致能尽可能地具有广泛性和包容性。

---

① Abrams S. Kristine, “Fighting for Women's Liberation during the Liberation of South Africa: The Women's National Coalition”, master's thesis, Wadham College, Oxford, 2000, p. 63.

② Catherine Albertyn, “Women and the Transition to Democracy in South Africa”, in Felicity Kaganas and Christina Murray, eds., *Gender and the New South African Legal Order*, Cape Town: Juta, 1994, pp. 54 - 55.

③ Ibid., pp. 55 - 56.

④ WNC, Report on the Monitoring Project of the WNC, August 9, 1993, WNC Archives.

无视性别咨询委员会的提议，以大会讨论为基础，于5月发布的宪法原则的第一个草案没有明确提及无性别歧视条款。全国妇女联盟向多党协商进程提交意见，请求明确纳入无性别歧视的原则，并要求像针对种族歧视一样禁止性别歧视。技术委员会采纳了禁止社会性别歧视（gender discrimination）的请求但是拒绝在宪法原则中包含无性别歧视主义（non-sexism），认为这已经包含在原则的一般条款中。雅各布·祖玛（Jacob Zuma）就强调包含这个限定语的重要性："为什么不仅仅说民主？难道它不自动包含无种族歧视和无性别歧视吗？答案是否定的……在新南非强调我们民主的包容性对我们很重要。在民主进程中对种族没有限定概念和参与，也没有排斥任何群体。这就是我们认为把新南非描述成无性别歧视的同样的原因。实际上我们是一个性别歧视很严重的社会，妇女完全被排除在参与之外。"[①]这一观点最终占上风。当临时宪法递交到宪法大会时，关于无性别歧视条款的辩论重新开启，这一次议会女性成员成功地使无性别歧视原则包含在宪法内。

全国妇女联盟与谈判相关的第三个目标——宪法中涵盖强有力的平等条款——是最有挑战性也是最能反映在争取性别平等道路上面临的政治和社会障碍。妇女宪章要求在婚姻、法律和公共生活范围内对妇女地位造成影响的文化、习俗和宗教应服从权利法案中的平等条款。[②] 与妇女宪章中其他要求不同的是，有关习俗的条款得到强有力的妇女组织的支持以确保妇女宪章能密切注意习惯法的问题，并且该问题贯穿宪法协商的始终。农村妇女运动（Rural Women's Movement）于1990年成立作为对抗妇女被排除在农村社区结构之外的论坛，并把它的斗争领域扩大到包括挑战男性在家庭内的权威。[③] 在游说改革习惯法时，全国妇女联盟得到了德兰士瓦农村行

① Shireen Hassim, *Women's Organizations and Democracy in South Africa*, The University of Wisconsin Press, 2006, pp. 155 - 156.

② WNC, *Women's Charter for effective equality*, working document.

③ Beth Goldblatt and Likhapha Mbatha, "Gender, Culture and Equality: Reforming Customary Law", in Catherine Albertyn, ed., *Engendering the State: A South African Case Study*, Johannesburg: Centre for Applied Legal Studies, 1999.

动委员会（Transvaal Rural Action Committee）和应用法律研究中心（Center for Applied Legal Studies）的技术专家的支持。

全国妇女联盟与传统领导者正面交锋，因为平等条款对后者而言意味着破坏他们的世袭权力。传统领导在多党协商进程上的提案包括：权利法案不包括习惯法；习惯法、文化和宗教不应服从平等原则；受习惯法和传统权力管辖的社群应继续保持完全服从这些权力。[①] 全国妇女联盟认为这些提案阻碍妇女充分享有全面的公民权利。如果这些建议被采纳，成千上万的南非妇女将继续处于二等地位。

矛盾的焦点在于对文化权的保护在多大程度上可以罔顾宪法中的其他价值。在全国妇女联盟的压力下，宪法谈判代表确定传统文化权利潜在的负面影响，并同意习惯法应该服从于平等法案。但是酋长们并不只会游说而已，他们还能煽动农村地区，特别是纳塔尔地区进行政治干扰，导致谈判过程中纳塔尔地区暴力频发。在这样的背景下，谈判代表们不愿意走得"太远"。

在妇女平权运动的推动下，非国大在 1994 年的竞选政纲《重建与发展计划》（*Reconstruction and Development Programme*）中明确规定平等原则优先习惯法的原则，[②]承诺创建一个民主的、无种族和性别歧视的未来。当与临时宪法达成平等协议时，谈判代表设立了两个机构对习惯法进行改革，一个是代表女性利益的性别平等委员会（Council of Gender Equality），一个是代表传统领导者利益的传统领导者委员会（Council of Traditional Leaders）。宪法中规定性别平等委员会作为法定机构，具有监督和促进实现性别平等的权利，这对妇女运动而言是一个意外的收获。然而传统领导者与妇女运动的政治矛盾并没有随着这些机制的建立而消失。相反，平等权与传统权的争论被推迟了，而这个问题在新宪法中得以解决。

---

① Shireen Hassim, *Women's Organizations and Democracy in South Africa*, The University of Wisconsin Press, 2006, pp. 170 – 210.

② ANC, *Reconstruction and Development Programme*, paragraph 5. 3. 20, June 7, 1994.

第四节 新南非妇女权利的宪法保护

1993年产生的临时宪法是过渡性的宪法，1996年南非法院正式批准《南非共和国宪法法案》（以下简称“南非宪法”）。新宪法的颁布具有历史意义，标志着在法律上完成了新南非的政治过渡，它的诞生推动了新南非的民主化进程和社会经济的发展。与临时宪法相比，新宪法最大的变化是取消了过渡时期多党执政的“权力分享”原则而实行多数党执政的制度（一党制政府），而且对公民基本权利的规定要更具体。

尽管宪法从来都不是毫无争议的，但南非的宪法为妇女在生活中的诸多领域争取真正变革提供了可能性，包括那些传统上不受宪法管制的领域，这包括私人领域、非国家法律和非国家行为者。[①] 新宪法保持了临时宪法中业已规定的保证种族和性别平等，为实现性别平等搭建了积极的框架。性别平等成为新民主的基础条款、基本原则和基本价值。

一、新宪法中有关妇女权利的内容

妇女权利和性别平等的关键在于南非宪法中的性别条款和宪法法庭为维护妇女权利制定的法律体系。这里提到的妇女权利是一种比较松散的概念，指的是妇女民主、平等的公民权。这是在分析众多权利中一个简明的定义。它强调的是公民权概念，即在民主社会中，妇女作为公民应该享有与男性一样的公民权。另外它也强调了民主社会的目的就是变革以前边缘化的个体或群体的权利，让他们无论在法律、政治或是社会中不再被边缘化这一

① Catherine Albertyn, “Defending and Securing Rights through Law: Feminism, Law and the Courts in South Africa”, *Politikon*, Vol. 32, No. 2, 2005, p. 222.

理念。[①]

南非宪法明确规定无性别歧视主义和性别平等原则。这些规定反映在宪法第一章，即“总纲”中。第一章确认了南非国家成立的基本价值。[②]

第一章有6节。我们讨论的核心是在第1、3节。第1节详细阐述了南非共和国是一个“主权民主国家”，建立在“第1条：人格尊严、实现平等、人权和自由的进步；第2条：无种族主义、无性别歧视主义；第3条：普遍的成人选举权”的基础上。[③] 这样宪法一开始就强调了平等和无性别歧视的基本原则。实际上，第1节第2条把“无种族主义”和“无性别歧视主义”放在一起，从而一开始就预示，在宪法框架下，把反对性别歧视与反对种族歧视摆在同等重要的地位。把南非人民从性别歧视中解放出来与从种族主义中解放出来一起构成了南非宪法的主要进步所在。第1节其余的条款，即第3条和第4条，罗列了宪法的最高权力、法律规则、普遍的成人选举权、开放、负责和积极的政府权以及新国家建立的价值。

在讨论最重要的有关性别平等的“权利法案”之前，这里要特别提一下第3节的“公民权”。它规定“普遍的南非公民权”[④]以及“所有的公民都平等享有公民权的权利、特权和利益”[⑤]。与平等公民权利相关的这一条款是在南非宪法下为性别平等而创造的另外一条途径。当然比起这一条，第二章“权利法案”中对性别平等的规定要加清楚明确。

宪法中有关性别平等的最重要的条款主要在第二章“权利法案”。第9节的“平等”具有高度的特殊性、直接性以及在大部分情况下明确的适用性，是对妇女权利最具影响和保护的条款。从第9节中我们可以确定第1节的价值中所表达的“保护”本质。

第9节有5条。前两条没有单独提到性别或妇女问题，而是确定了普

---

① Penelope Andrews, *From Cape Town to Kabul: Rethinking Strategies for Pursuing Women's Human Rights*, Ashgate Publishing Limited, p. 103.

② *Constitution of the Republic of South Africa*, No. 108 of 1996, Chapter 1.

③ Ibid., Chapter 1, Section 1.

④ Ibid., Section 3(1).

⑤ Ibid., Section 3(2).

遍的平等原则。[1] 然而第 3 条特别提到了自然性别、社会性别、怀孕和性取向。第 9 节第 3 条规定：

> 国家不能直接或间接地以一个或多个理由不公平地歧视任何人，包括种族、社会性别、性别、妊娠、婚姻状况、民族或社会出身、肤色、性取向、年龄、残疾、宗教、道德、信念、文化、语言和出生。[2]

以上这些内容仅局限在国家层面。紧接着第 4 条弥补了第 3 条的限制，直接规定："根据第 3 条，任何人不能直接或间接地以一个或多个理由不公平地歧视任何人。"[3]因此第 9 节的第 3 条和第 4 条同时规定了对社会性别、性别、妊娠、婚姻状况或性取向等的歧视的非法性，不管歧视是来自"国家"或"个人"。这是对妇女的特殊保护，因为她们面临的许多歧视都是建立在其中一个或多个基础之上。

南非宪法中保护妇女权利的另一创新之处在于宪法对诉讼当事人证明歧视的责任方面的处理方式。第 9 节第 4 条款专门有此规定："基于第 3 条中包含的一个或多个理由的歧视是不正当的，除非证实歧视是正当的。"[4]由于第 3 条中的歧视表现被认定为不合法，除非被告能明确肯定歧视的合法性。这就意味着，一旦进入司法程序，歧视一方必须证明其歧视的合法性。因此歧视妇女行为的实施者被迫要提供充足的证据以证明歧视行为实际上的合法性。要证实这一点是非常烦琐的，就这一点而言，就极大减轻了原告的负担，实质上加大了对妇女的保护。

除了以上第 3 条列出的禁止歧视的范围，第二章第 9 节中宪法保护的范围更广，不仅包括种族和社会性别，同时还包括性取向、民族或社会出身、婚姻状况、肤色、宗教信仰、信念、文化、妊娠、年龄、残疾、道德、语言和出生。

---

① *Constitution of the Republic of South Africa*, No. 108 of 1996, Section 9.

② Ibid., Section 9(3).

③ Ibid., Section 9(4).

④ Ibid., Section 9(5).

同时第 4 条明确表示第 3 条款中描述的禁止歧视的范围还延伸为包括直接和间接歧视。

第 9 节中保护性别平等和妇女的其他利益中所体现出的态度是南非对妇女权利战略上重视的最好证明。这一点可以从五个方面来理解。

首先，通过把反对性别歧视与反对种族歧视放在同等地位，借此要求对两种歧视情况同样处理，对两种歧视的审查也一样严格。

其次，“禁止直接和间接的歧视就是承认制度性歧视的不公和持久性。”[①]直接歧视在主观上是故意的，在形式上是可以识别的，即被歧视的个体与不被歧视的个体相比，受到更为不利的待遇。而间接歧视指那些表面上中立的规定、标准或惯例被适用于每一个人的时候，将导致具有某些特征的人(例如，种族、肤色、性别、宗教信仰、残疾等)受到不均衡的苛刻影响，或不平等的对待，虽然这些规定、标准或惯例无法从字面上推测出明显的歧视意图。[②] 第 9 节通过把间接的性别歧视等同间接的种族歧视，以及认定间接的性别歧视的不合法性，除非被告证明其合法，从而实现了法律实质上的性别平等。

再次，禁止歧视的内容包含了性别和社会性别，使妇女有可能不仅免受基于生物或身体属性而导致的不公平的歧视，而且也免受社会或文化对妇女角色和地位固有的性别观念的歧视。

又次，第 9 节中提到禁止个人歧视，以及强制政府采取立法行动“阻止或禁止不公正的歧视”[③]，从而依靠法律防止或减少歧视的发生。

最后，第 9 节下的所有的约束力，不管是禁止任何人实施规定范围内的歧视行为，还是政府立法禁止不公正的歧视，都必须根据第 9 节第 5 条的指示，认定第 9 节第 3 条里描述的歧视为“非法，除非确定歧视是正当的”。[④]

---

① Penelope Andrews, “From Gender Apartheid to Non-Sexism: The Pursuit of Women's Rights in South Africa”, *North Carolina Journal of International Law and Commercial Regulation*, Vol. 26, 2001, p. 693, 699.

② 周伟：《论禁止歧视》,《现代法学》2006 年 5 期，第 8 页。

③ *Constitution of the Republic of South Africa*, No. 108 of 1996, Chapter 2, Section 9(4).

④ Ibid., Section 9(5).

这里还需要强调第 9 节第 2 条款。这是非常重要的基础条款，在美国宪法中就没有相似对应的内容。它包含两个部分：第一，关于平等的总述："平等包括完全平等地享有所有的权利和自由。"[①]它凸显了新宪法下南非人生活中平等的重要性。第二，第 2 条第二部分的独特之处在于提供了处理甚至是在美国也非常棘手的问题的途径，即平权行动。这个部分规定：为了促进平等，要采取立法和其他措施旨在保护或提高遭受不公平歧视的人民或不同类别的人的地位。[②]

宪法规定的平权行动是全面处理结构性歧视的一个重要武器。宪法中包含的平权行动展示了南非性别平等的承诺，而政府批准《消除对妇女一切形式歧视公约》[③]（*Convention on the Elimination of All Forms of Discrimination Against Women*，CEDAW）支持这一承诺。《消除对妇女一切形式歧视公约》批准平权行动并规定：缔约国采取旨在加快实际上的男女平等的临时特殊政策（例如保护母亲身份的特别措施）不应被认为是歧视。当达到机会和待遇平等的目标时，这些政策就应终止。[④]

对妇女而言南非宪法第二章第 10 节是蕴含巨大机会的重要条款。它规定："每个人都有与生俱来的尊严，拥有使自身的尊严得到尊重和保护的权利。"[⑤]以及第二章第 12 节第 1 条规定："任何拥有人的自由和安全权利的公民……(c)免受来自公共或私人的任何形式的暴力。"[⑥]女性主义者长期以来都在争论公共/私人领域的区分是导致歧视妇女并使对妇女的暴力长期存在的原因。显然这是基于众所周知的事实，即相对陌生人，女性更容易成为私人领域，如家庭内爱人的暴力对象。第 12 节第 1 条的规定打破了公共/私人区分以及它的延伸，把家庭内的公共因素包含在法律之中。这一节

---

①② *Constitution of the Republic of South Africa*, No. 108 of 1996, Chapter 2, Section 9(2).

③ 1979 年 12 月 18 日，《消除对妇女一切形式歧视公约》由联合国大会通过。1981 年 9 月 3 日在第 20 个国家批准这项公约之后，它作为一项国际公约开始生效。

④ UN, *Convention on the Elimination of All Forms of Discrimination Against Women*, Introduction, Article 4.

⑤ *Constitution of the Republic of South Africa*, No. 108 of 1996, Chapter 2, Section 10.

⑥ Ibid., Section 12.

以最大的可能来保护妇女免受来自家庭内以及家庭外的暴力。这一条期望保护公民免受暴力维护尊严和自由的条款很明显也保护了妇女，以期能达到结束性别主义这一预期目标。

第12节第2条规定：人人有权保持身体和心理上的完整性，包括(a)决定生育的权利；(b)安全以及控制自己身体的权利；(c)未经本人知会同意，不接受医学或科学实验的权利。[①] 这一条毋庸置疑是为了保护妇女有关避孕和生育的个人选择权。不能有阻碍妇女提高生活的自由和能力以及剥夺她们控制自己身体以及何时怀孕的权利。[②] 通过明确规定这种权利，宪法大幅度提高每个妇女决定自己个人命运、保持独立和自主以及帮助其他妇女获得同样权利的能力。

当然，特别是在许多发展中国家，我们所考虑到的这类的权利条款还是不足以消除女性实际中不公平的从属性和不利条件。特别是宪法中这些章节承认的权利不能确保满足妇女的教育、住房、医疗保健、食品、水和社会保障的需求。当考虑到妇女的母亲身份，这些需求就更复杂。南非宪法规定通过包括一定的社会和经济权利至少部分地解决了这些问题。

第二章第28节的规定就是一个重要的例证。尽管这一节标题是"儿童"，但是特别是作为母亲的妇女能从中获益，因为她们通常是儿童主要的或者是最后的看护人。这一节包括了儿童的整体权利，特别是与儿童相关的社会和经济福利。例如，第28节第3条规定，每个儿童有权利"享有基本的营养、住所、基础医疗保健服务以及社会服务"。[③] 第28节第4条规定每个儿童有权利免受"虐待、忽视、辱骂"，[④]而第28节第5条规定每个儿童有权免受"劳动剥削"。[⑤]

承认儿童的经济和社会权利是保护和维护妇女，特别是贫困地区妇女

---

① *Constitution of the Republic of South Africa*, No. 108 of 1996, Chapter 2, Section 12.

② Rebecca J. Cook and Charles Ngwena, "Women's Access to Health Care: The Legal Framework", *International Journal of Gynecology and Obstetrics*, Vol. 94, 2006, p. 216.

③ *Constitution of the Republic of South Africa*, No. 108 of 1996, Chapter 2, Section 28(1)(c).

④ Ibid., Section 28(1)(d).

⑤ Ibid., Section 28(1)(e).

权利的关键。宪法中其他有关社会经济的章节，例如第 26 和第 27 节处理有关住房、医疗保健、食品、水和社会保障的规定，限制国家给予特定的社会经济权利，通过要求国家只能采取合理的措施保证获得“已有的资源逐步实现”权利。① 但是在第 28 节中对儿童的权利就没有这样的限制。

正如宪法保护妇女免受来自特定社会和经济不平等的不利条件，它也保护她们免受来自宗教、文化和语言群体侵害的权利。第 31 节第 2 条限制了第 31 节第 1 条授予在一个“文化、宗教或语言社群”中的公民“享有他们的文化、信仰他们的宗教和使用他们的语言”的权利。② 第 31 节第 2 条明确规定：“如果与权力法案的条款不一致，不能实施第 1 条中的权利。”③这当然包括权利法案中的平等的条款。因此按照第 31 节第 2 条的规定，这些群体中的人不能剥夺宪法授予妇女的权利而让她们降低到二等的地位。

二、 宪法中保证性别平等权利实施的措施

参与起草宪法的人为了确保辛苦建构的权利不会成为空中楼阁，为此在宪法中制定措施确保宪法的执行、遵守和监督。

宪法起草人寻求权利保护的基本方法就是根据前面提到过的宪法第 2 节，规定宪法“是共和国的最高法律”，④并授权法院、法庭和论坛以符合宪法的基本理念的方式来解释宪法中的权利。对后者的要求在第 39 条中有规定：在解释任何法律以及发展普通法或习惯法的时候，任何法院、法庭或论坛必须遵守权利法案的精神、主旨和目标。⑤

如果妇女权利的某些方面或其他权利出现在国际法或外国法律中，第 39 节授权法院、法庭和论坛在解释权利法案时“必须考量国际法律，可以考

---

① *Constitution of the Republic of South Africa*, No. 108 of 1996, Chapter 2, Section 26(2); Section 27(2).

②③ Ibid., Section 31.

④ Ibid., Section 2.

⑤ Ibid., Section 39(1)(a).

量外国法律”。[①] 正如第 39 节第 3 条明确规定，权利法案不否认普通法、习惯法或立法中承认或授予的其他任何权利或自由，只要它们与权利法案保持一致。[②]

另外一条途径就是制定条款确保诉讼当事人能行使起诉的权利。第 38 节规定任何罗列在第 1 到第 5 条里宣称“权利法案中的权利被侵犯或受到威胁”的人有“权利到管辖法院”消除侵害。[③] 这些人包括：

(1) 任何行使自己利益的人；

(2) 任何代表不能以自己名义行事而行使利益的人；

(3) 作为或代表某一群体或阶级的成员或利益而行事的人；

(4) 任何代表公共利益行事的人；

(5) 代表成员利益而行事的联盟。[④]

宪法规定的确保权利实施的第三种方法就是建立两个特别委员会，一个是为了性别平等的性别平等委员会，另一个是为了普遍的人权，即人权委员会（Human Rights Commission）。委员会的建立是南非宪法保护妇女权利的另一个创新。宪法第 187 节规定了性别平等委员会的总体权力和责任。它规定：

(1) 性别平等委员会必须促进尊重性别平等和保护，发展和实现性别平等。

(2) 正如国家立法规定，性别平等委员会必须有权力行使它的职责，包括监督、调查、研究、教育、游说、建议以及报告有关性别平等问题的权力。

(3) 性别平等委员会有国家立法规定的其他权力和职责。[⑤]

宪法第 184 节制定了有关人权委员会的条款。第 1 条第 3 款特别规定该委员会必须“监督以及评估共和国人权的执行”。第 2 条规定授予委员会

---

① *Constitution of the Republic of South Africa*, No. 108 of 1996, Chapter 2, Section 39(1)(b)(c).

② Ibid., Section 39(3).

③④ Ibid., Section 38.

⑤ Ibid., Section 187.

执行该职责以及"采取措施对人权受到侵犯的地方进行恰当的赔偿"。[①] 该条款对妇女而言尤其珍贵，因为与其他发展中国家一样，南非的许多妇女在法院起诉实施权利时通常缺乏经济来源。

宪法建立的其他机构也能够确保妇女实施权利。第 182 节授权下就有这样的机构——公护人(Public Protector)。其作用是"……调查国家事务或公共部门……中的任何被怀疑不正当或导致任何不正当或歧视的行为……采取恰当的矫正措施"。[②]

宪法有关起诉、委员会和法院的条款是保护妇女和维护她们权利的强有力的武器。然而必须具备的先决条件是国家承诺持续确保妇女权利，因为委员会和法院其功能的有效性是以获得国家资源的可能性为基础的。

三、 宪法框架的实质平等——案例说明

法律上一直存在形式平等和实质平等之争。形式平等又称为"机会的平等"，机会的平等是指"法律确认社会中的个体普遍地享有参与社会生活的权利，从而体现出人的社会属性，并对个体的主体性的显扬提供法律的保障"。[③] 实质平等又称为"结果平等"，该平等要求"在法律所确立的分配制度中，将社会资源以无差别的方式分配给社会成员，其结果使个体获得的社会资源大体上相当"。[④] 形式平等的优点是充分尊重公民的自由权，但却有可能产生不平等的结果。而实质平等有利于对少数民族、妇女、残疾人和未成年人等特殊群体的保护，"结果平等"的实现主要由国家采取积极措施给予弱者扶助。但只强调实质平等而忽视形式平等也有可能牺牲效率与公平。形式与实质平等两种理论事实上并非绝对对立，但若朝两个极端发展，就都有可能产生不公平的结果。[⑤]

---

① *Constitution of the Republic of South Africa*, No. 108 of 1996, Section 184.

② Ibid., Section 182.

③④杨心宇主编：《法理学导论》，上海人民出版社 2002 年版，第 36 页。

⑤ 周平安：《性别平等的法律进路之批判》，《法商研究》2004 年第 3 期，第 77—78 页。

南非的宪法体现了形式上的平等，很多条款也体现了实质上的平等原则（参考上一节）。在宪法法院判例[①]的具体操作中，如何实现两者之间的平衡，才是真正实现妇女平等的关键路径。

宪法法院进步的宪法体系体现了南非彻底摆脱过去不光彩的种族隔离法律而形成尊严、平等和无歧视的原则。以下讨论的情况说明法院如何明确表明消除妇女附属和被歧视地位的历史残留的必要性。同时这些情况证明宪法法院作为负责实现宪法全部权利和价值的主要机构所充当的重要角色。

以2004年3月南非宪法法院的两个普通法与习惯法相冲突的案件为例。它牵涉到对长子继承权的法律原则的挑战，因为它涉及非洲习惯法《无遗嘱继承法》（*Intestate Succession Act*）、《黑人管理法案》以及由此产生的法规中的继承权。[②]

其中一个案件的起诉者是死者的两个未成年的女儿。另外一个案件中，原告是未婚已故兄弟的姐姐。三个申请者争取成为继承人的权利都被拒绝；反而其他的男性家族成员继承了死者的财产。

另外的起诉者是作为调解者的团体，其中一个是开普敦的一个妇女法律辩护组织——妇女法律信托中心（Women's Legal Center Trust），另外一个是南非宪法为实现南非人权而规定的国家机构南非人权委员会。两个团体介入案件，认为应用的法规以及长子继承权的原则违反了南非宪法，他们对妇女造成不公平的歧视，违反了保护妇女尊严和平等的权利，并且违反宪法对儿童安全和保障的承诺。

这样一来案件的两个核心问题就围绕《黑人行政管理法》第23节是否违宪而展开。该法律管理非洲人无遗嘱的死者财产继承问题。这一节规

① 在南非，司法判例作为一种法律渊源，其效力仅次于南非议会的立法。根据南非正式宪法，还成立了一个宪法法院，涉及宪法的事项，南非宪法法院作出的判决对南非所有法院具有约束力。南非现有的普通法院体系是由宪法法院、最高上诉法院、高等法院和地方法院构成。此外还有一些专门的法院如劳工法院、税收法院等。在一些农村地区，还存在一些酋长法院或头人法院，主要处理南非黑人之间的争端。若当事人对酋长法院作出的判决不满，还可提交普通法院受理。

② Bhe & Others v The Magistrate, Khayelitsha, *supra Note 113*, pp. 594 - 622.

定：属于黑人的所有可动产或他分配下的积累或任何房子，在黑人法律或习俗下给予在习惯法下与他结合的一起生活的妇女，在他死后应在黑人法律和习俗下进行移交和管理。①

第二个问题是长子继承权原则对宪法的挑战。该原则的要点是在没有遗嘱的情况下，只有与死者有关系的男性可以继承财产。如果在遗嘱中列有姓名，则女性也可以继承。这在实践中就意味着通常是长子或者父亲、侄子和叔叔有权成为继承者。这一原则反映了传统法律中让妇女处于永久的次要地位，总是处于男性的监护之下的规定。② 习惯法中排斥妇女的基本原则基于以下事实：

> 妇女总是被认为结婚后最终会离开她们的原初家庭，在得到聘礼后加入丈夫的家庭。在新的处境——成为丈夫家庭的一员——可以推断出她们不可能是原生家庭的一家之长，因为更可能把她们附属于原生家庭的利益转移到新家庭，即可以推断在新环境下她们无法照顾原生家庭。③

在审判中法院审查了在南非宪法框架中传统法律的地位，承认它在南非多元文化社会中的重要性，坚持它既服从宪法又受宪法保护，并认为它要"适应，不仅仅是忍受"宪法。④ 关于习惯法的积极方面，包括它固有的灵活性、寻求共识和合作的倾向以及"培养健康的共产传统"，⑤宪法尊重它的历史意义以及在许多人日常生活中的重要性，但是坚持习惯法要服从权利

---

① *Black Administration Act*, Section 23(1), 1927. 指 1927 年《土著管理法》(1927 年第 38 号法案)随后改名《班图管理法》和《黑人管理法》。其中许多条款在 1994 年临时宪法颁布后就宣布违宪，所有以种族为基础的歧视都无效。根据 2005 年《废除黑人行政管理法和某些法案修正案》的规定，法案其他的条款被废除或在未来将被废除。

② Penelope Andrews, "Who's afraid of Polygamy? Exploring the Boundaries of Family, Equality and Custom in South Africa", *University of Utah Law Review*, Vol. 11, 2009, pp. 303,318.

③ Bhe & Others v The Magistrate, Khayelitsha, *supra Note 113*, p. 646.

④ Ibid., p. 604.

⑤ Ibid., p. 606.

法案。

关于《黑人行政管理法》第23节的合宪性问题，宪法认为基于历史和环境，这一节是作为“种族压迫、隔离和矛盾的基础”[①]的法案的一部分，而南非将会花上数年去除这一遗留问题。法院通过承认习惯法，反映了南非社会的多元本质。法院注意到它在确立妇女被隔离和从属性地位中扮演的种族主义和消极的角色，这一角色“在任何开放和民主的社会都是不合法的”。[②]

在意见中法院审查了长子继承原则的演变以及它在土著中的地位。法院认为该原则不公正地歧视妇女和私生子嗣，从而宣布它违宪。尽管承认该原则在传统土著群体中的重要性，法院认为滋生该原则的环境已不复存在。然而习惯法或继承权得以发展的共产环境，以及它“确保在权利、义务和责任的公平性”和它“促进公共利益和福利”的目标是积极的。[③]

法院指出“在与他们传统大不相同的环境中”[④]应用该原则导致了之后出现的矛盾。在裁决中法院肯定了习惯法在公社社会组织中的重要性，但是同时也承认土著社群的本质变化。法院也承认传统法的灵活本质可以持续进化和发展“来满足社群不断变化的需求”。[⑤] 在纠正中，法院规定所有无遗嘱的财产现在必须在《无遗嘱继承法》规定下进行处理，从而在全国创建一个无歧视的统一体系。法院强调了1994年4月27日南非首个宪法生效日，然后作出这一判决。

类似这样的案件还很多，表明宪法法院在平等问题上的态度和原则。在性别平等问题上，宪法在最大限度上实施多种方法追求平等，支持采取实质平等的方法而避免狭隘的形式主义。自1994年以来法院判决的一系列案例中，法院都强调了平等的首要性。

---

① Bhe & Others v The Magistrate, Khayelitsha, *supra Note 113*, pp. 612 - 613.

② Ibid., p. 616.

③ Ibid., p. 617.

④ Ibid., p. 619.

⑤ Ibid., p. 618.

南非宪法,特别是权利法案,反映了南非在人权,特别是妇女人权上的一致意见。正如马卡乌·瓦·马图瓦(Makau wa Matua)所述:

> 种族隔离后(南非)国家的创建代表了历史上首个经过深思熟虑和精心计算而创建的一个人权国家——主要受人权准则推动。南非是普遍接受人权理想,起码在口头上接受的首个重生的国家。①

南非宪法起草者吸取了国际人权中的权利基础的价值和原则,并把这些权利与当地的南非条件相融合。在对妇女的模棱两可的文化态度上,一方面是南非特殊的男权环境的烙印导致对妇女的歧视和暴力,另一方面是法庭值得称赞的判决和陈述之间引发的巨大的差异。要弥补这些差距仍然需要南非人民,包括男性和女性在内共同的努力。南非宪法是促进性别平等的最主要的国家工具,也是南非在国家层面对性别平等强有力的政治承诺。这种政治承诺要求政府具有社会性别视角,增强社会性别意识,提高社会性别主流化能力,推动南非加入区域性或者国际性的性别平等运动。

1996—2000 年间,南非还通过了一系列促进性别平等的法律。例如,在家庭领域,制定和修订了《家庭暴力法》等 7 部法律;在就业领域,制定和修订了《就业平等法》《失业保险法》和《劳动关系法》等 6 部法律;在教育和培训领域,制定和修订了《高等教育法》等 6 部法律;在保障财产所有权方面,制定和修订了《住房法》《租房法》和《土地使用法》《国家森林法》等 7 部法律;在健康领域,制定了《中止妊娠选择法》等 2 部法律;在其他领域还制定了《选举法》《选举委员会法》《促进平等和防止不公正歧视法》等法律。②

南非黑人妇女为争取法律上平等权利的斗争并非只是 20 世纪 90 年代

① Makau wa Mutua, "Hope and Despair for a New South Africa: The Limits of Rights Discourse", *Harvard Human Rights Law Journal*, Vol. 10, 1997, p. 63,65.

② 全国妇联妇女研究所:《南非推动性别平等与妇女发展的做法和成绩》,《研究信息简报》2007 年第 1 期,第 3 页。

南非转型期的几年之功，而是始于更早的1913年黑人妇女反通行证法。以此为基点，黑人妇女为争取自己权利的妇女组织不断发展和壮大，最终在以黑人妇女为主导的非国大妇女联盟的推进和领导下才融合成全国妇女联盟，不分种族和阶级，团结全国的妇女为了女性的权益而奋起反抗。这部分内容在第三章中进一步阐述。

尽管妇女在公共领域的法律层面上实现了性别平等，但是在实际生活中，由于受历史悠久的传统父权制的根深蒂固的影响，妇女在现实生活中还是受到许多不平等的待遇。但是必须肯定的是，只有实现了法律上的性别平等，女性在公共领域才能有自己的声音，才能以女性自己的理解诠释和建构性别平等，才有机会实现在公共领域和私人领域的真正的平等关系。

第三章

政治视野中的南非黑人妇女

现今南非参与政治的妇女比例比许多发达国家还要高。南非妇女跨越公私领域的界限成为正式的政治主角的过程，既改变了妇女对于自己的政治角色的观念和参与政治的方式，也改变了南非的性别政治。南非黑人妇女在漫长的受压迫的历史长河中，在荆棘之路上开辟出自己的阳光大道而成为公共政治领域中的女主角的经历，值得非洲其他国家甚至是全球妇女学习和借鉴。

第一节　公共领域与政治

一、 公共领域与妇女参政

长期以来，历史上的女人与政治属于两个截然不同的范畴。政治向来被视为属于男人掌控的公共领域内的活动，而女性被赋予持家为仆的任务，被囿限在家庭的私人领域。虽然性、婚姻与家庭的许多事务属于私人领域，但是私人领域中的性别关系始终是公共领域中的强势力量不断建构的结果。私人领域中的性别平等并不能完全依赖于私人领域本身的自足而得以实现，相反，私人领域中的性别平等的未能实现，恰恰是因为妇女在公共领域建构中力量的缺失所造成。这种力量的缺失在现实生活中的表现就是女性在公共政治生活中的“失语”，女性的这种“失语”使得妇女的境遇很难成为政治生活中的话语。[①]

自由主义女性主义认为妇女受压迫的根源在于缺少政治权利或公民权利，提出妇女解放要让妇女自由决定自己的社会作用，并尽可能平等地与男性竞争。[②] 随着女性主义运动的兴起，20 世纪以降性别平等和女性参政逐步成为政治文明和社会进步的标志。参政权是女权运动者积极争取的重要权益之一，妇女唯有经由政治参与途径影响当局政策，或者晋升决策层、制定有利于自身的政策，才能有效地保障自身的权利；而其他诸如人身权、工作权、财产权的争取，亦是经由广义的参政权才能获取。

不论在封建或民主时代，政治均是主宰权力与资源分配的力量。政治牵涉社会价值的权威分配，讲究的是实力的角逐，有了政治权利才能决定政治竞赛规则，分配各类社会价值；而在民主政治中讲求实力，靠的是选票与席位。如果说民主政治是政治人权的实现，男女平等原则可谓是性别人权的承认；承认在“人”的基础上，男人与女人在法律地位上一律平等，没有主从之分。[③] 因此，欲求两性地位真正平等，则必须先解构由男性所控制的权力结构，变更男性所主导的社会价值、规范及制度。如果女性希望在她们所生活的社会中实现男女平等，必须跨越“公共领域”和“私人领域”的界限，去寻求自己的权力位置。而这种结构性的变革，唯有通过政策途径才最为有效；欲改变政策，则妇女必须参与决策过程，并在其中发挥影响力，此即显示出妇女参政权的重要。唯有扩大妇女政治参与、落实妇女参政权，促使政府政策兼顾女性立场及女性权益，根本地改善女性不平等地位，才能构建成两

---

① 周安平：《性别与法律》，法律出版社 2007 年版，第 106 页。

② [美]莉森·贾格尔：《妇女解放的政治哲学》，载李银河主编《妇女：最漫长的革命》，中国妇女出版社 2007 年版，第 244—251 页。

③ 石之瑜、黄竞涓：《当代政治学的新范畴：文化、性别、民族》，翰芦图书出版公司 2001 年版，第 92 页。

性平权、和谐的理想境界。

二、有关南非黑人妇女参政的争议

妇女参政，指女性对政治的参与，源于英文“political participation”一词。关于参政有多重定义，本书对妇女参政的讨论主要包括广义上妇女团体通过言论、出版、结社等方式发表自己的政治见解，从而对国家的政策议题产生影响；同时更关注女性主义运动推动下广大女性投身政治领域，进入国家各级权力机关，担任各级领导职务，掌握、行使政治权力，从而探讨女性进入公共领域、享有决策权对妇女地位的作用及对政治的影响。①

在历史的每个阶段对于南非妇女如何以及为何参与政治领域的观点充满了高度的争议。历史学家、人类学家、性别活动家的辩论锁定从殖民前一直到殖民结束有关权力、机构和妇女身份的深度政治化。辩论的一个核心问题是历史资料和实证研究的缺乏，尤其是殖民前时期。由于首个书面记录始于欧洲探险者的到来，研究的主要资料包括对口述史的解读，而许多殖民时期的资料由于潜在的西方偏见而受到质疑。即使是当代所谓进步的非洲研究者们仍然陷于种族中心主义的偏见中，正如奥耶乌密（Dyeronke Oyewumi）提出的：“不管辩论是以历史还是非历史为焦点……很明确的是以西方为标准，由他人以及通常是他们自己来衡量非洲人。”②

尽管资料缺乏，但普遍的共识认为黑人妇女的地位和权力由于殖民和宗教强加的性别不平等而被永远地改变了。资本主义前的社会通常围绕着生产潜力而不是物质财富的积累来运转，即一个家庭可支配的潜在的劳动力。妇女由于其潜在的生产劳动以及强大的生殖潜力而成为这类社会中关

① 祝平燕、周天枢、宋岩：《女性学导论》，武汉大学出版社 2007 年版，第 273—274 页。

② Oyeronke Oyewumi, *The Invention of Women: Making an African Sense of Western Gender Discourses*, Minneapolis: University of Minnesota Press, 1997, pp. 17 - 18.

键的组织元素。[①] 妇女实施权力最有效的方式就是直接统治。例如在古代非洲库施王国，妇女通过自己的权利获取权力，甚至有时与儿子一起共同管理国家。非洲古代历史上就出现过许多女王，如10世纪东北非的阿比西尼亚（Abyssinia，今埃塞俄比亚地区）的强大女王古蒂特（Gudit）；16世纪统治尼日利亚扎里亚地区（Zaria）和安哥拉汤巴女王恩津加（Njinga）；以及西非门迪地区的女酋长传统等。[②]

殖民当局把基督教和资本主义引入非洲，极大地影响了妇女的地位和权力。殖民主义带来的特殊版的基督教有效地把妇女在公共领域中的角色边缘化，就像非洲早期历史上伊斯兰教传播带来的影响一样。黛博拉·盖茨克尔（Deborah Gaitskell）认为，殖民主义通过建立传教士组织以确立维多利亚时期的妇女品德以及社会角色，特别是妇女身份中婚姻的重要性，从而削弱了妇女的地位和权力。[③] 资本主义进一步让妇女成为家庭经济的二等成员——性别划分让男性自由操控经济而严格限制妇女进入经济领域。尽管劳动的性别分工在殖民主义和资本主义之前就已存在，但是直到这两者进入非洲才导致性别划分成为权力不均的原因而造成黑人妇女的附属地位。[④]

除了历史资料的贫乏，研究者、政治学家以及史学家面临的另外一个问题就是如何界定权力和地位。有关妇女有多少权力，她们被允许有多少权

---

① 参见：J. Guy, "Gender Oppression in Southern Africa's Precapitalist Societies", in Cherryl Walker, ed., *Women and Gender in Southern Africa to 1945*, Cape Town: David Phillip, 1990, pp. 33 - 47; Jane L. Parpart and Cathleen Staudt, *Women and the State in Africa*, Boulder, Colo.: Lynne Rienner, 1989; Amadiume Ifi., *Re-inventing Africa: Matriarchy, Religion, and Culture*, New York: Zed Books, 1997。

② Iris Berger and E. Frances White, *Sub-Saharan Africa: Restoring Women to History*, Indiana University Press, 1999, Introduction, p. xlviii.

③ Deborah Gaitskell, "Devout Domesticity? A Century of African Women's Christianity in South Africa", in Cherryl Walker, ed., *Women and Gender in Southern Africa to 1945*, Cape Town: David Philips, 1990, pp. 33 - 47.

④ 参见：Gisela Geisler, "Troubled Sisterhood: Women and Politics in Southern Africa: Case Studies from Zambia, Zimbabwe and Botswana", *African Affairs*, Vol. 94, No. 377, 1995, pp. 545 - 578; April Gordon, *Transforming Capitalism and Patriarchy: Gender and Development in Africa*, Boulder, Colo: Lynne Rienner, 1996。

力以及她们试图获得多少权力的争论一直存在。非洲黑人妇女认为，由于黑人妇女从家庭角色中获得的权力是由父权制指定的，所以早期西方研究者低估了她们的权力。

这种对南非历史中的妇女复杂的观点有两层核心意涵：妇女领导权的界定以及妇女的身份和妇女运动。首先，研究者和运动家们辩论的是妇女在反种族隔离运动中的领导角色。他们把妇女在反种族隔离中的运动看作运动的领导者或者它的支柱和"沉默的力量"。在许多方面，这两种解读都是正确的。在她们的男性同胞们还远没有准备好的时候，妇女确实推动反种族隔离斗争进入大规模运动和全民动员阶段。然而同时，所有政党中的官方领导职位几乎压倒性地都是男性。

妇女的身份也受到争议。一些研究者认为妇女运动家把她们的身份维持在母亲和妻子身份上而不是挑战那些脚本化的位置。[①] 抵抗中的妇女通常联合起来试图为她们的子女创建更好的国家或者与她们在前线斗争的丈夫并肩作战。妇女组织有意识并自愿把她们对性别平等的追求从属于种族平等的事业。尽管她们接受这些传统的、保守的性别身份，但是她们同时一起努力改变所属政党的性别政策。一些妇女在丈夫被投入监狱后获得重要的领导地位；流放中的妇女在她们所属的政党中上升到最高位置，并获得大量的教育和政治经验。妇女从来没有放弃她们反抗父权制的斗争。她们的持续斗争获得了男性领导层的支持，并获得政党对性别平等的承诺。这些有争议的观点在许多时候成为民主转型时期提高妇女现实生活的驱动力。

第二节 新南非诞生前的黑人妇女参政运动

1994 年新南非成立前，南非黑人妇女几乎没有参政权，只能通过自发或加入妇女组织进行示威、集会来对抗白人政府的压迫。民主转型时期，黑

---

① Cherryl Walker, *Women and Resistance in South Africa*, Cape Town: David Philip, 1982.

人妇女明确提出了参政要求，新南非的建立让她们有机会正式进入政府管理机构，利用制定政治决策等方式实现其利益诉求。

一、妇女运动的历史背景

对大部分南非黑人妇女而言，在她们对抗无处不在的种族隔离体系的时候，生活是苦难、疲倦和贫穷的不断轮回。南非黑人和白人妇女的差异可以追溯到19世纪后期和20世纪早期她们各自不同的斗争目标。[①] 这些斗争可以分为白人中产阶级妇女的妇女选举权运动以及黑人妇女主导的反通行证法运动。后者也得到印度有色人以及一些白人妇女的支持。妇女选举权运动在20世纪早期有一定的进展，但是对提高整体南非妇女的地位没有多大成效。大部分黑人妇女更多具有的是种族意识而不是性别意识。[②] 白人妇女通常更关注她们自己的法律地位和政治平等问题。妇女参政权论者在是否要把黑人妇女包含在运动中并没有达成共识。

南非黑人妇女经过长达百年的斗争才在她们自己出生的国家里获得作为公民的基本人权。[③] 即使从1913年到20世纪50年代末进行了勇敢的反抗行动，黑人妇女最终也像她们男性同胞那样沦为通行证的受害者。被困在荒芜的“黑人家园”，居住在肮脏的安置营（resettlement camps）或是挤在昏暗的出租房（lodging），遭受种族、阶级和性别的多重歧视。黑人妇女的日常生活就是作为妻子、母亲、工人、农民的生存而斗争。她们的勇敢斗争赢得了世界上包括男性和女性在内的越来越多的尊敬和支持。

自20世纪早期以来，南非黑人妇女一直斗争在反抗白人少数统治的前线。种族隔离前的黑人妇女斗争有多种形式，包括反抗控制所有黑人活动

---

①③ R. Kadalie, “Role of Women's Organisations in Transformation”, working draft for: Ruth First Memorial Colloquium, Department of Anthropology, University of the Western Cape, South Africa, August 17 - 18, 1992.

② Bertelsmann-Kadalie Rhoda, “The Importance of Feminism for the Women's Movement in South Africa”, *Journal of Theology for Southern Africa*, Vol. 4, 1989, pp. 48 - 52.

的通行证制度运动以及组织和维持工会活动到民主转型时期争取政治权利的斗争等。最重要的是，斗争的目的是结束控制和摧毁黑人妇女的种族隔离。因为不管是依靠微薄薪水为了家庭生存而挣扎的家政工人，还是靠标准以下的工资生活的工厂女工，或者是年轻的女学生处于带种族歧视的教育体系中而浪费了她们的潜力，黑人妇女都逐渐意识到，除非废除隔离体系，否则她们只能长期处于受压迫的状态。尽管妇女在反种族隔离斗争中起到关键的作用，但是在主要的反种族政治斗争中却很少获得领导者地位。研究者认为妇女早期的政治参与，服从于男性的政治需要和议程，结果女性自身的问题被忽视了。但是像马马(Mama)这样的学者认为，妇女的政治参与不应该被忽视，因为它打开了许多社会和经济空间。虽然女性和男性一样，都受到种族剥削的共同经历，但像种族这样的身份并不是在真空中运作，而是与性别、阶级、种族、文化等因素交织在一起。

为了理解黑人妇女参政运动的历史，我们首先要回顾种族隔离及其支撑机制的历史背景，有助于我们从更为广阔的时空来理解妇女参政运动的缘起和发展，才能呈现出妇女运动的动态历史过程。

（一）种族隔离制度

种族隔离制度(阿非利加语中指分离)是由南非白人少数人政权通过国民党设计的，目的是把南非非白人(包括亚裔人、有色人和黑人)根据种族划分与白人隔离生活，以此提高白人的优越性，建立占人口少数的白人政权。种族隔离制度通过一系列的立法来完成。19 世纪初，由于经济和政治因素，白人集团达成和解，于 1910 年成立南非联邦，成为一个真正的单一国家。由布尔人占多数的南非党[①]获胜，原布尔人总司令博塔任第一届政府总理，从而开启南非历史上漫长的种族隔离机器。同时依据种族主义制定的《南非法》让南非联邦国家机器力量空前加强。《南非法》确定了只有白人才

---

① 南非党建立于 1911 年，是南非最早的执政党，反映“白人民族主义”思想，1911—1914 年为南非执政党。1914 年 7 月从中分裂出国民党，最初只是奥兰治自由邦的地区性政党，后发展成全国性政党。

享有公民权，只有白人才能进入立法、执法和司法机构的原则，确定了白人统治阶级可以通过“合法”途径制定一系列种族主义法律。[①] 1943 年国民党的杂志上首次出现了“种族隔离制”(Apartheid)一词。[②] 1948 年国民党以“种族隔离”为竞选纲领而成功竞选，马兰任总理兼外长，开始了国民党连续 46 年的执政历史，也开始了南非种族隔离的强化期。据不完全统计，国民党执政后共通过了 300 余项种族主义法律。为了使隔离政策被接受，南非政权花费了高额代价在世界范围内进行精心的宣传运动。占人口少数的白人独揽大权实行专制统治，形成了一个“准法西斯化的国家”。隔离制度实质上是“一种特殊形式的殖民主义”[③]，是一个残酷制度化的种族歧视和压迫体系，联合国谴责它是反人类罪。

概括起来，南非的种族隔离制度主要有四大要素：种族划分、流动劳工、流入控制和强迫迁移。

尽管从 17 世纪欧洲殖民者到达南非开始，隔离就一直是南非社会和政治政策的一部分，但是一直到 1950 年《人口登记法》(*Population Registration Act*)的正式颁布施行，国家才正式开始种族划分。一开始分为三大种族：黑人、白人和有色人。[④] 例如法案中对白人的定义为：任何外表上明显是白人，或普遍被认可是白人，不包括尽管外表上明显是白人，但是

---

① 1910—1948 年间就有 49 项种族主义法律被议会通过。1913 年通过《土著土地法》，禁止黑人在“土著保留地”之外占有或购买土地，这就阻止了黑人通过努力往上发展的可能。1922—1943 年，南非白人政府通过一系列种族主义立法如《土著事务法》实行白人和黑人分别发展；《市区法》规定黑人只能住在规定的城市郊区；《工业调停法》剥夺了黑人的罢工权利；《文明劳工通令》剥夺了黑人担任专门技术工作的机会；《矿业和工厂法》限制黑人担任技术和半技术工种；《班图管理法》让政府可以随意撤换保留地内黑人酋长；《防止非道德法》禁止白人与黑人通婚；《土著劳动合同法》规定黑人佃户工人一年中须有 8 个月听从地主支配，为地主无偿劳动 180 天；而 1936 年的《土著管理与土地法》(*Native Trust and Land Act*)规定土著保留地将占南非土地的 13%左右，彻底剥夺开普黑人在保留地外购买土地的权利；1939 年的《工业调解法》规定黑人在工业方面工种的限制：1945 年的《土著(市区)整顿法》即《通行证法》限制黑人拘留城市等。其中《土著土地法》和《土著管理与土地法》被认为是整个种族隔离体制的支柱。这些法律由联邦政府国家机器在全国范围内执行。

② 郑家馨：《南非史》，北京大学出版社 2010 年版，第 437 页。

③ 张象主编：《彩虹之邦新南非》，当代世界出版社 1998 年版，第 127—135 页。

④ Parliament of South Africa, *The Population Registration Act*, Act No. 30, 1950, 5(1).

普遍被认可是有色人。[①] 政府设立"人种分级办公室"(Office for Race Classification)对种族划分进行管控。南非的每个人都根据种族被划分。种族划分决定着南非人的命运——他们可以住在哪里以及如何居住？他们可以从事什么工作？可以接受什么样的教育？如果有的话，拥有什么样的政治权利？可以跟谁结婚？他们行动和行为的自由程度等。不同种族之间的活动空间也不同，并相应颁布了一系列的法律法规。[②]

流动劳工制度是造成南非黑人悲惨生活的另一个重要因素。它的历史渊源悠久，甚至早于南非两矿发现之前。例如德兰士瓦北部的佩迪人(Pedi)由于生态方面的压力于19世纪40年代就已经介入劳工流动。[③] 19世纪末，矿业的发展和农业的需求，使南非劳动力市场出现严重的供不应求。为了把相对独立的黑人农民变成相对稳定的廉价劳动力，白人政府强制推行流动劳工制度和保留地制度，以实现黑人与土地的分离，使黑人成为以出卖劳动力为生的无产阶级。例如隶属于矿业协会下的金和铂矿业公司的黑人劳工人数从1904年的7.7万人上升到1912年的19.1万人。[④] 同时政府在保留地实施税收机制，主要是征收茅屋税，导致82%的黑人由于极端贫困无法缴纳税收而外出充当流动劳工。[⑤] 1911年联邦政府制定了《土著劳工管理法》和《矿山和工厂法》，确立了流动劳工制。[⑥] 1913年《土著土

① Parliament of South Africa, *The Population Registration Act*, Act No. 30, 1950, 1(xv).

② 例如1949年的《禁止混合婚姻法》限制不同人种之间的通婚，也限制不同人种之间的非婚性行为。《不道德行为修正法》1950年版禁止不同种族非偶同居，1957年的法规将原先禁止白人与黑人间婚外性行为的规定升级为全面禁止白人与有色人种之间的非婚性行为。结合《禁止混合婚姻法》的禁婚规定，实际上就禁绝了跨种族性行为。1950年《特定居住法》规定所有居民必须按种族集团居住；1952年实行《通行证法》，规定黑人不能随意进入白人区域；1953《隔离设施法》规定，在公共汽车等公共场所和公共服务中，可以对不同种族的人区别对待等。

③ 刘乃亚：《近代南非的流动劳工——佩迪人劳工和莫桑比克劳工个案分析》，《西亚非洲》2001年第1期，第51页。

④ Mrrsuo Ogura, "Urbanization and Apartheid in South Africa: Influx Controls and Their Abolition", *The Developing Economies*, Vol. 34, No. 4, 1997, p. 407.

⑤ Schapera, *Essays in Southern African Labour History*, Johnnesburg: Ravan Press, 1978, p. 10, 转引自刘兰《白人政府干预政策与南非劳动力市场供求结构的变化》，《西亚非洲》2012年第4期，第124页。

⑥ 张象主编：《彩虹之邦新南非》，当代世界出版社1998年版，第10页。

地法》让黑人无法在保留地之外购买和租赁土地，被限制在现有的保留地里。但是保留地内人口数量却一直在增加，人口密度高、耕地不足导致的经济压力迫使黑人外出打工。随着20世纪南非制造业的兴起，黑人劳动力开始拥入城市。到20世纪中期，几个主要城市的黑人人口已经形成不小的规模，根据1946年的统计数据，全国住在城市的黑人有179.4万人，且以男性为主。[①] 1952年颁布的《土著法修订案》给留在城市的黑人设置了苛刻条件，没有满足条件的黑人必须要在城里找到工作并得到地方政府的许可，否则就要被驱逐出城。[②] 这样政府就让大部分黑人保持流动劳工的身份，有效地阻止他们长期定居在城市。流动劳工只能居住在郊外，在约翰内斯堡等工业城市周围形成了城镇贫民区，生活条件非常艰苦，缺乏基本的卫生设备和水电。到80年代，在白人城镇地区出卖劳动力的黑人中约有60%是流动劳工，黑人妇女劳工中则有35%是流动劳工和每日往返劳工。[③]

流入控制(influx control)与流动劳工制度紧密相关。白人政权一方面需要大量的流动劳工为经济发展服务，另一方面又担心黑人拥入城市会给他们的利益造成损害。因此除非需要黑人劳动力，否则不能让他们进城；其次，可以允许黑人为他们干活，但是不允许他们和白人住在一处。一系列通行证法律(Pass laws)和相关的立法成为控制的主要手段。1923年史末资执政期间制定了《土著(城市地区)法》[④]，把南非划分为限制区域(城市)和非限制区域(农村)，严格控制黑人男性在两者之间的流动。每个地方政府为该区域的黑人负责，建立"土著咨询委员会"管理黑人劳工流入城市，并驱逐"多余"(即未就业)的黑人。该法实际上把黑人与白人隔离开来，规定在白人城镇周围划定黑人居住区，于是在南非城市周围出现了许多黑人城镇。该法案分别在1930年、1937年、1944年、1952年、1955年、1956年、1957

① Department of Native Affairs, *Report of Native Laws Commission*, 1946－1948, p.10.

② Parliament of South Africa, *Native Laws Amendment Act*, Act No.54, 1952，后更名为《班图法修订案》以及《黑人法修订案》。

③ 张象主编：《彩虹之邦新南非》，当代世界出版社1998年版，第151页。

④ Union of South Africa, *Native (Black) Urban Areas Act*, Act No.21, 1923.

年、1964年和1971年进行修订和增补。1945年《黑人(城市区域)巩固法案》的实施,使流入控制更加严厉,也是《土著(城市地区)法》后诸多制定的法律之一。[①] 从1948年到1994年,白人政府制定了各种流入控制法律并严格执行。流入控制最典型的做法就是1952年规定所有16岁以上黑人男性要携带"有色人种身份证",即通行证。[②] 通行证上内容包括本人照片、指纹、住址、雇主姓名、雇时间以及其他身份信息。非洲黑人的活动整体上受通行证法控制。每个年满16岁的黑人必须携带"通行证",他或她才可以合法地待在规定的区域内。如果在警察的要求下无法出示通行证或者所持的通行证与主体不符,将被立即逮捕。没有通行证的黑人在城市里的时间不允许超过72小时,除非满足《土著法修订案》第10条规定的条件。雇主通常可以对通行证持有人的行为进行评价。通行证成为种族隔离制度最令人痛恨的象征。

《种族区域法》[③]把国家按照种族分为不同的居住领域。白人住在城市中心区域,而黑人被迫住在城镇的郊区。种族隔离在法律上把全国各种族隔离开来,规定每个种族有自己的医院、公交车和火车、居住区域、学校和娱乐设施。黑人不允许有自己的土地,他们被安置在所谓的"黑人家园"或保留区,除非拿到文件被允许在白人区域工作。白人政府和官员坚持认定这些黑人家园是"黑人渴望复兴的传统部落王国的重生"。[④] 这些小块的贫穷的保留区只占全国13%的土地,却要容纳70%的人口。[⑤]

黑人家园所在地区几乎没有供水,也没有肥沃的土地,没有城市中心,没有重要的港口,没有重要的矿藏和工业,没有为基础服务提供的基础设施。这些在地理上通常被割裂并处于干旱地带的贫瘠的保留区无法维持这

---

① Union of South Africa, *Blacks (Urban Areas) Consolidation Act*, Act No. 25, 1945. 又称《班图(城市地区)巩固法案》。

② 英文称为 reference book,代替以前的 passbook。

③ Union of South Africa, *Group Areas Act*, Act No. 41, 1950.

④ Sebastian Mallaby, *After Apartheid: The Future of South Africa*, New York: Random House, 1993, p. 76.

⑤ Ibid., p. 77.

么庞大的人口。上百万的黑人因此在流动劳工系统下被迫去所谓的“白人地区”寻找工作。除了所谓的非洲人的家园，国家还为其他的人种群体——有色人和亚洲人设置了隔离的区域。

当局以这样的方式控制了一批廉价的劳动力，让工人去他们规定的地方，如为国家巨大的矿物资源挖矿以及在工厂里辛苦劳作。一旦合同结束，他们就要返回到保留区等待新的雇佣。如果他们被认为没有经济生产能力，就会被当作“过剩的物品”永久遣返保留区。

整个种族隔离体系在一连串的镇压和专制的法律法规下运转，通过国家批准的恐怖行动得以执行。特别是在通行证法之下当局发动的黎明前袭击，每年有成千上万个非洲人被逮捕。在流动劳工制度和限制在城市居住的法律法规下无数的黑人家庭被分裂。

曾任南非宪法法院副院长的帕埃斯·兰嘉（Pius Langa）大法官的讲述有力地证明了种族隔离带给黑人的痛苦经历：“我无论如何也无法理解为什么种族这个因素可以决定我应该住在哪里、可以在哪工作。还是个十几岁的孩子时，我从来不明白为什么我要住到男人的宿舍区，只有得到许可证才能到城里和父母住在一起。……我的梦想遭到了种族隔离的严酷现实。它在我的周围精心构筑了无理的、屈辱的，而且常常是敌对的环境，其意图就是要打击像我这样希望为自己也为周围的人改善境遇的人。”①

（二）种族隔离制度下的妇女

尽管种族隔离压迫所有的非洲人，包括男性、女性和儿童，但是黑人妇女受其影响最深，她们在殖民前曾经拥有的经济和社会地位急速恶化。非洲传统的体系分崩瓦解，妇女漂浮在贫苦的生活和文化干涸的海洋里。

种族隔离对黑人妇女的重大影响在她们遭受的隔离和贫困方面特别明显。由于男性构成廉价劳动力的主要部分，妇女处于不利地位。她们被期望留在贫困的保留区养育子嗣以及照顾年老的亲属。在黑人家园中广泛存

---

① ［南非］德斯蒙德·图图：《没有宽恕就没有未来》，江红译，上海文艺出版社2002年版，第17页。

在以一家一户为生产单位、以维持生活为目的的小农经济，生产方式落后，劳动生产率低下。在农村生存经济中黑人妇女跟男性一样扮演重要的角色，在男人外出打工期间，甚至承担所有的责任。

广大黑人处于小农经济形态甚至是公社经济形态，家园农业面临土地严重不足，人口密度过大的问题。人多地少，缺乏资金和基础设施，黑人家园的条件十分艰苦。例如建于1976年的黑人家园西斯凯（Ciskei）的第一个安置营萨达（Sada），成为被驱逐的3万黑人的“家园”。多出来住不下的人口居住在临近的一个绰号叫“泪水村”的泥村里。“（村子里）估计有1万人口，只有13个私人厕所，其余的人不得不去小树林……村子里没有一个水龙头，人们不得不去临近的萨达取水。这片区域随时面临着伤寒爆发。”①

安置营的居民还面临极其高的婴儿死亡率，儿童死于营养不良以及类似肠胃炎这样的疾病。不同的研究也证实了妇女在这些保留区占很高的比例。土地贫瘠，一些土地不让耕种。食物严重缺乏，很少有人能找到工作。

除了经济上的困境，流动劳工制度下的种族隔离最残酷的方面就是无数家庭被分离。妇女被迫与丈夫和父亲分开居住，忍受独自养儿育女的绝望，她们遭受巨大的精神和情感伤害。男性连续几个月离家去工作，一年最多只能在家待几个星期，最常见的情况是数年都无法看见他们的家人。疏离不可避免，并导致黑人家庭生活的分崩离析。研究保留区妇女的学者菲利斯·恩坦塔拉（Phyllis Ntantala）的笔下记录到：

> 悲剧就是成千的远没到三十岁的妇女成为了寡妇；年轻的已婚妇女从来没有当母亲的机会；年轻妇女的生活是一首长长的悲歌——一个接一个埋葬自己的婴儿，最后埋葬自己的丈夫——那个她几乎不能称之为丈夫和父亲的爱人。不管是男性还是女性，

① “The Effects of Apartheid on the Status of Women in Southern Africa”, document submitted to the World Conference of The United Nations Decade for Women, Copenhagen, July 14 - 30, 1980, A/CONF 94/7, p. 4.

成年就意味着生活的结束；它意味着孤独、悲伤、泪水和死亡；它意味着生活没有未来，因为压根就没有现在。[①]

丈夫外出的已婚妇女很大程度上依赖家族资助以及丈夫的汇款。其中已婚妇女又分为以下几类：丈夫定期汇款回家；丈夫很少或不汇款，在汇款的次数和数量上非常有限，这类妇女通常是保留区内最贫困的；作为非洲婚姻模式之一和价值体系的一夫多妻家庭的普遍存在，特别是在夸祖鲁地区。而女户主的家庭又可以分为寡妇、被遗弃的妻子、单身母亲、妇女联合家庭（如年轻寡妇与有子女的母亲或姐妹一起居住）等。此类妇女在经济和社会地位上也是处于底层。[②] 除了受种族隔离和殖民统治的压迫，黑人妇女还受到来自传统价值体系的主要由酋长或部落代表实施的性别歧视。这些以男性主导的传统体制在边缘化妇女的过程中发挥关键作用，并帮助强化父权制以及维持新的隔离体制。

由于受不了贫困和孤独，许多女性去城市地区寻找工作或寻找她们的丈夫以期阖家团圆。但是自 1952 年起通过劳动局系统和流入控制法规等方式不断增加对妇女行动的限制，让她们很难离开农村地区。控制城市地区妇女活动的法律法规如此普遍和复杂，在实践中又任意应用，因此只有少数的黑人妇女能成为固定的城市居民。其余的妇女每天面临被“遣返”回她们出生地或者到她们从来没有见过的地方或者被迫迁移到安置营。然而满足城市居住的条件受很多条件的限制，尤其是对妇女而言。在 1945 年《班图（城市地区）巩固法案》〔*Bantu* (*Urban Areas*) *Consolidation Act*〕的章节 10(1)里[③]规定允许在城市地区居住的非洲人的类别如下：

---

① Phyllis Ntantala, "African Tragedy", *Africa South*, Vol. 1, No. 3, 1957, quoted from Hilda W. Bernstein, *For Their Triumphs and for Their Tears: Conditions and Resistance of Women in Apartheid South Africa*, London, International Defence and Aid Fund for South Africa, 1985, p. 30.

② U. Bob, "The Intersection of Gender, Race and Class", *South African Geographical Journal*, Vol. 83, No. 3, 2001, p. 192 - 193.

③ 1964 年《班图法律修正法案》(*Bantu Laws Amendment Act*)进行修改。

10(1)(a)包括那些从出生开始就一直居住在城市地区的人。由于母亲工作原因而被送到保留地亲属那里的儿童就会失去(a)规定的地位。

10(1)(b)包括那些为同一个雇主连续工作10年以上或者那些在此地区一直合法居住不少于15年以及继续居住在那里并没有在该区域外就业的人。如果关押在监狱里超过6个月将失去这个地位。

10(1)(c)包括符合条件(a)(b)的两种人的妻子和18岁以下未婚的子女,并且是合法进入该地区以及与丈夫或父亲"正常居住"的人。①

由于流入人口控制,一个男子要把区域外的妻子和子女带进来与他一起合法居住是极其困难的。除此之外,"正常居住"规定妻子与她的合法丈夫居住在被认为是适合给已婚夫妇居住的营房里。如果官方宣布丈夫居住在出租屋或者应雇主要求住在经批准的住处,她就不能提出同居这个要求。从1970年开始被赶离城市地区的300万非洲人中,大部分都是妇女。72小时限制的规定再一次证明种族隔离制度下对黑人妇女的私人生活的无尽侵犯。如果她已经被禁止与丈夫一起居住在城市地区,如果要探望丈夫,在城市不能超过72小时。如果想跟丈夫待的时间更长,她需要一张指定时间内的特殊许可证。例如,她希望怀上一个孩子或者需要特殊医疗,那么才有可能得到此类许可证。由于对这些限制已经绝望,一些黑人妇女寻求其他的办法,如与丈夫非法居住在城镇的边缘,即使是付出被袭击、逮捕和罚款的代价。

整个黑人生活体系的基础被种族隔离法律粉碎了,几百万的黑人妇女被赶到破碎的保留区,殖民主义给妇女地位造成了明显的破坏。然而黑人妇女从来就没有坐以待毙,在反抗种族隔离制度斗争中,妇女往往站在了抗争的第一线,成为南非反种族隔离斗争的一支重要力量,不容忽视。②

① Republic of South Africa, *Bantu (Urban Areas) Consolidation Act*, 1945, Section 10.

② 洪永红:《1913年南非布隆方丹妇女运动初探》,《湘潭大学学报(社会科学版)》1993年第4期,提要。

二、种族隔离时期妇女社团组织的构建

正如不讨论种族隔离体制对整体黑人造成的负面影响和不利条件就无法讨论南非妇女的经济生活，不调查解放斗争的整体情况就无法评价妇女的政治运动和斗争。

1980年一位历史学家这么评价南非妇女的政治斗争：从世纪之交开始南非妇女就成为反抗和挑战种族隔离政体的主要催化剂。由于种族隔离对妇女地位造成的不利条件和毁灭性的影响……这些受压迫最深的人从来没有忽略这样一个事实：妇女无法通过改革，而只有通过彻底摧毁种族隔离制度才能实现有意义的转变。因此以种族为基础的对男女相同的剥削和压迫导致对体制的共同斗争而不是妇女为了“妇女权利”反抗男性的斗争。尽管妇女渴望个体的解放，但是她们把它当作解放运动的一部分。尽管毫无疑问，明显的领导权被男性掌控，被妇女控制的看起来没有得到承认的非正式的社会运动部分成为当代南非历史上许多重大群众运动的关键。直到最近妇女在组织和参与群众运动中的重要角色才被广泛认可。[①] 黑人妇女早在20世纪初就开始反抗种族、政治和经济不平等，但是到20世纪40年代后才大量涌现各种运动，成为反抗和挑战种族隔离政府的催化剂。

（一）工会与女性参政意识

尽管黑人妇女在许多南非组织中都非常活跃，但是只有在工会运动中才产生了黑人妇女领导者并加强她们的政治意识，也正是工会组织让她们首次获得重要的政治地位。

20世纪初南非的工业化经济还是以男性为中心，黑人男性在地下金矿和钻石矿里辛苦劳作，而大部分妇女仍留在小城镇或农村地区，以农业为生

① “The Role of Women in the Struggle for Liberation in Zimbabwe, Namibia and South Africa”, document submitted to the World Conference of The United Nations Decade for Women, Copenhagen, July 14 - 30, 1980, A/CONF 94/5, p. 12.

存经济。贫穷的黑人妇女选择在更多非正式的经济中挣取基本收入，如酿啤酒、洗衣和烧炭，并给成千上万个投身国家矿业的单身男性提供性服务。1922年由于受激进的白人矿工罢工（兰德金矿罢工）的影响，新上台的赫佐格国民党上台执政，强化了种族主义立法，在工种上设立肤色的差别待遇，实行最严格的"工种保留制"，[①]实际上让所有的黑人被排除在注册工会外。非洲人劳工组织遭到当局的禁止。自20世纪20年代初，黑人妇女开始主要在洗衣、服装、床垫、家具和烘焙业组织起来。几个黑人联盟在那时涌现但是很快就又解散了。然而20世纪中叶开始，新一波的工业发展加剧了妇女行业中的种族歧视。南非开始生产自己的纺织品、鞋子、服装和加工食品，这给白人和有色妇女以及黑人男性提供了新增的就业机会。

1939—1945年第二次世界大战的战时条件给已经开始繁荣的南非经济又创造了更多就业需求。地方工业开始生产大炮、军需品、制服和军事装备来支持盟军以及在北非、马达加斯加和意大利的30万南非军队。由于海外投资在工业生产领域的扩大，战时经济在战后继续繁荣。在这个寻求廉价劳动力的时代，随着20世纪30年代末政府给白人提供了大量的技术性工作，黑人男性填补了许多第二产业中的新工作。白人贫困的减少以及越来越多白人男性进入贸易、商业和专业行业中，年轻的白人妇女逐渐离开工厂工作。她们的这一流动为黑人妇女创造了新的机会。20世纪40年代初，随着农村的贫困和黑人男性在城市里的新机会，大量黑人妇女随之拥入城市。工厂开始招收黑人妇女，由于她们的工资低于其他工人，所以黑人女工的数量在短期内激增。[②]

克里斯蒂娜·奥科罗（Christina Okolo），1944年德兰士瓦服装业雇用的1 000名黑人妇女中的一员，代表她的妇女工人姐妹向法院申请决议，请求法院规定黑人妇女在《工业调整法》下都属于从业人员。她们采取这一行

① 郑家馨：《南非史》，北京大学出版社2010年版，第246页。

② Iris Berger, "Generations of Struggle: Trade Unions and the Roots of Feminis, 1930－60", in Nomboniso Gasa, ed., *Women in South African History*, HSRC press, 2007, pp. 186－190.

动是因为她们了解到在法律上就是这么规定的，这一点与不符合规定的黑人男性不同，因此谈判中获得的权利在男工身上不适用。① 1944 年 12 月，法院裁定支持了黑人妇女的请求。黑人妇女的工资实质上得以提高，她们的工作时长减少，其他白人、有色人和亚洲工人涵盖的所享有的福利也都适用在黑人妇女身上。所有的服装业的妇女超越种族界限团结一起，帮助获得这一非凡的胜利。不久之后，服装业的妇女就成为德兰士瓦服装工人工会(Garment Workers' Union，GWU)的成员。服装工人工会最初主要成员为白人妇女，随着黑人妇女成员增加，开始任命黑人管事露西·图瓦拉·穆蓓罗(Lucy Twala Mvubelo)作为工会组织者。

但是这艰难得来的权利的生命很短暂。随着 1948 年隔离主义者权力的上升，种族隔离制度成为压倒性的力量，颁布了越来越多的歧视性法律。1953 年《班图劳工(解决争端)法》开始实施，黑人妇女劳工不再属于任何注册协会的成员。正如在其他行业领域一样，协会也被隔离。1953 年的《土著劳工纠纷调解法》和 1956 年的《工业调解法修正案》成为国民党政府扼杀非洲人工会运动的法律依据。所有的非洲人，包括非洲人妇女，都被排除在“雇员”这个概念之外，黑人的罢工运动都被归类为非法之列。此外不同种族混合的工会组织被命令禁止。1952 年随着《镇压共产主义条例》(1950)实施，三年内政府禁止/打压了 56 个工会激进分子，其中许多都是妇女。这些新法律的总体效果之一就是削弱了黑人组织的力量。②

种族隔离和歧视性的工资等级反映在工会内的妇女生活中。黑人妇女面临着与她们白人同事截然不同的巨大压力。黑人妇女被迫携带通行证、子女接受低劣的“班图教育”以及历史悠久的老社区被迫迁移等都无时无刻在提醒着种族压迫是日常生活中逃脱不了的事实。这种情况下，几十年前可能还有亲属关系或是邻居的黑人与白人妇女很难再在一起工作或者在工

①② “Women Play a Leading Role”, in History of Women's Struggle in South Africa, South African history online: http://www.sahistory.org.za/archive/women-play-leading-role.

厂外的走廊里一起吃饭。艾玛·马西尼(Emma Mashini，1929—)①这么描述她于1956年开始上班的一个1 000多工人的服装厂里的情况：

> 当然我们有分开使用的设备、食堂、厕所和更衣室——所有这些都根据性别和肤色隔离使用。我们必须称呼白人为“先生”和“女士”，而他们通常叫我们的名字，或者当他们朝我们吼叫的时候，我们被称为“女仆”和“卡菲尔人”。②

随着1955年左翼不分种族的南非工会大会(South Africa Congress of Trade Unions，SACTU)成立，它在极端艰苦的条件下发动工人群众参加斗争，在20世纪50年代反对种族隔离法的群众斗争中发挥重要作用。面临困境的穆蓓罗和其他服装工人工会的黑人妇女领导人加入了新的联盟。穆蓓罗于1955年当选为南非工会大会的副主席，同年20名服装工会的黑人妇女参加了开普敦举行的南非工会大会。③

尽管参与政治带来巨大的压力，许多黑人服装女工还是积极参与当时以妇女和工人阶级问题而形成的政治组织。该时期政治上最突出的服装工人莉莲·恩戈伊(Lillian Ngoyi，1911—1980)，代表20世纪50年代中期以来黑人妇女最迫切的需求，作为领导反通行证斗争而获得一致好评。作为妇女联盟(Women's Federation)的副主席，她同时为服装工人工会黑人妇女执行委员会工作，既是非国大全国执行委员会中的第一个黑人妇女，也是非国大妇女联盟德兰士瓦的主席，并帮助创建南非妇女联合会。恩戈伊被

---

① 马西尼是南非工联主义者和政治领导者。1956年开始活跃于非国大，并在全国服装工人工会执行委员会服务了12年，于1975年成立了南非商业、餐饮和联合工人联盟。在20世纪80—90年代的转型期起到多重重要作用。

② Emma Mashinini, *Strikes Have Followed Me All My Life: A South African Autobiography*, London: The Women's Press, 1989, p. 21. 原文为荷兰语meid，同maid；卡菲尔人是非洲东南部班图人的一支，在这里使用是一种种族歧视。

③ Iris Berger, “Generations of Struggle: Trade Unions and the Roots of Feminis, 1930 - 60”, in Nomboniso Gasa, ed., *Women in South African History*, HSRC press, 2007, pp. 192 - 195.

称为“从政妇女中最会演讲的人”，1945—1966 年间在服装厂工作，经历了 1952 年上千服装工人的大游行，积累了丰富的政治经验。① 在煽动人心的杂志《鼓》(*Drum*)上，慕帕赫列列(Mphahlele)回忆了恩戈伊在斥责男性的不作为并强调女性的潜在力量时的修辞风格：

> 谁是莉莲·恩戈伊？这是外表看起来坚如磐石但是内心柔软悲悯的工厂女工。三年前她在非欧洲人(Non-European)政治圈中籍籍无名。她的成名又如此惊人。
>
> 恩戈伊女士是卓越的演说家。她可以让男人充满羞耻和卑微的感觉，也可以让任何人充满新的勇气。
>
> 她的演讲里总是充满生动形象的人物。恩戈伊女士会这么说：我们不要那些在裤子内穿裙子的男人。如果他们不行动，让我们女人与他们交换衣服穿吧。②

在黑人工会女工会员中特别突出的还有伊丽莎白·马弗肯(Elizabeth Mafekeng, 1918—2009)③，她领导了 1950 年的黑人食品和罐头工人工会罢工。自 1941 年工会成立初，马弗肯女士就成为一个极受尊重的领导者，通过南非妇女联合会(Federation of South African Women, FSAW)和南非非洲人国民大会，她把工会运动与争取政治权利和消除种族歧视制度结合在一起。政府在 1959 年 9 月宣布食品和罐头业是“基础”工业，马弗肯组织工人进行罢工。11 月她被驱逐出境。尽管她成功逃到莱索托，却不得不离开

---

① Iris Berger, “Generations of Struggle: Trade Unions and the Roots of Feminis, 1930 - 60”, in Nomboniso Gasa, ed., *Women in South African History*, HSRC press, 2007, p. 194 - 196.

② E. Mphahlele, “Masterpiece in Bronze”, *Drum*, March, 1956, Reprinted in Chapman Michael, ed., *The “Drum” Decade: Stories from the 1950s*, Pietermaritzburg: Natal University Press, 2001, pp. 106 - 108.

③ 工会政治领导者，1941 年加入罐头工会，1952 年参加反抗运动，并“背着孩子进监狱”。1959 年在西开普敦 Paarl 市领导反对给黑人妇女颁布通行证的大型示威活动后被驱逐出境，也是第一个被驱逐的黑人妇女。1990 年返回南非，一直参与工会运动。

丈夫、家庭和子女，只能带了她最小的孩子与她一起。[①]

正如马弗肯预见的，斗争还在继续，新的女性领导涌现。根据黑人妇女联合会统计，1974 年，尽管面临风险，还是有 374 起罢工发生，有 57 656 名黑人工人加入，841 人包括妇女被逮捕。[②] 妇女继续在几个组织中发挥领导作用，而且越来越多的工厂女工无视种族限制而遵守劳动力团结的原则一起参加战斗。

工会组织在 20 世纪 30—60 年代一直是妇女集体组织的重要舞台。工会把黑人妇女带入公共生活，使她们能公然反抗妇女的屈从地位。通过工会活动，黑人妇女参与政治活动，了解当时黑人面临的紧迫问题，进入辩论的新世界，组织起来进行反抗。这些经验改变了参与的黑人妇女的思想意识，同时也改变了她们帮助成立和维护的组织。在这些新的政治空间里，一些妇女对种族主义和制度提出挑战的同时也获得必要的经验和能力，并以特定的性别为目标组建新的团体。以这样的方式，工会运动改变了妇女的个人和集体身份，帮助形成后来的南非女性主义议程的轮廓，而女性主义不仅挑战工会，同时也挑战像非国大这类坚持民族解放优先于性别平等的政治组织。

然而到 20 世纪 60 年代初，大部分工会仍然由男性主导，既不接受妇女领导地位也不关注她们的特殊要求。当同时雇用男工和女工的独立工会开始在工业领域里增加新组织的时候，他们对 20 世纪七八十年代的冲突持保留态度。这个阶段的工会运动中加入了大量的妇女。20 世纪 70 年代是黑人工人运动大发展时期。虽然黑人工会仍然不被南非政府承认，但是有些黑人工会实际上得到资方默许。1979 年南非当局公布了《工业调整法修正案》，把黑人工会纳入官方允许的轨道，使黑人工会迅猛发展，80 年代在规

① "Women Play a Leading Role", in History of Women's Struggle in South Africa, South African history online, http://www.sahistory.org.za/archive/women-play-leading-role.

② *The Plight of Black Women in Apartheid South Africa*, United Nations reports prepared for the 1980 World Conference of the United Nations Decade for Women and on studies issued by the UN Centre against Apartheid, 1981, p. 22.

模、斗争性、组织程度和成熟度等方面都有显著的发展，到80年代末，整个黑人工会运动的力量占南非有组织工人的80%，并出现了两个主要的黑人工会联合会：南非工会大会（Congress of South Africa Trade Unions，COSATU）[①]和全国工会联合会（National Council of Trade Unions，NACTU），黑人工会进一步加强了团结。这个时期的妇女尽管在南非劳工运动史中不是特别突出，但还是有大量的妇女积极参与到工会运动。1973年工人主要以罢工和停工进行抵制，提出更高的工资、更好的工作条件和获得工会权利等的需求。罢工开始于妇女主导的德班纺织部门，并很快席卷约翰内斯堡和其他工业中心。[②] 罢工提出的需求框架得到了许多拿低工资和工作条件恶劣的女工的支持。

尽管大多数罢工是出于对低工资的不满，但妇女在工作场所遭受的性别歧视也经常被曝光和关注。例如1980年德班附近女工人数占了工人人数60%的弗雷姆工厂（Frame Factory）发生的纺织工人罢工，妇女提出的有关性别的特殊要求引起了社会关注。工人工资最终上涨了25%是这次罢工的焦点。但是对罢工更深层次的分析表明，人数众多的妇女的支持表明她们对工作环境的不满。她们进一步反对以男性占据管理层而女性集中在较低层次的职业性别结构。其中一些男性经常利用手中权力对女性进行性骚扰。[③] 妇女参与工会组织人数的增长使这些组织内部产生了性别政治。妇女活动家对工会的议程和目标提出质疑，坚持关注性别问题。妇女在工会组织里的存在以及积极参与工会活动是劝导工会组织正视妇女成员在工作领域的经历的关键。

妇女反对性别化权力关系、获得领导职位机会的不均等以及工会内部

---

① 南非工会大会是南非的工会联合会之一，成立于1985年，是目前南非三个最大的工会联合会之一，有21个附属工会，工会成员约有180万，http://www.cosatu.org.za。

② Jabulani Sithole and Sifiso Ndlovu，"The Revival of the Labour Movement，1970 - 1980"，in South African Democratic Education Trust（SADET），ed.，*The Road to Democracy in South Africa*，*Vol. 2*，*1970 - 1980*，Pretoria：University of South Africa，2006，pp. 187 - 242.

③ Malehoko Tshoaedi，"(En)gendering the Transition in South Africa：The Role of COSATU Women Activists"，*Transformation*：*Critical Perspectives on Southern Africa*，No. 78，2012，p. 6.

的性别不平等。例如在20世纪80年代初商谈成立南非工会大会时期，妇女就提出让南非工会大会正视妇女的存在以及妇女对南非工人斗争的贡献。她们反对组织起草的标志上只有男性形象。因为这意味着“我们的存在、我们的努力、我们的付出和支持甚至没有得到认可”。[①] 在妇女运动家的严厉批判下，南非工会大会的标志上不仅有男性，最终也把背着婴儿，左手挥舞着旗帜的黑人妇女形象包括在内。

1985年南非工会大会成立之时，妇女运动家提出的承认在工作场合的妇女经历、承诺反对任何形式的妇女歧视的要求得以满足。这对妇女的平等运动具有重大意义。1988年南非工会大会举行第一次妇女大会，把工会妇女、社区妇女组织、地方妇女活动家和一些大学知识分子聚集一起。会议综合全面概括了父权社会中妇女面临的问题，让妇女有机会针对更广泛的不平等问题进行思想和信息交流。这是工会内部第一次针对女性问题进行辩论的全国性的会议，并形成了决定性的行动计划。[②] 1989年在南非工会大会全国代表大会上妇女提出了性骚扰问题，并要求大会对行为准则进行决议。像滕贝·纳贝(Tembi Nabe)和莉蒂亚·康佩(Lydia Kompe)等女性活动家认为性骚扰和家庭分工不仅仅是个人的事情，而是必须由工会、政治组织、国家以及与她们一起工作生活的男性来解决的政治问题。这就把原来认为的私人领域的问题放在了公共领域来辩论，加强了黑人妇女的女性主义意识。尽管男性主导的大会拒绝这个提议，妇女为与自己相关的问题的辩论获得了公共空间，这是妇女在公共领域里斗争的一场胜利。同时妇女还针对工会运动中的领导地位进行抗争，加强了妇女的政治意识。

在20世纪90年代南非民主转型时期，民主、公平、平等权利等政治语言和话语对妇女争取工会女工权利和加入全国妇女联盟产生了积极影响。南非工会大会妇女成员采取不同策略加强新政治环境中的地位并提高工人

---

① Emma Mashinini, *Strikes Have Followed Me All My Life: A South African Autobiography*, London: The Women's Press Limited, 1989, p. 118.

② Malehoko Tshoaedi, "(En)gendering the Transition in South Africa: The Role of COSATU Women Activists", *Transformation: Critical Perspectives on Southern Africa*, No. 78, 2012, p. 7.

阶级妇女的性别和政治意识。妇女组织了一系列的运动，比如为争取《工人宪章》(*Workers' Charter*)中的女工权利而进行的斗争。1990 年 11 月为制定《工人宪章》召开的南非工会大会全国会议上，宪章拒绝女工的权利和需求，妇女因此对宪章内容提出抗议。她们坚持成立有关女工权利的委员会。最终会议通过了委员会提出的一系列要求。《工人宪章》是南非工会大会在民主转型时期为工人权利谈判的基础文件，因此对强调把女工权利包括在内的妇女运动尤为重要。

黑人妇女在工会中的活动不仅促使种族隔离时期性别平等的萌芽，也推进了南非民主转型时期，尤其是在工作场合和更广泛的经济领域把妇女平等权利考虑在内。

（二）种族隔离时期政治性的黑人妇女组织和运动

社团是公共领域的一种根本的社会结构样态，一般建立在成员共同的利益与信仰之上，以自愿参与为原则，以谋求团体成员乃至整个社会公共利益和福祉为目标，具有契约性、非官方性、民主性等特点。作为一种自主性社会共同体，黑人妇女社团的组建和运行，无疑是最重要的社会力量和主导性因素，反映了公共领域在组织建构过程中的基本特点。本节主要介绍隔离时期几个有一定影响力的政治性黑人妇女组织和运动。

1. 非洲人国民大会妇女联盟

非洲人国民大会是目前南非最大的政党。1994 年 5 月起，该党同南非共产党和南非工会大会组成的执政联盟“三方联盟”一直掌握全国政权。非国大于 1912 年 1 月 8 日在布隆方丹成立，原名南非土著国民大会(South African Native National Congress，SANNC)，政党目标是为南非黑人争取政治、经济权利。①

非洲人国民大会妇女联盟，其前身是班图妇女联盟(Bantu Women's League，BWL)是南非第一个黑人妇女组织。它于 1918 年由黑人妇女活动

---

① 张忠祥：《非国大引领南非走向复兴》，《当代世界》2013 年 10 期，第 63—66 页。

家夏洛特·玛格塞克博士(Charlotte Maxeke，1871—1939)[①]成立。该组织成立的初衷是反抗当局要求黑人妇女携带通行证的规定。而通行证被看作压迫黑人的标志。在此之前黑人男性已经被要求携带通行证并实施了一段时间，而白人男性和妇女并没有这一规定。尽管那时妇女不受通行证法条款的限制，当地管理局拥有权力制定内部条例强制妇女申请许可证，这在本质上与携带通行证是一样的——通行证每月花费她们一先令，而那时每月五英镑已经是非常高的工资。[②]

在该组织成立前，黑人妇女就已经组织过反通行证法运动。1913 年奥兰治自由省是南非唯一要求城市黑人妇女和有色妇女携带通行证的省份。1912 年以开普省为基础的南非土著国民大会在布隆方丹召开成立大会，当地妇女参与到南非土著国民大会，为他们筹备食宿等事务。全国黑人政治领导者聚集在此，了解到了妇女这一难题。南非第一个黑人妇女大学毕业生和南非土著国民大会执行委员会成员夏洛特·玛格塞克出席会议，刺激了当地黑人妇女决定把问题的主动权掌握在自己手里。在召开会议的两个月内，自由省的妇女通过自由省的城镇成功起草了请愿书，收集了 5 000 名反对妇女通行证的黑人和有色人妇女的签名。[③]

1912 年 3 月，请愿书被送到总理路易斯·博塔(Louis Botha)那里，请求废除通行证法，但是却没有得到回应。她们同时成立了由 6 名妇女组成的请愿代表团，前往开普敦，向南非联邦政府请愿。当请愿书运动和代表团都失败后，1913 年在夏洛特·玛格塞克的带领下，妇女们在布隆方丹举行了声势浩

---

① 夏洛特·玛格塞克是南非宗教领袖、社会工作者和政治活动家。1894 年加入一个合唱团去加拿大和美国巡演，得到奖学金在美国俄亥俄州威尔伯格斯大学学习，并遇上了后来的丈夫。1901 年得到学士学位，成为南非第一个拿到大学文凭的黑人妇女。回国后她与政府成立了威尔伯格斯研究所。她在有生之年做了许多影响黑人的事情，包括反通行证运动和支持工会运动以及探索成立非洲联盟的可能。

② Shireen Hassim, *Women's Organizations and Democracy in South Africa: Contesting Authority*, University of Wisconsin Press, 2006, pp. 60 - 80.

③ Julia C. Wells, "Why Women Rebel: A Comparative Study of South African Women's Resistance in Bloemfontein (1913) and Johannesburg (1958)", *Journal of Southern African Studies*, Vol. 10, No. 1, 1983, pp. 55 - 56.

大的游行示威，高喊口号，与警察搏斗，并在市政厅前撕毁了自己的通行证。

类似的游行扩大到其他的城镇，在亚格斯丰坦、温伯格和布隆方丹，许多妇女被捕，并被判处各种方式的监禁。她们拒绝交罚款，而小小的农村监狱根本无法容纳这么多的女囚犯。这样大规模的妇女游行是一件令人震惊的大事，但是当局非常固执，继续逮捕妇女，迫使她们被运送到一个又一个的小镇监狱。

斗争持续了好几年，殖民政府迫于各方压力，不得不于 1914 年宣布他们将对妇女实施的通行证制度进行重新考察，布隆方丹妇女运动获得了胜利。①

1918 年政府威胁要对自由省和其他地区的妇女重新实施通行证。班图妇女联盟成立后，夏洛特·玛格塞克带领代表再次来到总理办公室，抗议发放通行证、低工资和其他妇女面临的问题。在接下来的几年中被迫携带通行证都是黑人妇女的一个重大问题，也是妇女抗争的一个主要因素。②

尽管妇女积极参与一系列的政治斗争——反对通行证、高额房租、高额生活成本和种族歧视法律，但是她们在非国大中的地位只是属于辅助成员，也没有投票权。非国大中的妇女成员由"所有下属分支或分支成员的妻子和其他著名的黑人妇女组成……辅助成员的职责就是为大会的代表提供合适的食宿"。③ 金瓦拉认为："男人接受，女人给予，定义和实现这一长期目标都是属于男人的领域。"④

班图妇女联盟的妇女公共活动主要受福利模式所影响，活动主要限制在女子的"提升和教育"这些狭窄的范围内。同样地，它与当地妇女反抗经济和社会剥削的斗争也没有太多联系。

非国大成立之初并没有承认妇女的成员身份，一直到 1943 年，即非国

---

① "Anti-Pass Campaign", South African History Online, http://www.sahistory.org.za/article/anti-pass-campaign.

② "Bantu Women's League", South African History Online, http://www.sahistory.org.za/topic/bantu-womens-league.

③ Frene Ginwala, "Women and the African National Congress, 1912 - 1943", *Agenda*, No. 8, 1991, p. 80.

④ Ibid., p. 78.

大成立31年后，妇女才被允许成为运动的正式成员并有了投票权以及允许参与各级审议权。[1] 20世纪40年代由于第二产业劳动力需求的上升以及储备经济的下降加速了妇女的城市化，而且妇女作为缺衣少食的城市群体，"成为不满和抵抗的海啸中的主要部分，活跃在各城镇里"。[2]把这种战斗性融入民族解放运动，成为非洲人国民大会妇女联盟成立的一个重要原因。因此妇女获得新地位一方面是因为非国大为了建立广泛的群众基础而把妇女当作潜在的新成员，另一方面也是因为认识到"提高妇女地位"的需要，这主要是非国大内部涌现的民族主义带来的新的现代化话语的结果。非国大妇女联盟于1948年正式成立。然而尽管如此，它仍然属于非国大的下属机构，"在国民大会的政治指导下，接受国民大会的政策和控制"。[3]

早几年妇女主要从事支持型的工作：为非国大会议做准备工作、提供食宿、筹集资金等。任何反抗种族隔离的政治组织的生存都很困难。妇女组织尤其困难的一点就是她们脆弱的经济条件，而且在政治上比男性更不安全。父权制的意识形态深扎在社会的各个阶级，而在代表大会中的男女都接受了妇女辅助角色的限定。尽管有这些限制，非国大妇女联盟的成立还是具有重要的意义。它代表了广大南非黑人妇女的利益，并在南非最主要的政治组织非国大下成立。这也宣告了黑人妇女运动成为民族解放运动的一部分。

同时它与南非妇女联合会合作，一起反抗种族隔离时期的政府，例如1952年的蔑视不公正法运动(Defiance Campaign against Unjust Laws)和1956年8月9号的妇女游行(Women's March)都有非国大妇女联盟成员的身影。1956年莉莲·恩戈伊成为非国大全国执行委员会的首位妇女成员。1960年该组织与非国大一起被禁，迫使核心领导者走向地下活动或者流亡海外。

被视为南非人民斗争的"光辉旗手"，并被罩以"黑人母亲"光环的南非

---

①② Cherryl Walker, *Women and Resistance in South Africa*, Monthly Review Press, 1982, Chapter 2 and 6.

③ Ibid., p. 89 - 90.

前总统曼德拉的前妻温妮·曼德拉（Winnie Madikizela-Mandela）[①]就分别于1993年和1997年担任非国大妇女联盟的主席。

2. 南非妇女联合会

通行证问题、班图教育和啤酒厅运动是20世纪50年代妇女的主要活动。非国大妇女联盟也成为南非妇女联合会成立的主要驱动力。

南非妇女联合会于1954年4月17日在约翰内斯堡成立，是非洲人国民大会联盟[②]下不分种族的协调机构。成立大会上参加人员有来自非国大妇女联盟、共产党和工会等的成员，164个参会代表队代表了南非各地的23万妇女。[③] 南非妇女联合会的成立标志着妇女，特别是黑人妇女的政治参与的扩大。

成立之初南非妇女联合会首先要回答的一个问题是为什么要成立一个独立于非国大之外的妇女组织。在成立大会上，南非妇女联合会正式通过的《妇女宪章》（*Women's Charter*，1954）很好地回答了该问题。宪章定位了妇女的政治角色。尽管坚定地执行反种族隔离斗争的目标，宪章也寻求解决妇女压迫的特殊性问题：

> 法律已远落后于社会发展；它不再符合妇女实际的社会和经济地位。法律成为妇女进步的阻碍，因此也成为整个社会的阻碍。

---

① 温妮·曼德拉1934年出身于科萨族的一个教师家庭。1958年与长她16岁的曼德拉结婚，投身到反对种族隔离制度斗争中，成为不屈的女战士。1962年曼德拉被捕后，在之后的20多年时间里，经常遭拘留、审讯、监禁、折磨和侮辱。1975年她被选为南非妇女联合会副主席，1977年被流放到奥兰治邦的一个偏远小镇。七八十年代，"温妮·曼德拉"在南非是一个家喻户晓的响亮名字。她不顾个人安危，支持狱中的丈夫曼德拉与种族主义政权进行斗争，站在反种族主义斗争的最前线；同时她东躲西藏，含辛茹苦地抚养与曼德拉生育的几个孩子。温妮以战斗、忠贞、母爱的形象赢得了广大黑人的爱戴。1990年曼德拉获释后，她陪同他走出监狱。1996年与曼德拉离婚，后由于激进暴力行为以及涉嫌谋杀案而被判入狱。

② 非洲人国民大会联盟是非国大、南非共产党、白人的南非民主大会（South African Congress of Democrats）、南非印度人大会（South African Indian Congress）、有色人大会（Coloured People's Congress）、南非工会大会一起成立的反对种族隔离的政治联盟，受ANC领导。

③ Colin John Walker, *Politics Women Federation of South African Women*, A thesis submitted for the Degree of Master of Arts at the University of Cape Town, 1978, pp. 166 - 168.

> 如果我们男同胞中的大部分人拒绝给予我们妇女他们为自己所追求的权利和特权，这种忍无可忍的情况不能再容忍。我们要教会男同胞们，如果他们在法律和时间中无法把完全的无条件的平等扩大给妇女，那么他们也无法把自己从罪恶的歧视和偏见中解放出来。[①]

宪章中这一段的摘录很好地解释了反对妇女压迫的斗争不能简单地等同于为黑人争取权利的斗争，它同时还要挑战在黑人以及其他社群中根深蒂固的性别等级制。《妇女宪章》呼吁所有种族的男性和女性的解放；就业机会平等；同工同酬；对财产、婚姻和儿童平等的权利；取消所有拒绝给妇女平等的法律和习俗。宪章还进一步要求带薪产假、给工作母亲提供托管服务以及给所有南非儿童免费的义务教育。[②]宪章反映了妇女为民族解放与妇女为妇女解放两个目标之间存在的矛盾。但是这一矛盾最终在接受民族解放为主导、接受非国大"仍然是最终的权威"才得以化解。[③]

接受非国大的领导出于一种实用主义考量：联盟的成员主要来自非国大妇女联盟，她们的特权和内部组织承诺必然对新的妇女组织产生巨大的影响。[④]非国大妇女联盟参与了许多南非妇女联合会组织的运动。联盟的黑人领导主要有工会会员主义者，主要来自服装、纺织、食品和罐头业。其中一些是教师和护士，以及占少数的黑人专业阶层的成员。这些人代表了南非的成年黑人妇女，对妇女斗争贡献了非常宝贵的组织经验和动员技巧。

从建立之初，南非妇女联合会就意识到获得群众支持的最简单的途径就是解决影响当地妇女的迫切问题。例如 1954 年，南非妇女联合会把解决当地住房租金上升问题当作主要运动目标。11 月在开普敦和约翰内斯堡地区召开房租会议，并促使其他地区把它当作一项全国性运动。房租运动并没有显示出明显的胜利，主要是因为南非妇女联合会刚刚组织独立活动，

---

①② Federation of South African Women, *The Women's Charter: Obstacles to Progress*, April, 1954.

③④ Cherryl Walker, *Women and Resistance in South Africa*, Monthly Review Press, 1982, xvii.

而且也没有得到非国大领导的国会联盟的广泛支持。在此阶段南非妇女联合会三个最主要的运动是反对《班图教育法》(*Bantu Education Act*)、反对集团区域法和反对约翰内斯堡的西部地区搬迁计划(Western Areas Removal Scheme)。这几项运动对妇女情感上的吸引更强烈，因为直接与她们的孩子和家园相关。①

1955年反对《班图教育法》和反对约翰内斯堡索菲亚镇黑人居民强制搬迁成为非国大行动计划的主体。然而在这两项运动上非国大都无法利用民众普遍的不满形成连贯有效的抵抗策略。非国大组织学校抵制运动，参与者也包括南非妇女联合会成员，以期为黑人儿童设计一个"文化俱乐部"模式的教育运动，让黑人儿童摆脱班图教育学校。但是面临警察的干扰和政府严厉的镇压，尤其是当国家宣布所有不去上学的孩子到一定日期会被赶出学校后，抵制宣告了失败。时任南非妇女联合会纳塔尔支部主席的莉莲·恩戈伊把《班图教育法》下的母亲比喻成被拿走鸡蛋的母鸡。

1955年2月开始的反对西部地区搬迁计划是一个矛盾冲突更加激烈的问题。索菲亚镇是非国大组织此次运动的一个重要阵地。在运动前夕，南非当权者意识到此次运动会引起黑人逃离或暴动，因此调集了大量警力彻底镇压反抗。抵抗被压制，对非国大而言是一次耻辱性的失败。② 尽管运动失败，但是他们关注的问题无疑增加了黑人妇女的政治激进化。1955年杂志《鼓》评价了索菲亚镇被驱逐的影响："非洲黑人妇女也开始越来越多出现在国会会议中，尤其是索菲亚镇被搬迁到约翰内斯堡的郊区，引起了极大的关注……"③

1955年下半年开始，南非妇女联合会独立组织的运动开始增加。南非妇女联合会在四个主要中心地区：约翰内斯堡、开普敦、伊丽莎白港和德班

① Colin John Walker, *Politics Women Federation of South African Women*, A thesis submitted for the Degree of Master of Arts at the University of Cape Town, 1978, p. 216.

② Ibid., pp. 200 - 269.

③ "New Faces in Congress", *Drum*, March, 1995, p. 24.

建立起委员会。同年 6 月召开的人民代表大会(Congress of the People)[①]进一步扩大了黑人妇女的影响力,同时也巩固了国会联盟里的妇女运动。

在激进的乐观主义看来,1956—1960 年是南非妇女联合会的第二个运动阶段。自 1956 年后,主导运动的核心是黑人妇女的通行证问题。在接下来的四五年时间都是围绕着反通行证法开展运动。南非黑人妇女拒绝接受通行证运动中表现的勇气和决心是她们全面参与消灭种族隔离制斗争的缩影。1955 年土著事务部宣布,原本只针对黑人男性的通行证法将于 1956 年 1 月开始对黑人妇女实施。反通行证法成了 20 世纪 50 年代黑人妇女运动的主要推动力。为了表达对该法案的不满和争取合法的人身权利,妇女的第一次抗议发生在 1955 年 10 月。2 000 名妇女(主要是黑人)会集到比勒陀利亚,表达了她们的抗议并递交了抗议签名书。男性同胞被运动表现出来的协调性和妇女大胆的政治姿态所震惊。莉莲・恩戈伊解释了妇女战斗性的原因:"男性一开始就适应了这个体系,携带通行证好像成了他们的生活传统。作为女性,我们已经看到了男性的遭遇——当他们早上离开家,你不确定他们能否回来。如果丈夫被捕,然后母亲也步人后尘,那孩子该怎么办?"[②]

1956 年,政府在认为妇女最不可能反抗的地方开始发放通行证——特别是农场,不料却激起了她们的反抗。抗议席卷了全国,许多城镇妇女聚集一起焚烧代表她们"奴隶标记"的通行证。最早焚烧通行证的是在威恩伯格(Winburg),随后迅速蔓延到其他地区。1956 年前 7 个月,根据南非妇女联合会估计,大约有 5 万妇女在 30 个不同地区参加了 38 次反通行证游行。[③]在小城镇这些运动主要由当地非国大或非国大妇女联盟组织,而南非妇女

---

① 人民代表大会于 1955 年 6 月 26 日在索韦托黑人城镇举行。会上《自由宪章》成为国会联盟的核心原则声明。国会联盟由非国大、南非印度人大会、有色人大会、南非工会大会和民主党大会构成。

② "Women Play a Leading Role", http://www. sahistory. org. za/archive/women-play-leading-role.

③ From evidence submitted by Liebenberg (for the State) in the Treason Trial, *Trason Trial Record*, Vol. 70, p. 14818.

联合会主要活跃在较大的城市。南非妇女联合会对妇女的抵抗程度和规模比较乐观，期待策划一个更大规模的全国性的妇女运动。

1956 年 7 月先向时任总理斯特赖敦发请求信要求接见，但是却被断然拒绝。[①] 1956 年 8 月 9 日，南非妇女联合会组织了反抗运动，并得到非国大妇女联盟和南非工会大会的支持，南非各种族（大多数为黑人）2 万多名妇女在比勒陀利亚发动了大规模的示威游行。她们身着传统服饰，或国会颜色（绿色、黑色和金色），印度妇女身穿白色莎丽服，从教堂广场出发，一路向总统府进发。她们高唱专为游行谱写的歌曲《我们感谢妇女》以及口号“你们激怒了妇女，你撞到了岩石，你会被压碎”。许多参加游行的妇女都把自己的孩子背在身后，很多在白人家里做工的保姆甚至也背着白人的孩子参加。[②] 参加游行的妇女把 2 万多妇女签名的请愿书放在了当时的总理办公室前，在烈日下静站了 30 分钟后和平离去。南非妇女的和平请愿充分表现了参与种族歧视斗争的勇气、决心和策略，整个过程中她们所表现出来的理智与容忍更是让男性同胞刮目相看。[③]

2000 年四名口述史学家采访了 14 名参与游行的妇女。受访者之一桃乐茜・玛森雅（Dorothy Masenya）在被问及是什么促使她参与游行的时候，她回答说：“我觉得我是一名黑人妇女，我应该做点事情。我该为我们的民族做点什么呢？这些事情事关我们的后代。”[④]她回忆妇女们坐火车去约翰内斯堡的情形。实际上从约翰内斯堡甚至是来自国外的支持者给年长的妇女提供便车。

虽然妇女们的请愿书被当局拒绝，但是此后每年的 8 月 9 日这一天南非民间都会以各种形式进行纪念。1994 年新南非建立后，南非政府决定将每年的 8 月 9 日定为南非妇女节，以此向为南非反种族主义事业作出杰出

---

① *Cape Times*, 9/8/1956.

② 当时 *Die Vaderland* 专题报道刊登的两幅照片显示了上述场景。

③ Colin John Walker, *Politics Women Federation of South African Women*, A thesis submitted for the Degree of Master of Arts at the University of Cape Town, 1978, pp. 233 - 234.

④ 口述资料来自 South African History Online 的录音资料，http://www.sahistory.org.za/article/history-womens-struggle-south-africa。

贡献的广大妇女致敬。

随后政府在德兰士瓦东部的内尔斯普雷特市(Nelspruit)、东南部安德顿市(Anderton)、约翰内斯堡等地发放通行证时都遭到了妇女强烈的抵抗。成千上万的妇女加入1958年在约翰内斯堡举行的大型集会和游行队伍的行列中。西纳塔尔省的资拉斯特(Zeerust)是斗争的中心点。其中一个村里的4 000名妇女中只有76人接受了通行证，许多人焚烧证件表示抗议。妇女的怒火不仅针对国家，同时也针对那些跟南非白人政府合作的酋长。在行动过程中发生了许多流血冲突，许多妇女被殴打、枪击，她们的房子被烧毁，还有一些人被流放。① 抵制和游行仍然持续，但是到1960年3月，300多万名或者大约75%的成年妇女接受了通行证。②尽管抵制通行证的意愿没有改变，但是政府威压的现实迫使越来越多的妇女不得不接受通行证。因为没有通行证妇女就没有住房、工作，并被驱逐出城镇。没有它妇女无法为孩子进行出生登记，甚至死亡都离不开它。

1960年3月21日上午，成千上万的黑人(包括男性和女性)在国家的各个地方聚集，向警察表示他们没有携带通行证并要求被逮捕。在沙佩维尔有2万多人来到警察局进行和平示威反对通行证法。在普遍混乱和紧张关系升级的情况下，警察开枪打死了67名黑人，186人受伤，包括40名妇女和8名儿童。80%以上的黑人在逃跑的时候被打中背部。沙佩维尔大屠杀标志着一个更加严酷的镇压时代的开始，政府全面镇压所有黑人的反抗运动。为巩固其统治，南非当局决定将南非联邦改为形式上完全独立的南非共和国，将种族隔离的实施推向了极致。1962年10月268号公告和1722号政府公告强制规定黑人妇女必须从1963年2月1号起携带通行证。

尽管运动失败了，但是在沃克看来，20世纪50年代妇女的反通行证法运动可能是当时所有抵抗运动中最成功、最激进的运动。她把它看作1956年参与妇女甚至是整个国会联盟的政治制高点③。

---

①② “Women Play a Leading Role”, South African History Online, http://www.sahistory.org.za.

③ Cherryl Walker, *Women and Resistance in South Africa*, Cape Town: David Philip, 1991.

南非妇女联合会的议程除了组织妇女运动，关注妇女问题，还扩大到反对各种隔离法律，包括《种族区域法》和《人口登记法》。但是南非妇女联合会面临政府对其领导层和活动的破坏性的镇压，因此在20世纪60年代和70年代组织通常只能在地下活动。它的主要领导人恩戈伊和约瑟夫都被逮捕了，还有一些被流放，或者转而为非国大工作。例如露丝·莫帕蒂(Ruth Mompati)成为1962年非国大妇女联盟在坦桑尼亚的秘书。希尔达·伯恩斯坦(Hilda Bernstein)逃到伦敦，成为“外部任务”(External Mission)和非国大妇女联盟的成员。而那些留在南非的成员减弱了活动力度。一直到20世纪90年代初南非妇女联合会才逐渐恢复活动，主要解决针对妇女的暴力问题，而且成功地把各种族的妇女组织在一起为平等而战斗。

3. 黑人妇女联盟

黑人妇女联盟(Black Women's Federation, BWF)是在20世纪60年代的高度镇压下出现的组织之一，当时反种族隔离的组织要么被破坏要么被迫转入地下活动。当各种组织还属于合法的时候，妇女在国家解放组织中的影响已经开始增大，她们在各个层面的参与变得越来越重要。妇女组织不再局限于充当通常由男性组织的活动的支持者；妇女领导者的地位日益重要，也愈加具有影响力。但是随着1960年沙佩维尔惨案以后国内日益残酷的镇压，南非妇女联合会的领导成员被限制行动自由或者软禁。非国大被宣布为非法组织，意味着非国大妇女联盟也属于非法，切断了对南非妇女联合会的大量有组织性的支持。妇女领导者长期处于危险的环境中，她们经常被拘留，或者行动受限制——其中大部分甚至在法律上被禁止与他人说话。

随着1961年底漫长的非暴力运动时代的结束，妇女和她们以前的组织成为地下组织的一部分，为武力结束种族隔离作准备。部分妇女转向缓解妇女日常负担的活动，组织自救协会，建立儿童日托中心以及喂养计划等。

到了20世纪70年代，新一代年轻人开始了著名的黑人意识运动。1975年12月，来自41个组织的210名代表齐聚德班成立黑人妇女联盟。

第一任主席法蒂玛·米尔博士(Fatima Meer，1928—2010)提出了该组织的目标主要是激励黑人妇女，团结她们，统一申诉，为她们创造机会帮助自己并帮助整个南非走向改变。黑人妇女联盟关注黑人妇女的需求，并与黑人意识运动相联系，同时也与民族解放运动直接挂钩。黑人妇女联盟同时在农村和城市地区开展活动。她们编辑小册子告知黑人妇女她们的权利；她们开办识字、营养和健康班，努力建立小型棉花厂；她们解决一些实际的问题，为黑人学生削减学校校服的费用，通过批发购买材料制作成品直接卖给父母以降低中间成本。

一年内，7 名黑人妇女联盟妇女被拘捕。法蒂玛·米尔被限制行动。1977 年 10 月，整个组织被禁止。其他黑人意识组织也遭受同样的命运。[①]

4. 其他黑人妇女社团和活动

除了以上提到的三个主要的组织，种族隔离时期还存在其他一些相对规模较小或者地方性的黑人妇女团体。

由于 20 世纪 60 年代非国大被禁，妇女联盟的活动被破坏，地方性的组织开始涌现并成为抵抗的主体。20 世纪 80 年代涌现了例如德兰士瓦妇女联盟(Federation of Transvaal Women，FEDTRAW)、纳塔尔妇女组织(Natal Organisation of Women，NOW)、妇女联合组织(United Women's Organization，UWO)、妇女联合大会(United Women's Congress，UWCO)等区域性组织。流放中的妇女在格特鲁德·肖普(Gertrude Shope)的领导下成立了非国大妇女分部，动员海外南非妇女团结起来。这些妇女组织成为更广泛的民族解放运动的一部分，团结了当地不满当局和有各种诉求的妇女。

前南非妇女联合会成员于 1978 年在西开普组织起来。1981 年 4 月来自 31 个不同地方的 300 多名妇女在西开普召开会议，成立了妇女联合组织。许多妇女都有参加政治、工会或者社区组织的经历，帮助满足妇女各种

① Shireen Hassim, *Women's Organizations and Democracy in South Africa*, The University of Wisconsin Press, 2006, pp. 50 - 84.

基本需求，如帮助棚户区妇女得到更多的公共供水、发展儿童保育设施等。她们意识到，“这是妇女运动的一部分。这是妇女政治训练的基础。如果你想把所有的成员组织在一起，你必须放慢速度。”①妇女联合组织的政策和章程都强调为“消除所有歧视妇女的法律、惯例、法规、习俗”而斗争的目标。妇女民主和解放是妇女联合组织的基础。1986 年它与妇女战线（Women's Front）合并成立联合妇女大会，并与其他妇女组织联合开始重建南非妇女联合会。

南非妇女联合会（FSAW）重新出现，并尽可能继承联盟最初的传统。组织更名为 FEDSAW，是 1981 年释放曼德拉运动（Free Mandela Campaign）而成立的组织之一，号召释放曼德拉以及所有的政治犯，参加拯救被判死刑的非国大成员的运动，并组织帮助他们的家人，以及帮助政治犯、被关押者、被限制行动者和他们的家人，也是 1981 年号召成立区域委员会联合抵制白人共和国成立 20 周年庆典（1961 年成立）的发起者之一。它还从解决“基层”问题开始，抵制房租和公交车票涨价，反抗强迫搬迁，支持健康和儿童护理设施。当学校学生开始反抗和抵制，它表达了明确的团结一致的立场。1981 年成功举行了纪念 1956 年反通行证法 25 周年的纪念日。妇女联合组织和南非妇女联合会，分别以西开普和纳塔尔为基地，是组织妇女反抗种族隔离制的组织中最出色的组织之一。②

纳塔尔妇女组织于 1983 年 12 月成立，是联合民主阵线（成立于 1983 年）③的分支。该组织是“为了提醒人们（妇女）（为了性别平等的）斗争也是

---

① Gertrude Fester, "The United Women's Congress", in Diana E. H. Russell, ed., *Lives of Courage: Women for a New South Africa*, Oakland: Basic Books, 1991, pp. 249 - 251.

② Hannah Evelyn Britton, *Women in the South African Parliament: From Resistance to Governance*, University of Illinois Press, 2005, pp. 23 - 24.

③ 南非民主统一战线于 1983 年在开普敦附近成立。代表包括学生、青年、工人、市民、妇女、宗教、体育和工会等各组织。南非民主统一战线最初的目标是反对政府的“三院制”，但很快就成为全国性的反种族隔离运动的领导组织，有 150 多万的支持者。随着非洲人民国民大会的解禁，很多重要的成员加入非洲人民国民大会，很快南非民主统一战线就解散了。

其他斗争的一部分”。[1] 纳塔尔妇女组织前成员诺奇兹维·马德拉拉(Nozizwe Madlala)认为该组织为南非黑人妇女提供物质和策略需求并传递了妇女权利是人权这样一种概念。[2] 该组织的主要目标是提高妇女地位，促进制定新宪法保护妇女权利。妇女接受训练并被鼓励进入各领域的领导层。它还呼吁建设更好的能让民众负担得起的住房，关心通行证法，妇女的产假福利和儿童保育等问题。纳塔尔妇女组织推动妇女在政治和公民组织中增强影响以及在社会各个领域实现妇女权利。随着 1986 年政府宣布紧急状态，联合民主阵线成员被大批逮捕和限制行动，纳塔尔妇女组织的活动家就填补了纳塔尔的领导真空，代替联合民主阵线组织了一些运动，并给受害者提供住宿、食物和精神支持。该组织于 1990 年解散。[3]

德兰士瓦妇女联盟于 1984 年 12 月成立，把德兰士瓦(今豪登省)200 多名妇女集合在一起。该组织的成立是采纳其母体组织南非妇女联合会一样的战略以及为了纪念 8 月 9 日的妇女节。妇女们主要关注例如食品价格、高额房租、男子征兵以及儿童护理设备缺乏等问题，同时也关注农村妇女的困境。联盟支持被捕者的家人以及争取民主的学生代表委员(Student Representative Councils)中的年轻人。

联合民主阵线妇女大会(United Democratic Front Women's Congress)于 1987 年 4 月 25 日成立。南非 100 个不分种族的主要的妇女组织的当选代表出席成立大会。这些组织分别有纳塔尔妇女组织、德兰士瓦妇女联盟、西开普联合妇女大会、伊丽莎白港妇女组织、阿尔弗雷德港妇女组织等，[4]其目标是支持 20 世纪 50 年代起草的《自由宪章》和《妇女宪章》，让南非民主

---

① Ela. Ramgobin, “An Indian Women Confronts Apartheid”, in Diana E. H. Russell, ed., *Lives of Courage: Women for a New South Africa*, Oakland: Basic Books, 1991, p. 140.

② Kemp, Amanda, Nozizwe Madlala, Asha Moodley and Elaine Salo, “The Dawn of a New Day: Redefining South African Feminism”, in Amrita Basu, ed., *The Challenge of Local Feminisms: Women's Movements in a Global Perspective*, Boulder, Colo.: Westview, 1995, p. 139.

③ “Apartheid Crumbles, Women in the Turmoil of the 1980s”, South African History Online, http://www.sahistory.org.za.

④ Pregs Govender, “Launching UDF Women's Congress”, *Agenda*, No. 1, 1987, p. 75.

统一战线的男女成员能了解妇女被压迫的现状，以及提升妇女的各种技术。它反对任何形式对女性的歧视，也是讨论影响南非民主统一战线组织中所有妇女问题的论坛。[①]

这些组织的成立主要是黑人妇女们意识到种族隔离下妇女政治活动面临的社会障碍，所以专注于把妇女组织划分为更小的当地组织，以这样小型组织的方式，专注地方和基层问题，也可以随时参与到全国政治运动中。到1984年大规模动员民众反抗的时候，就看到这种组织方式的明显效果。例如1984年南非妇女联合会积极促进在德兰士瓦整个黑人居住区建立当地妇女组织，涵盖区域包括从比勒陀利亚—威特沃特斯兰德—福里尼辛三角洲（Pretoria-Witwatersrand-Vereeniging Triangle）的工业地区到北德兰士瓦的半农村地区。基于这些地区的妇女需求，这些组织把妇女团结一起有效解决包括房租和生活成本等的上涨问题或者教育需求，在农村地区建立生产、分配或者日用品购买合作社，基层组织展现出灵活有效的活动模式。

（三）非政治性的黑人妇女社团

并不是所有妇女组织的活动都能记录在非洲人国民大会或南非妇女联合会的历史中。除了公开的妇女政治组织，还有其他许多社团成为妇女在宗教团体里的讨论场所或充当经济支持的角色〔例如集资互助组（Stokvel）和埋葬协会〕。如果我们用更灵活的概念而不是以男性为中心的政治组织的概念来解释政治的话，这些组织模式也应得到承认。在这些非政治组织的日常生活中，妇女们通常发展出一种集体意识，一旦整个妇女群体面临生死攸关的时候就能发动这些妇女。[②] 大部分这样的社团主要处

---

① "Apartheid Crumbles, Women in the Turmoil of the 1980s", South African History Online, http://www.sahistory.org.za, accessed on August 19th, 2016.

② Temma Kaplan, "Female Consciousness and Collective Action: The Case of Barcelona, 1910 - 1918", *Signs: Journal of Women in Culture and Society*, Vol. 7, No. 3, 1982, pp. 545 - 566.

理妇女的日常实际需求，即通过机制解决妇女由于性别化社会而出现的需求。① 这些草根社团支持平凡的"完成必要的任务、提供服务而不是建立权力基础"的实践，看起来不具有政治上的重要性，但是却是社会运动涌现的重要来源。②

在这些非政治性社团中，其中很重要的一部分是宗教团体。宗教是南非黑人生活不可分割的一部分。1980 年的人口调查显示大约 70%的人口信仰基督教。"基督教是除印度人外大部分人种的主要宗教信仰：白人 91.8%，有色人 87%，印度人 12.5%，黑人 74.1%。"③宗教跨越语言和人种的界限把他们"黏合"在一起。教会帮助黑人适应复杂的城市生活，帮助解决儿童受教育、调解内部纠纷、救济贫民等问题。

南非种族隔离的宗教根源在于保守的加尔文教派传统（荷兰归正教）认为：阿非利加人是上帝给南非和黑人选择的统治者，阿非利加人是优越的民族，黑人是次等品，是他们命定的奴仆，因此必须实行种族隔离，以保持阿非利加民族的纯洁性和特殊性。这样的宗教理念被南非白人政府利用，成为其种族隔离政策和法律最好的宣传工具。尽管如此，许多教会组织起来反抗白人霸权统治，宗教界参与反种族隔离斗争对当局的冲击是很大的。国家连续实施的镇压政策以及紧急状态法，使黑人组织陷入危机，但是教会却成为为数不多的仍有自由的组织。尽管国家谴责和批评激进的和直言不讳的神职人员，但是却难以禁止教会和其领导人的活动，因为他们在愤愤不平的社区中拥有道德和世俗权威及合法性④。宗教团体，尤其教会是最普遍

---

① Maxine Molyneux, "Analysing Women's Movements", *Development and Change*, Vol. 29, No. 1, 1998, pp. 219 - 45.

② Temma Paplan, *Crazy for Democracy: Women in Grassroots Movements*, New York: Routledge, 1997, p. 6.

③ G. C. Oosthuizen, "Christianity's Impact on Race Relations in South Africa", in Martin Prozesky, ed., *Christianity Amidst Apartheid: Selected Perspectives on the Church in South Africa*, New York: St. Martin's Press, 1990, p. 113.

④ Sheila L. Elliott, *Women's Religious Associations and Social Change in South Africa*, a dissertation submitted for the degree of doctor of Philosophy to the University of South Carolina, 1996, pp. 3 - 10.

的自愿组织形式，有广泛的群众基础，因此他们的影响力是巨大的。[①] 早在1968年，教会组织就组成了南非教会委员会。许多著名的宗教活动家都曾致力于通过宗教促进南非各民族的团结，例如20世纪80年代涌现了在国际上也非常知名的宗教界领导德斯蒙德·图图和阿伦·博萨克，率领群众游行示威。图图主教也是1983年形成的全国性的统一阵线"全国论坛"的领导人之一，深入到黑人家园进行活动。

在南非卫理公会教派中就有三个不同的妇女自治组织，分别是由黑人妇女组成的卫理公会妇女祈祷联盟曼亚诺（Methodist Women's Manyano），有色人组成的卫理公会妇女联盟（Methodist Women's Association）和白人妇女组成的卫理公会妇女附属团体（Methodist Women's Auxiliary）。[②] 黑人妇女组成的曼亚诺采用统一的服饰，红上衣、黑裙子、白领子和帽子，这些颜色还蕴涵着基督教的象征意义，即耶稣用自己的血洗清人类黑色的罪，带来清洁的白色。[③] 教派成员的社会经济地位普遍较低，很大比例来自家政工或农村居民。曼亚诺教派的妇女不仅挑战传统仪式的权威，其基督教，尤其是新教的个人主义影响，削弱了传统权威、仪式和社区生活。教派给女信徒提供了诸如护理、家政和教学等培训，而且可以免除黑人妇女一定的部落传统习俗，例如启蒙或割礼仪式。曼亚诺的影响力逐步增大，1988年成员达到7.76万人，每年经费达到33万兰特左右。[④] 尽管如此，曼诺亚不像卫理公会妇女附属团体积极参与国内政治活动，而是一直徘徊在政治运动的外围。

---

① Kenneth Wald, Dennis Owen and Samuel Hill, "Churches as Political Communities", *American Political Science Review*, Vol. 82, No. 2, 1988, p. 531.

② Sheila L. Elliott, *Women's Religious Associations and Social Change in South Africa*, a dissertation submitted for the degree of doctor of Philosophy to the University of South Carolina, 1996, pp. 162.

③ Deborah Gaitskell, "Crossing Boundaries and Building Bridges: The Anglican Women's Fellowship in Post Apartheid South Africa", *Journal of Religion in Africa*, Vol. 34, Fasc. 3, 2004, pp. 269-270.

④ Sheila L. Elliott, *Women's Religious Associations and Social Change in South Africa*, a dissertation submitted for the degree of doctor of Philosophy to the University of South Carolina, 1996, pp. 173.

在南非，妇女作为日常的母亲角色和社区成员的组织人数远多于参加公开的政治运动的人数。然而深入分析就会发现，妇女的政治组织和“无政治意义”的妇女组织之间策略性的联系和文化纽带要更加广泛。在20世纪50年代就相对容易地利用已有的这些无政治意义的组织鼓动城市妇女加入反通行证运动。例如非国大妇女联盟的制服就是吸收了传统的妇女服饰，穿戴不同颜色和式样的帽子以标识她们属于不同的教会和祈祷宗会。20世纪80年代邻里的妇女协会成为复兴妇女运动的基础，南非民主统一战线形成的普遍的民主思想，在很大程度上可以追溯到普通妇女每天所关心的社区事务。20世纪90年代，甚至全国妇女联盟的创立也得到非政治社团的妇女推动，正是理发师和美容师协会、集资互助组和农村妇女小组而不是政治组织的分支结构才让群众基础概念成为现实。

（四）妇女组织与运动的特点

隔离时期黑人妇女的政治组织最主要的任务是支持男性同胞进行民族解放，主要表现在反通行证法运动。政治性的妇女社团和组织整体呈现出反抗、战斗性、军事化的特征。

殖民主义、种族隔离、资本主义、宗教和战争引导妇女走向新的政治行动和抵抗方式。流动劳工制度把领导责任压在班图斯坦妇女的肩膀上，同时也让她们承担起军事服务的重任。内战和革命经常增加“妇女的家庭重担……改变传统的男女分工，妇女在家庭、政治和经济中承担起男性的角色”。[①] 正如科克认为的“战争改变社会地图”[②]，这些新的地图给黑人妇女提供了重新谈判社会性别体系的机会，就像曾经在厄立特里亚、中美洲，以色列、巴基斯坦和北爱尔兰所发生的那样。

在极端压迫和褊狭的环境下发生的参与式民主的试验，允许不同年龄

---

① Krishna Kumar, ed., *Women and Civil War: Impact, Organization, and Action*, Boulder, Colo.: Lynne Rienner, 2001, p. 13.

② Jacklyn Cock, *Colonels and Cadres: War and Gender in South Africa*, Cape Town: Oxford University Press, 1991, p. 183.

的妇女在其中扮演积极的角色。正如哈斯姆认为的，在把她们自身作为母亲、持家者和邻居的性别角色与更广泛的民族解放的政治需要联系在一起的时候，关键一点是黑人妇女把城镇的现实生活与国家民主需求联系在一起。她们用不同的有时候甚至是矛盾的方式扮演自己的角色：在一些情况下摆脱传统性别的束缚，在某些情况下却利用传统的母亲的身份动员或保护她们的社群。毫无疑问在一些情况下妇女被赋予了不仅能控制自己个人生活而且能保护整个社群的权力。① 妇女反通行证运动强调了性别角色被强化的方式，它与文化期望相互作用形成了对妻子和母亲所谓的恰当的行为模式的构建。另外黑人妇女反通行证法运动体现了黑人妇女运动对性别平等的需求如何逐步让位于民族解放的需求。

首先，1913 年实施的通行证法主要针对黑人男性。直到 1950 年才把黑人妇女包括在内。然而通过把与妇女有关的修正案添加到 1930 年和 1937 年的《土著(城市地区)法》〔*Native* (*Urban Areas*) *Acts*〕中，白人控制的政府强调了性别差异，同时强化了黑人妇女成为“所有”男性的附属。

第二，尽管黑人妇女在处理种族压迫问题上比她们的男性同胞更激进，她们主要还是以母亲和妻子的身份作斗争。这使她们形成了另外一个作为潜在的激进分子的身份。不幸的是，通过呼吁她们作为妻子和母亲的身份，她们等于支持形成妇女被压迫地位的价值观。②

第三，当妇女激进的身份开始超过作为妻子的身份的时候，一些黑人男性却开始呼吁恢复文化上的父权制。③ 即使在南非民主宪法颁布后，相对法律而言，文化的力量仍然决定许多南非妇女，特别是已婚黑人妇女的生活方式。

---

① S. Hassim, “The Limits of Popular Democracy: Women's Organisations, Feminism and the UDF”, *Transformaiton*, Vol. 51, 2003, pp. 48 – 73.

② E. Salo, “From Woman to Women: Feminist Theory and the Diverse Identities of South African Feminists”, in K. K. Prah, ed., *Knowledge in Black and White: The Impact of Apartheid on the Production of Reproduction of Knowledge*, Cape Town: Centre for Advanced Studies of African Society, 1999.

③ J. Wells, *We Have Done with Pleading: The Women's 1913 Anti-pass Campaign*, Johannesburg: Ravan Press. 1993.

第四，许多黑人妇女面临把女性权利和人权哪个放在第一位的两难选择。[①] 与白人妇女参政权主义者不同的是，在民族解放斗争中黑人妇女的平等权利呈现特殊的含义。尽管南非妇女联合会在成立之初就打破了种族和阶级的界限，种族和性别在民族解放斗争中被解读为争取人权的斗争。这与南非的性别平等概念有巨大的差异。直到 20 世纪 90 年代早期南非妇女才开始寻找性别平等对整个妇女群体的共同含义，而不再诉诸本质论或认为性别问题对所有南非女性具有同样的性质。[②]

第五，黑人妇女组织很少关注妇女运动的性别问题。它号召的平等是在法律面前的种族平等。它强调女性参与政治的重要性，而同时却又强调母亲身份。这就把性别平等的需求与经济和社会平等割裂开来。直到 20 世纪 90 年代平等的观念才与 20 世纪 50 年代的有所区别，出现了性别平等的概念。

第三节　民主转型时期的妇女参政运动与成就

20 世纪 80 年代全球妇女运动使妇女权利是人权的概念以及“女性觉醒”的经验教训和妇女“社会公民”的计划推动黑人妇女在南非民主转型时期积极寻求属于妇女自己的权利。她们保守又激进的运动，促使南非在宪法谈判和新政府转型时充分考虑到妇女的需求。

20 世纪 90 年代随着激进战斗的结束以及多党制宪谈判的推进，尽管斯泰恩(Steyn)认为“已经创立起一个真实的南非女性主义议程”[③]，但是由于大部分黑人男性一方面感谢妇女参与解放，另一方面却在胜利后希望立

---

① J. Beall, S. Hassim and A. Todes, “‘A Bit on the Side?’: Gender Struggles in the Politics of Transformation in South Africa”, *Feminist Review*, Vol. 33, 1987.

② P. Horn, “Post-apartheid South Africa: What about Women's Emancipation?”, *Transformation*, Vol. 15, 1991, pp. 25 - 39.

③ Melissa Steyn, “A New Agenda: Restructuring Feminism in South africa”, *Women's Studies International Forum*, Vol. 21, No. 1, 1998, p. 43.

即把她们送回“厨房”，因此南非妇女不得不努力争取才能让男性领导者在民主运动中作出的给予女性权利的承诺成为现实。实际上她们继续以自己的文化背景和方式对领导能力、女性主义和权力重新进行定义。不幸的是妇女在国家政治领域内取得的每一个成就，她们的男性同胞就给她们的进步设立同样的挑战或障碍。

南非妇女在创建和巩固民主中起着重要的作用。尽管性别革命还没有完成，许多障碍依然存在，但是南非妇女成功地利用选举政治持续显著地提高妇女政治生活。新南非的建立为南非妇女的解放创造了条件。新南非成立后，南非妇女面临的第一大任务就是团结各族妇女，消除种族隔阂；第二大任务就是争取妇女享有与男子平等的政治、经济和受教育的权利。妇女在这两个目标的完成上取得了不小的进步，这为他国的妇女运动模式、妇女就任公职的新模式以及未来争取解放的斗争提供了借鉴。

一、 全国妇女联盟——妇女参政的组织基础

20 世纪 90 年代初妇女打破政党与种族界限开始共同合作，在制定宪法的过程中发出自己的声音。[①] 反种族隔离运动中被政治流放的非国大妇女首先尝试了合作。流放过程中很多妇女获得军事训练、政治经验以及她们在国内不可能达到的教育程度。还有许多妇女得到了宝贵的参加国际会议的机会，并与同样参加过解放斗争的他国妇女建立联系。这些妇女的主要目标之一就是在返回南非后建立一个有广泛基础的全国妇女运动。妇女们知道津巴布韦、莫桑比克和安哥拉妇女在解放后性别运动失败的例子，也知道了欧洲和美洲妇女运动的成功。南非妇女们非常清楚解放战争胜利后并不代表妇女的真正解放。[②]

南非妇女，特别是被流放的非国大成员积极寻求避免转型后出现的对

---

① 参见第二章第三节。

② Lauretta Ngcobo, ed., *Prodigal Daughters: Stories of South African Women in Exile*, University of KwaZulu-Natal Press, 2012, pp. 1 - 8.

妇女边缘化的情况。她们处于国际妇女运动的尖端，接受西方的女性主义思想，并且获得西方机构的资助支持她们的妇女进步事业。流放妇女回来后的首要目标就是发动一个全国性的妇女运动和创建一个关注妇女目标和需求的联盟组织，为跨政党和跨种族对性别问题的讨论提供论坛。

全国妇女联盟成为妇女集体行动的主要组织基础。1992 年 4 月成立的妇女联盟为妇女在新民主中获得一席之位而努力。许多全国妇女联盟的领导人来自非国大妇女联盟，以及因卡塔自由党(Inkatha Freedom Party)、国民党和民主党的女性成员也成为其成员和领导者。

全国妇女联盟的产生是为了组织全国妇女运动以及起草一个包容性的妇女运动纲领。在研究和起草全国纲领《为有效平等的妇女宪章》时①，南非妇女在此之前从来没有公开有意识地为了一个共同的事业走在一起。特里普(Tripp)认为全国妇女联盟或许是南非唯一能打破政党、种族和阶级利益而团结在一起的利益集团。②

全国妇女联盟在积极参与制宪过程中表现出高度的团结。③ 这种团结是由于妇女被排除在宪法谈判之外，是对从属地位的一种共同的反抗模式，也是对性别问题的特别关注。全国妇女联盟成员克服她们的种族和阶级差异，在选举过程中显示出集体的力量。

盖伊·塞德曼(Gay Seidman)认为民主转型本身也促使了全国妇女联盟的团结。尽管在反种族隔离斗争中妇女把追求性别平等让位给民族解放，但是塞德曼认为一旦建成新的政治体制，她们就会重新提出性别诉求："在民主转型时期，妇女逐渐清晰的运动扭转了这一趋势，因此(那些曾经)参与反种族隔离运动的妇女在对待性别问题上与十年前大相径庭。"④这种

① *Women's Charter For Effective Equality*, adopted at the National Convention vonvened by the Women's National Coalition, February 25－27, 1994.

② Aili Mari Tripp, "Rethinking Differences: Comparative Perspectives from Africa", *Signs* 25, No. 3, 2000, p. 655.

③ 参见第二章第三节。

④ Gay Seidman, "Gender Citizenship: South African's Democratic Transition and the Construction of a Gendered State", *Gender and Society*, Vol. 13, No. 3, 1999, p. 289.

经过锻造磨合的团结在新的女性主义的构建下让妇女对她们的政党和国家提出了新的要求。

二、新女性主义构建——妇女参政的思想基础

种族隔离时期，南非妇女运动与南非其他生活方面一样，其特征就是隔离。在黑人团体里，大部分妇女把性别平等的斗争让位给“更伟大”的种族平等的斗争。[①] 各种族大部分的妇女都拒绝被标上女性主义的标签，因为女性主义通常被认为是思想意识形态上的帝国主义，是对斗争的分裂，对非西方文化的抨击。南非性别主义比种族主义更古老、更隐蔽，并渗透在文化和族群的方方面面。甚至被认为具有女性主义意识的南非妇女联合会的创建者阿尔贝蒂娜·西苏鲁（Albertina Sisulu），实际上也把联盟当作反抗传统家庭不平等的工具。[②] 那些称自己为女性主义者的妇女基本上是中产阶级白人左翼知识分子。[③] 但是他们代表黑人妇女的言论正如在其他领域里一样经常被抵制。金瓦拉这么评价：“尽管他们说的大部分都是正确的，但是背景是错误的，对解放战争的理解也是错的。”[④]虽然很多人不愿意被贴上女性主义者的标签，但是实际上许多组织处理的广泛的妇女问题就是属于女性主义的范畴，例如工会里的妇女组织。另外，跟性别有关的诉求，尽管并不一定成为女性主义，却是来自更广泛的群众基础，也是非国大得到支持的基础，而不仅仅是来自少数受教育的妇女或国家领导层的妇女的诉求。流放人员在20世纪90年代初返回南非，他们或许更了解其他国家和地区的

---

① Brigitte Mabandla, “Promoting Gender Equality in Fighters in South Africa and in the United States: South Africa”, in Susan Bazilli, ed., *Putting Women on the Agenda*, Johannesburg: Raven Press, 1991, p. 75.

② Jill M. Winter, “Women and Democracy in the New South Africa”, *Social Development Issues*, 15, 1993, p. 49.

③ Ibid., p. 47.

④ Frene Ginwala, “Women and the Elephant: The Need to Redress Gender Oppression”, in Susan Bazilli, ed., *Put Women on the Agenda*, Johannesburg: Raven Press, 1991, p. 65.

妇女运动，却不了解本国参与斗争的基层妇女的需求。[1]

重建南非的共同努力与女权运动的重组几乎同时发生。在起草《妇女章程》的过程中，妇女努力超越各种族和阶级的差异，一起解决能让所有妇女团结在一起进行抗争的问题：父权制。艾尔比·萨克斯（Albie Sachs）认为，南非为数不多的不分种族的制度是父权制。[2] 新南非女性主义要考虑到各方的利益。它要考虑到国内的特殊环境，特别是历史上根深蒂固的种族和阶级划分，以及种族隔离对社会的经济影响。南非的特殊情况在于社会没有经历过改革过程，而是转型和重建，[3]是对社会的彻底的修正。争取性别平等的斗争是作为创建一个平等社会的斗争的一部分。另外，这也是国家把自己重新定义为非洲大陆上的一个国家的过程，[4]尽力解决帝国主义的残留，同时欢迎把南非当作各个种族的文化家园。由于这个相对“新的开端”，在更多元化的领导下，南非女性主义者有机会重新形成女性主义运动。

这样的女性主义构建是反映真正的新南非的特色。新涌现的女性主义被更多的妇女所接纳，从根本上与以前饱受西方女性主义批判的中产阶级白人的女性主义不同。

（一）转型时期的女性主义重构

早期女性主义运动重组有两个主要的主题：统一的民主进程和传统文化的角色定位。鉴于南非复杂的情况，女性主义者首先要解决不同层面上不平等的权力关系。如果没有统一分析，就无法了解黑人流动女劳工、贫穷阶层的黑人妇女和单亲妈妈们的生活状况和问题。莱姆弗乐（Mamphela Ramphele）认为：“女性主义在反对种族主义、经济剥削、家长制和不民主的

---

① Jill M. Winter, “Women and Democracy in the New South Africa”, *Social Development Issues*, 15, 1993, p. 50.

② Albie Sachs, “Judges and Gender: The Constitutional Rights of Women in a Post-apartheid South Africa”, *Agenda*, Vol. 7, 1990, p. 1.

③ Susan Bazilli, *Put Women on the Agenda*, Johannesburg: Raven Press, 1991, p. 13.

④ Frene Ginwala, “Women and the Elephant: The Need to Redress Gender Oppression”, in Susan Bazilli, ed., *Put Women on the Agenda*, Johannesburg: Raven Press, 1991, p. 64.

行为与反对性别主义一样热烈……如果做不到这一点，就会使运动陷入瘫痪……"[①]南非的种族、阶级和性别交互作用，是女性主义者必须要面对的问题。

意识到话语权是特权世界的保护手段，女性主义者们倡议知识就是力量。同时他们注意到，与其他知识分子一样，女性主义者不能垄断革命意识。女性主义者需要与普通人与日常斗争的现实生活保持联系。为了把所有妇女包含在斗争中，女性主义者呼吁更民主的女性主义进程，倡议走出去与普通人对话，了解她们的需求。这在一定程度上能避免精英主义和阶级歧视。

女性主义者面临的第二个问题是传统文化的角色定位。南非首先要解决黑人妇女的多重身份问题。扎马(Linda Zama)这么描述自己："作为一个黑人妇女，我既可以把婴儿背在背上，或者把水顶在头上，或者在家劳作，或者出去干我的法律工作，或者坐下来写我的会议论文。"[②]这句话体现了黑人妇女既是母亲，也是家庭主妇，又是赚取薪水者，还可以是社会活动家的多重身份。这里涉及保持黑人传统价值和获取妇女权利之间的矛盾。纳赫拉波(Thandabantu Nhlapo)认为，如果坚持对"黑人传统"抱残守旧，可能会对妇女争取权利的事业造成阻碍。但是如果彻底放弃这些价值可能对社会凝聚力造成更大的威胁，因为在没有现成的替代的情况下会造成文化真空。[③]因此女性主义者建立的女性主义框架必须与国家创建一个包容性的社会议程相符合。新南非女性主义对重组和发展有其特殊的视角，开创了独特的发展道路，帮助构建一个让南非妇女有不同生活的新社会。

（二）转型时期女性主义的舆论表达

针对女性主义在转型期的两大主题，女性主义者在《议程》(*Agenda*)杂

---

① Mamphela Ramphele, "Do Women Help to Perpetuate Sexism? A Bird's Eye View from South Africa", *Africa Today*, Vol. 37, 1990, p. 13.

② Linda Zama, "Theories of Equality: Some Thoughts for South Africa", in Susan Bazilli, ed., *Putting Women on the Agenda*, Johannesburg: Raven Press, 1991, pp. 57 - 61.

③ Thandabantu Nhlapo, "Women's Rights and the Family in Traditional and Customary Law", in Susan Bazilli, ed., *Putting Women on the Agenda*, Johannesburg: Raven Press, 1991, p. 116.

志上进行辩论，并传播他们的思想。《议程》被认为是南非唯一为提高女性主义思想的杂志。1987 年一群年轻的学者、激进分子和学生出版了首刊，目标是在大学里进行的性别研究和在基层妇女组织的工作之间搭起桥梁。一群完全自愿的妇女维持着杂志的运作。它的资金主要来自荷兰的人类发展合作学院（HIVOS）以及瑞典全球妇女和非洲团体基金（Global Fund for Women and Africa Groups of Sweden）。[①] 它的阅读群体包括市场决策者、议员、激进分子、研究者、医护人员、专业人员和教育者。它的方针是反同性恋恐惧症、反种族歧视和性别歧视。该杂志被认为呈现了新南非女性主义运动最准确的话语。

在关键的 1994 年，《议程》刊登的文章主要向妇女传达了谈判、选举和制宪的进展，使妇女意识到在转型期妇女出现在不同的决策机构中的必要性。杂志关注参与到公共机构的各个领域和阶层的妇女，包括从地方机构，如在地方发展委员会中的农村妇女代表，到国际层面，如在 1993 年日内瓦举行的联合国人权会议提交报告的妇女。

这些文章的次要目标就是通过庆祝在谈判期间的胜利以及共同应对面临的困难，给妇女传递集体感。例如在民主南非协商会议公约中妇女压力集团的努力使妇女在制宪谈判第一阶段代表不充足的情况得以纠正，就被当作巨大的突破进行分享。谈判中一个重要的辩论就是在法律面前要考虑妇女的生活体验，而不仅仅是考虑形式上的平等，否则歧视仍然存在。权利的视角从“传统的观念”转向对南非妇女实际需求的反映。类似这样的胜利分享有很多。[②]

例如在讨论传统法律和宪法中的性别平等发生矛盾的问题上，来自开普敦大学的法律教授克里斯蒂娜·默里（Christina Murray）撰写《一夫多妻错了吗？》一文进行讨论。默里批判南非法律中对西方模式婚姻有优先特权

---

① Agenda, “Introduction and Context”, http://www.agenda.org.za/about-us/introduction-and-context/.

② Melissa Steyn, “A New Agenda: Restructuring Feminism in South Africa”, *Women's Studies International Forum*, Vol. 21, No. 1, 1998, p. 45.

的倾向，指出否认一夫多妻更多是受到基督教婚姻范式的威胁，而不是从妇女角度出发。默里认为西方婚姻模式不一定能给予妇女更多尊严以及把妇女从压迫中解放出来。“西方核心小家庭中暴力也很普遍。核心家庭使妇女孤立，让她们在经济上处于不利地位。一旦一夫一妻的结合破裂，妇女通常成为社会最穷的阶层，即单亲妈妈。”[①]只要夫妻协商并同意有另外一个妻子（这与传统上不用经过妻子意见不同），那么就不能自然认定一夫多妻是对妇女平等权利或尊严的挑衅。尽管她认为我们不能“把我们认为的有偏见的道德观作为人权和平等的代表”，但是也认为不能“因为我们尊重文化相对论的思想”而放弃对人权的承诺，关键是要在两者之间找到平衡而使妇女获得实质性的平等。[②]

南非文化现实导致女性主义改变许多看法，女性主义也提供框架探索传统文化问题。杂志上也有许多质疑传统文化的例子。其中出现一系列关于身体的文章就是很好的证明。在传统非洲文化中，男人喜欢更丰满的甚至是肥胖的妇女，因为那样能代表丈夫的财富。[③] 然而在西方文化的影响下，许多黑人妇女，特别是城市妇女渴望所谓的“英国人的”身材。还有压力来自所谓的“教育文化”，即鼓励妇女获得健康的、健美的身材。但是影响妇女身体形象最主要的原因还是传统上为了取悦男性的愿望。

这些文章的主要目标是提高妇女的问题意识，以及从女性主义观念出发质疑南非文化，同时也是让南非妇女彼此交流，以此克服强制隔离和文化沙文主义带来的无知。南非女性主义一个重要特征就是建立一个广泛的认知。平等对待文化的承诺也反映在女性主义者不仅关注黑人妇女和文化，也同时关注白人妇女。这种偏见在过去造成了“只有黑人妇女受压迫”的印象，使黑人妇女和更广泛的妇女运动隔离而导致女性主义运动的倒退。[④] 摆

---

① Christina Murray, “Is Polygamy Wrong?”, *Agenda*, Vol. 22, 1994, p. 39.

② Ibid., p. 39 - 40.

③ Futhi Zikalala, “Body Size and Culture”, *Agenda*, Vol. 23, 1994, p. 19.

④ Frene Ginwala, “Women and the Elephant: The Need to Redress Gender Oppression”, in Susan Bazilli, ed., *Put Women on the Agenda*, Johannesburg: Raven Press, 1991, p. 65.

脱“他者”身份并非一件易事，但是对南非所有种族和族群妇女的心理解放以及对所有群体妇女进行功能性联合发展至关重要。

尽管新南非女性主义期望有一个更广泛基础的女性主义，但是《议程》杂志上讨论的问题反映出要想有个“统一”的南非女性主义，用一个声音说话非常难。南非妇女面对的是许多不同的、重叠的、互相加强的父权制而不是一个统一的压迫系统。在重建过程的早期，允许多种声音出现的女性主义实际上更有利，更符合实际行动。《来自边缘的声音》一文就提出，以前隶属于左翼新马克思主义领导和南非无种族隔离话语的黑人妇女的声音，现在重新浮出水面。这就让种族与其他权力关系的探索成为可能。她们提出非洲研究者必须建立新的理论，构建出一个真正属于非洲的理论，而不是仅仅应用国外的现成的公式。①

妇女教育也是她们关注的问题。广泛的文盲不仅意味着不能读写，而且也意味着对基本权利的无知。正如在1994年大选中，许多妇女只能让她们的丈夫和雇主代替她们作出决定。因此让妇女和女童获得平等的教育权成为社会重建的一个主要诉求。除此之外，女性主义者还关注妇女艾滋病问题、性工作者等问题。

从以上《议程》杂志中的文章中可以看出南非新的女性主义运动承诺的是一个民主的、文化敏感的进程，这一进程随着新南非的建立让南非妇女过上不同的生活。妇女通过发出自己的声音，在社会中有了自己的话语权，进而影响社会的主流思想观念，推动南非走向性别平等。

三、妇女参政配额制——妇女参政的战略基础

（一）性别差异取代一致的公平

自由主义所强调的个人权利与平等，往往是将个人从所属的社会经济

① Cheryl Hendricks & Desiree Lewis, “Voices from the Margins”, *Agenda*, Vol. 20, 1994, pp. 61 – 75.

结构中抽离，而忽略了这个个体所属的社会结构本身，是不平等的根源所在，也就是说自由的个体是存在于一个理想的情境中。在此情境中每个个体不论性别、种族、族群差异，都是平等的，此种观点符合所谓的全体一致的公平性的理想。而实际上，正如艾丽斯·杨所说的，所谓的公平性是一种理想的幻影，她认为个人在选择观点时，不可能不受其所处社会情境影响，因此每个人的观点就不可能是不偏不倚的全面性观点。①

跳出自由主义抽象个体的平等思维，女性主义者转而从强调性别的差异性出发，不再将差异与平等对立起来。其目标不仅主张妇女要有同等的参政权，更期待女性的参政能带入女性特有的观点，打破既有的政治结构，并丰富政治议题的多元性。

在性别差异的基础上，艾丽斯·杨认为既存的代议方式，不能反映社会人口组成的多样性，既不公平也不具代表性。杨主张在民主的公领域中，应该提供有效的制度化机制，以确保各种不同社会群体的声音与观点能具体地被代表与反映出来，特别是被边缘化、被压迫以及弱势的社会群体。这些社会群体拥有共同的利益和相同的生活经验，亦即基于认同而凝聚的群体，例如因性别、种族或阶层认同而成的团体。妇女因为长期的低度政治参与，亦可被视为边缘化的社会群体，需要通过制度化来保障女性群体的集体认同，使其不同观点得以在政治中呈现而不是被同化消解。② 而对弱势社群的保障与免于被同化，泰勒（1994）在其著名的“认可政治”（politics of recognition）观点中亦有所阐述。他认为平等的追求必须建立在对于多元文化与社群认同的理解与认可之上，而建立这种认可需要增加被压迫者的公共出现机会（politics of presence）。而要增加公共现身机会，唯有透过确保各种社群的发言权及其对多元文化的认可，民主化的公民社会才能确实

---

① Iris Marion Young, *Justices and the Politics of Difference*, Princeton: Princeton University Press, 1990, p. 104.

② Ibid., p. 47.

地落实。[1] 种族与性别的区别，是具有先天性几乎难以被改变的，而被边缘化的种族和性别就希望其存在的差异被承认、不被强迫性同化或忽视。因此在公共的政治领域中，保有他们现身的空间就显得极有必要。

由此，妇女配额制度存在的理论基础，可以在强调个人自由平等的价值外，找到更稳固的理论依据，即基于妇女在政治领域中，是属于被边缘化的弱势族群，她们拥有共同的经验、面临共同的处境，只有她们能互相了解在男性主流社会中的困境。妇女配额制度就是确保妇女声音能在政治领域中现身的有效途径之一。配额制被看作解决国家立法和议会中性别不平等的最直接、最快速的方法。[2] 实施配额制比在政治、文化或社经结构上进行改革要容易得多。

（二）妇女保障名额制度与南非妇女参政的成就

第二章阐述的南非新宪法对妇女权利的保护对妇女影响是巨大的，但是妇女意识到国家权力并不直接等同于私人生活中地位和影响的改变。妇女面临的社会约束进一步限制了她们进入公共政治领域，进而强化了被排斥的地位。妇女明确号召在国内政治和社会领域进行改革，以期能与她们在法律上的地位相匹配。

南非黑人妇女赢得参政配额制并不是一朝一夕之事，其胜利的基础可以追溯到反种族隔离斗争。实际上，黑人妇女在非国大里的进展非常缓慢。

---

① Charles Taylor, *Multiculturalism: Examining the Politics of Recognition*, Princeton University Press, 1994, pp. 25 - 73.

② 参见：Miki Caul, "Political Parties and the Adoption of Candidate Gender Quotas: A Cross-National Analysis", *Journal of Politics*, Vol. 63, No. 4, 2001, pp. 1214 - 1229; Wilma Rule and Joseph F. Zimmerman, eds., *Electoral Systems in Comparative Perspective: Their Impact on Women and Minorities*, Wesport, Conn.: Greenwood, 1994; Mark P. Jones, "Increasing Women's Representation via Gender Quotas: The Argentine Ley de Cupos", *Women and Politics*, Vol. 16, No. 4, 1996, pp. 75 - 98; "Gender Quotas, Electoral Laws and the Election of Women: Lessons from the Argentine Provinces", *Comparative Political Studies*, Vol. 31, No. 1, 1998, pp. 3 - 21; Barbara Steininger, "Representation of Womenin the Austrian Political System 1945 - 1998: From a Token Female Politician Towards an Equal Ratio", *Women and Politics*, Vol. 21, No. 2, 2000, pp. 81 - 106 等。

她们首先通过强调妇女权利即是人权的普遍本质，把性别问题提到政党议程上，才让非国大的领导层逐步认可并声明承诺支持妇女解放。她们争取权利的方式吸取了国际妇女运动的经验，特别是斯堪的纳维亚和北欧国家妇女的成功经验。

在非国大承诺支持妇女权利的几年后，非国大妇女同时在党内和党外进行妇女联合活动。没有这些跨政党、跨种族的合作，非国大对妇女平等的承诺可能仍停留在“声明”的基础上。全国妇女联盟对国家权力不断增加的影响使非国大妇女能坚持以性别为基础的议程。她们促使非国大改变正式的政党规则，在实践中增加她们的参与、代表和影响，即在政党全国选举名单上确保妇女 30%的配额。除非国大外，其他政党中的妇女也进行同样的斗争以期在自己的组织内获得同样的性别平等，而这样的行动极大程度上是受非国大配额制的压力所影响。1994 年在南非新宪法下举行的第一届民主大选中，国民议会和参议院党员议员中共有 117 名女性，其中国民议会 109 名，参议院 8 名，妇女比例占总议员的 29.8%，与种族隔离时期妇女在议会中代表人数比例仅为 2.8%的情况形成了鲜明对比。[①] 仅有配额制还不能完全保证提高妇女的代表比例，还需要政党给予支持。假如政党将女性候选人的名字排在封闭名单的末尾，除非该政党以压倒性多数大获全胜，否则这些女性根本没有机会进入议会，政党可以这种方式规避配额的有关规定。而南非实行男女均匀排列的名单，即“拉链”式名单，在南非又称“斑马”名单，男女候选人的名字交叉排列，[②]以此保证配额制在实际中的有效性。南非 1998 年的《市政结构法》中规定了政党应当确保地方选举的候选人中有 50%为妇女，扩大了妇女参政议政的机会。

1999 年第二次全国大选时，南非女性选民登记人数已超过男性。1999 年南非女议员的比例上升为 30.0%，2004 年换届后妇女席位从上届的 120

① Hannah Elelyn Britton, “Women in the South African Parliament”, University of Illinois Press, 2005, pp. 56 - 85；李思梦：《新南非妇女参政研究初探》，硕士学位论文，湖南师范大学，2014 年。

② 联合国社会发展研究所编：《男女平等：在不平等的世界里争取公平》，中国对外翻译出版公司 2007 年版，第 158 页。

个增加到131个,女议员比例为32.8%。在世界议会联盟女议员比例全球排名中,南非名列第13位,也是全世界17个女议员比例超过30%的国家之一。[①] 当塔博·姆贝基(Thabo Mbeki)在2005年宣布新任副总统是普姆齐莱·姆兰博·恩格库卡(Phumzile Mlambo-Ngcuka)时,她成为南非首任女副总统,南非在性别平等上创造了新的历史。南非国民议会议长和副议长均为女性,南非内阁成员中女性占内阁人数的45%。除了南非首任女副总统外,28位政府部长中有12位是女性,分别掌管着外交部、教育部、内政部、司法及宪法发展部、公职及行政事务部、卫生部、通信部、农业及土地事务部、水利及林业事务部、矿业及能源部、住房部、公共工程部等重要的实权部门。此外,21位副部长中也有10位女性。全国9省中亦有4位女省长。[②]

1995年,南非政府首次以官方身份参加了联合国第四次世界妇女大会。1995年12月,南非政府无保留地批准了《消除对妇女一切形式歧视公约》,从法律上要求国会和政府部门在管理国家事务时要积极推动废除性别歧视的工作。1997年,包括南非在内的南部非洲发展共同体13个成员国的领导人共同签署了《南部非洲发展共同体宣言》,号召成员国积极落实世界妇女大会《北京宣言》和《北京行动纲领》,要求各国在2005年年底之前将各自议会和权力机构中的女性比例增加到30%,以便更充分地体现和代表妇女权益。目前13个成员国中已有莫桑比克、南非和坦桑尼亚3个国家达到了女议员30%的目标。

四、南非促进性别平等的政策保障与国家机制

为了推动性别平等,国家层面构建了性别平等机制。许多政策已经制

① 参见世界议会联盟网站:http://www.ipu.org/wmn-e/classif.htm,截至2006年11月30日统计的数据。

② Hannah Elelyn Britton, *Women in the South African Parliament*, University of Illinois Press, 2005, pp. 144 - 159.

定起来，但是它们在性别方面的作用和责任还需明确，它们的工作需要更加有效协调。机制的创建是基于南非男女组织之间达成的共识，是经过多年的会议和工作室的讨论与协商，最终在国家和市民社会层面制定一个整体的“统揽全局”的机制。

为了更好地实现性别平等，1997 年成立的南非妇女地位办公室（Office of the Status of Women）制定了性别政策框架，为各部门制定详细的性别政策提供指导方针。具体内容包括性别平等目标和原则、制度框架、部门间合作框架、性别主流化的实施、监测与评估等。[①] 框架试图确保将实现性别平等作为南非社会转型过程的核心内容之一，贯穿于所有组织、制度、政策、进程、政府的行动计划，以及办事机构、半国有化机构、公民社会和私有部门的转型过程。框架的主要原则之一是采取针对妇女的积极行动计划。衡量该计划的主要指标包括：在公共服务部门和国有企业中女性在决策层至少应占 30%；在所有的部门，女性就业者应至少达到 30%；劳动部明确规定，所有的部门在执行国家技能培训战略时，要确保将包括预算在内的 54%的资源分配给女性。此外，教育部在 2000 年 3 月出台的《国家高等教育计划》中也明确要求招收更多的女学生。[②]

（一）提高妇女赋权和性别平等的国家机制

1. 国家执行委员会的结构和功能

国家机制的政府执行分支主要结构包括内阁、总统办公室中的妇女地位办公室、性别服务台或性别聚焦（Focal Points），在政府部门享受一定的特权。

内阁是国家政策制定的最高机构。所有国家政策，包括预算，在呈交到议会或不同部门执行前都要先由内阁批准。

而妇女地位全国办公室直接隶属总统办公室。它是全国性别平等机制

① The Office on the Status of Women, *South Africa's National Policy Framework for Women's Empowerment and Gender Equlaity*, 2003, pp. v – vi.

② Ibid., pp. v – vi, pp. 9 – 19.

的主要协调机构，也是制定和维护有活力的性别项目的神经中枢。它制定框架并监督执行情况。

在实际操作层面，确保有效执行全国性别政策的主要责任落在国家和省级各部门。所有部门要求建立性别单位或性别聚焦以帮助制定和执行有效的行动计划来提高妇女赋权和性别平等。①

2. 立法机构和功能

议会拥有制定法律的权力，是支持妇女赋权和性别平等的主要单位。议会建立妇女生活质量和地位联合监督委员会以确保议会通过的法律能体现性别考量。

3. 独立的法定组织

有关性别问题的独立的法定组织有：性别平等委员会、人权委员会、独立选举委员会、公护人、公共服务委员会、青年委员会、土地委员会和南非法律委员会。②

4. 妇女组织

仅靠国家机制本身而无市民社会的参与无法改变妇女的公共政策议程。因此强有力的妇女组织是国家机制有效性的一个重要部分。这就意味着国家机制体系必须建立组织和机制帮助与妇女组织建立亲密的、有效的关系。国家机制的部分功能就是要通过能力建设、教育和培训，以及提供信息和资源赋权妇女组织。③

（二）提高妇女赋权和性别平等的省级政府机制

在省级政府和立法机构里建立性别机构。一些省建立或正在建立独立机构确保妇女赋权。尽管每个省都根据自己的需求量体制定机构，但是要求省级机构符合国家制定的主要原则，即根据国家政策建立妇女地位办公

---

① The Office on the Status of Women, *South Africa's National Policy Framework for Women's Empowerment and Gender Equlaity*, pp. vii – xi.

② Ibid., pp. 30 – 31.

③ Ibid., pp. 27 – 32.

室来开展省级性别政策和行动计划以及协调其他各组织和利益相关体之间的活动；在省级部门建立性别单位或性别聚焦；在省级立法机构建立妇女党团会议；规定支持建立或发展市民社会组织。[①]

（三）提高妇女赋权和性别平等的地方政府机制

地方政府离市民最近，也是对妇女生活造成最大影响的机构。地方政府负责传达基本需求，包括地方经济发展、环境保护、电力、健康、住房、图书服务、发放许可证、公园和娱乐场所、规划、产品市场、道路、下水道、交通、运输和水。如果不能满足这些基本需求会明显对妇女生活造成负面影响，性别敏感政策、程序和实践就会因此变得困难。其次省级和地方政府一起合作提高妇女赋权和性别平等。[②]

南非政府的性别平等机制从法律和机构设置上，从国家到地方层面上，全面考虑了妇女的形式和实质上的平等要求，并监督实际中的执行情况。这一套比较完备的性别平等机制对提高南非妇女社会、经济、政治地位举足轻重，无论在共领域还是私领域，都对妇女的生活造成了积极的影响。

哈斯姆评价南非妇女组织是“在男性主导的联盟或公民组织的主流中为妇女开创了新的政治空间”。它们把“妇女的‘私人’家庭斗争与更大的经济边缘化问题联系在一起”。[③] 妇女作为领导者、组织者、活动家、挑衅者和防卫者活跃在各种运动中。尽管种族隔离时期的妇女组织的本质还称不上真正的女性主义运动，因为这些组织很大程度上被“包含在”民族解放运动中，很少能明确提出女性主义议程，但是从这些妇女经历中还是可以得出一个结论：尽管有缺陷和限制，这些草根组织本质上是普通妇女能得到真正

---

① The Office on the Status of Women, *South Africa's National Policy Framework for Women's Empowerment and Gender Equlaity*, pp. vii - xi, pp. 32 - 33.

② Ibid., p. 33.

③ S. Hassim, "The Limits of Popular Democracy: Women's Organisations, Feminism and the UDF", *Transformaiton*, Vol. 51, 2003, p. 68.

赋权的原因。正如胡拉卡·恩昆蒂(Kholeka Nkwinti)对赋权意义的表述：

> 我要说，我自己和它们，它把我们带到一起，让我们成为一个大家庭，并让我们知道我们可以坚持我们自己的权利而不放弃、不恐惧。它让我们变得坚强。我们不向任何东西屈服。现在你看到这些妇女，你将会看到她们被赋权。我也被赋权，我是一个坚强的妇女。我无所畏惧。①

南非妇女参政的成功，与南非黑人妇女和妇女组织参与民族解放和争取权益的斗争是密不可分的。如果没有这些妇女组织与非国大并肩作战，让非国大领导层同情并推动妇女解放，那么今日南非妇女所能达到的地位只能是历史中的镜花水月。

冷战后国际格局的变化使南非白人种族隔离政权遭遇危机；南非政治大环境变化也给予了妇女参与政治的契机，而联合国等国际组织也同样为促进南非政府采取措施推动妇女参政作出了贡献。② 南非妇女自身参政意识和参政能力的提高，是妇女参政的重要内因；新南非政府制定的促进性别平等的法律和机制，包括配额制等，是推动妇女参政的强有力措施，是切实提高妇女参政比例的保障，是妇女参政的重要因素。

---

① Kholeka Nkwinti interview, quoted from Janet Cherry, "'We were not Afraid': The Role of Women in the 1980s' Township Uprising in the Eastern Cape", in Nomboniso Gasa, ed., *Women in South African History*, HSRC Press, 2007, p. 312.

② 和建花、丁娟：《非洲妇女参政配额制实施状况的研究与思考》，《山东女子学院学报》2015 年第 6 期，第 41 页。

第四章

教育视野中的南非黑人妇女

人的社会性别是在人的社会化过程中形成的。所谓人的"社会化"，是将作为"生物的人按照一定社会文化的要求教化为社会人的过程"。[①]"教化"从某种意义上来说就是教育，"教育使人成其为人"，教育是使"自然的我"变为"社会的我"的重要工具。正是由于教育对于人的社会性别形成关系重大，西方的女性主义者十分注意研究妇女的教育问题。妇女教育研究既是妇女研究的重要内容之一，又是20世纪70年代后教育研究的一个重要领域。70年代初出现的妇女教育研究是新的妇女运动的结果和新的特质，是女性主义和妇女运动的学术武器。当今世界女童与妇女教育的重要意义已越来越为人们所重视，女童和妇女教育既是全民教育的重点之一，又是阻碍全民教育实现的弱点与难点，其困难之处就在于出于经济、社会、文化、宗教等原因，女童和妇女教育的动员和巩固异常困难。

① 司马云杰：《文化社会学》，山东人民出版社1986年版，第472页。

第一节　公共领域与教育

发展女童和妇女教育是提高妇女地位的至关重要的路径。人与人之间的不公平始于教育，始于教育权利的否定，始于教育形式的改变，始于教育体制的不健全。[①] 密尔说，政治权力的基础是（受过教育的）智力(intelligence)、财力(property)和联合力(power of combination)，所谓的联合力是指在追求自己的政治利益时同别人合作的能力。[②] 当然这些能力并非天生，是需要后天培养的。女性出于种种原因常常是被限制了教育，无法自由地发展自己可能性的人，也就不可避免地被剥夺了政治权力。

可以说受教育是女性进入公领域的一个最有效的途径。历史上，公共领域的主体性要素（公民群体）和制度性要素（公民大会、议事会、陪审法庭、宗教祭祀、文化娱乐以及体育竞赛等制度）因获得了公共空间的现实依托而得以强化和落实，进而使公共领域的公共性得以实现。[③] 而现代公共领域的参与主体也从学者和有教养的阶层扩大到具有平等公民权的全体社会成员，新式社团组织、社会运动以及报刊、广播电视、互联网等逐渐成为公共领域的现实形式。从公共领域的要素中我们可以看出，它的主体性要素和现实形式都需要以教育作为载体。女性只有在教育中被启蒙，才有可能对其所遭受的被压制的社会地位和不平等的原因进行质疑和思考，才不会被动地接受一些陈规戒律和不断遭受权利的剥夺，才会积极发展自我主体，并推动社会变革。反之，社会变革推动妇女获得权利以及在政治决策层的地位，又能进一步为女性争取更平等的受教育权利。

由于南非种族隔离制度下的种族问题占据首位，大部分学者忽略了黑人女童和妇女教育经历的特殊困境。尽管也有一些学者批评种族隔离教育

---

① [英]丹尼·多林：《不公正的世界》，高连兴译，新华出版社 2014 年版，第 70 页。
② [美]罗尔斯：《作为公平的正义：正义新论》，姚大志译，上海三联书店 2002 年版，第 215 页。
③ 杨仁忠：《公共领域论》，人民出版社 2009 年版，第 252 页。

体系把大多数人排除在外而受小部分人的控制以及“班图教育”带来的副作用，但是很少有人从性别角度分析南非的教育状况。本章从历史角度呈现南非从19世纪开始的黑人妇女教育到种族隔离时期的教育政策与性别构建，再到转型时期妇女争取教育权和现代妇女教育的现状，进而分析影响南非妇女教育的因素，探究南非教育在性别问题上的发展与变化。

第二节　新南非诞生前黑人妇女教育的嬗变

新南非诞生前的黑人教育主要分为两个阶段。最初南非教育被传教士控制，后来出于统治的需要，白人政府逐渐全面控制了黑人教育。

一、传教士控制的非洲黑人教育（19世纪初—1953年）

南非黑人教育在欧洲殖民者到来之前一直都是部落教育。白人在南非扩张领土的过程中，殖民政府将教育作为平息黑人反抗的手段，从而客观上为黑人教育提供一些帮助。在1953年阿非利加民族主义政府利用《班图教育法》全面掌控黑人教育之前，一直是传教士控制着南非的黑人教育。这段时期总体可以分为两个阶段，第一阶段是一直到第一次世界大战之前的帝国主义影响力的高峰期。这一时期少数受教育的非洲精英开始怀疑对帝国主义的忠实的爱。第二阶段从20世纪20年代开始长达30年左右的时间，尽管在传教士控制下的教育坚持在黑人学校对皇家仪式的忠诚，但是教师引导的青年运动导致非洲人对帝国的忠诚逐渐减少。[①] 毫无疑问，非洲基督教教育是帝国征服和剥削南非过程的一部分。正如凯拉韦(Kallaway)所描述的，“非洲南部的殖民地人民，不仅军事意义上被征服，不只是失去他们的政治

① Deborah Gaitskell, “Race, Gender and Imperialism: A Century of Black Girls Education in South Africa”, in J. A. Mangan, ed., *Benefits Bestowed? Education and British Imperialism*, Manchester, England: University of Manchester Press, 1988, pp. 150 - 173.

独立，不仅是没有独立的经济基础，不仅成为新的社会和经济体系中的城市居民和雇佣劳动……殖民主义……也包含文化和意识形态上的转变，其中学校是主要的媒介。"[①]仅1935年，教会学校注册的学生就有34万人左右。[②]

南非对黑人男女童有一套分开的不同的教育体系，目的就是阻碍黑人的发展。一方面为确保黑人女童成为未来的家务劳动者或家政工，或者较少程度上成为黑人学校里缺乏训练只拿着低工资的小学教师。另一方面是为了确保黑人男性成为合格的流动合同工。

有关早期南非黑人女子教育的研究由于缺乏史料，只能描述其梗概。

1799年在如今的威廉姆斯王镇（King Williams Town）专门为南非黑人开设了首个学校，[③]比1663年首个为白人创办的公立学校整整晚了一个多世纪。传教士的教育活动通常不受殖民当局的限制。[④] 一直到1953年前传教士教育成为黑人学生受教育的主要载体。

在基础教育阶段，特别是小学阶段，从19世纪开始，黑人女童与男童接受教育的人数相差不大，甚至女童人数更多。这可以从开普殖民地卫理会教会学校中男女生的人数以及纳塔尔黑人学校入学人数得以证明。

表4-1　卫理会教会学校黑人男女生人数(1844—1930年)

（单位：人）

年份	黑人女童	黑人男童	女童比例(%)
1844	2 500	1 900	56.8
1851	9 800	9 275	51.4
1930	80 000	60 000	57.1

资料来源：Jacklyn Cock, *Maids and Madams: A Study in the Politics of Exploitation*, Johannesburg: Raven Press, 1980, pp. 265 - 307.

① P. Kallaway, "An Introduction to the Study of Education for Blacks in South Africa", in Peter Kallaway, ed., *Apartheid and Education: The Education of Black South Africans*, Johannesburg, 1984, pp. 8 - 9.

② 杨立华等：《正在发生划时代变革的国度——南非政治经济的发展》，中国社会科学出版社1994年版，第47页。

③ F. Molteno, "The Historical Foundations of the Schooling of Black South Africans", in P. Kallaway, ed., *Apartheid and education*, Johannesburg: Ravan, 1984.

④ Rowena Martineau, "Women and Education in South Africa: Factors Influencing Women's Educational Progressand Their Entry into Traditionally Male-Dominated Fields", *The Journal of Negro Education*, Vol. 66, No. 4, 1997, pp. 383 - 395.

表 4-2 纳塔尔黑人学校入学人数(1885—1909 年)

(单位：人)

年份	黑人女生	黑人男生	黑人入学总数	女生比例(%)
1885 年 6 月—1886 年 6 月	1 409	1 480	2 889	49
1887 年 6 月—1888 年 6 月	1 420	1 482	2 902	49
1890 年 6 月—1891 年 6 月	2 155	1 871	4 026	54
1891 年 6 月—1892 年 6 月	2 157	1 739	3 896	55
1893 年 6 月—1894 年 6 月	2 939	2 125	5 064	58
1895 年 6 月—1896 年 6 月	4 104	2 945	7 049	58
1897 年 6 月—1898 年 6 月	6 040	4 208	10 248	59
1900 年 6 月—1901 年 6 月	6 568	4 503	11 071	59
1908 年 6 月—1909 年 6 月	7 306	5 178	12 484	59

资料来源：Meghan Healy-Clancy, *A World of Their Own: A History of South African Women's Education*, University of Virginia Press, 2013, p. 78.

但是相比其他人种，这个时期白人和印度人中男女生入学的比例与黑人情况迥异。如在 1896 年，白人男生人数稍微多于女生，而印度男生是女生的五倍。[①] 究其原因，一方面，非洲传统的以农业和畜牧业为主的生产方式需要更多的男孩劳力帮忙守护牲畜，这既是一项责任也是一项特权。矿业的发展更倾向于招收男工(包括童工和成人)，而矿业不需要特别高的教育水平。这样一来男孩子较早进入工作领域，受教育机会受影响。而女孩子处于生产方式中的薄弱环节，尽管在生活中她们承担更多的生存负担，但是在基础教育阶段受教育机会反而比男童高。

另一方面，殖民官员担心对黑人男性的工业课程中包含政治和经济内容，对社会稳定不利。但是针对女孩子的家庭生活教育却无此担忧。南非基督教传教士，尤其是布尔人清教徒认为黑人妇女是次等生物，女孩子被认为更容易接受基督教的训导。18 世纪初传教士就在南非非常活跃。19 世纪新教传教士在开普敦科萨地区的影响力就非常大。他们特别关注女孩子，希望她们可以成为基督教家庭价值的载体。由于传教士的影响，家庭观念占据女子教育的主导，同时又受到维多利亚时期男权思想的支持，认为妇

① Russell, *Report of the Superintendent Inspector of Schools for the Year 1896*, ISP, File 29.

女最好的场所是在家里。这一思想比在非洲其他地区的传播都要早。因此到 20 世纪，与非洲其他任何地区相比，家庭生活教育作为南非女孩子唯一的选择而得以发展。[①]

基于以上原因，小学基础阶段的教育中男女比例相当，甚至女生的数量一度超过男生。表面上看起来女孩子在教育中占优势，但实际上这是一个数字上的错觉。"男主外，女主内"的劳动分工形式决定了男女社会性别的认定。妇女不具备社会人的身份。她们中的一些人即使接受教育，也只是作为家庭人、自然人，在与男子相分离的环境中，接受不同于男性的、所谓适合于她们性别角色的教育。

这一时期种族隔离教育已经初现端倪。在这个阶段，殖民政府相继颁布了《开普学校教育法》(1905)、《史末资将军教育法》(1907)和《南非法》(1909)，都表明了种族不同、教育有别的观点。[②]

二、 种族隔离时期的黑人教育和性别构建（1953—1993 年）

（一）种族隔离时期的黑人教育

种族隔离体制下的南非教育体系总体上受两大因素影响：造成教育体系总体不平等的隔离政策和形成严格的独裁主义的中央集权。

1948 年国民党执政后，开始推行阿非利加民族主义政策。为保障阿非利加人的文化、语言和经济利益，维护少数人特权的强权政府通过一系列法律法规建立和强化种族隔离制度。种族隔离政府利用教育进一步加剧隔离。1953 年，国民党政府颁布《班图教育法》，从各种传教士机构那里获得对黑人学生的教育控制，在土著事务部下设立专门的黑人教育部，从而把控制权集中在政府手中。新办的黑人中学必须建立在土著保留地，导致

① Meghan Healy-Clancy, *A World of Their Own: A History of South African Women's Education*, University of Virginia Press, 2013, p. 77 - 80.

② 顾建新、牛长松、王琳璞：《南非高等教育研究》，中国社会科学出版社 2010 年版，第 31 页。

居住在城镇的黑人子女上学困难。为了压制黑人教育，该法还规定黑人学校必须自筹50%经费，住宿和书本费由黑人家长负担。班图教育旨在关闭黑人进入精英阶层的通道，减少黑人与白人的竞争以此保护白人的特权地位。[①]

为了配合隔离发展的观念，国民党在20世纪40年代末制定了一系列教育法规，为四个官方承认的种族团体(白人、黑人、有色人和亚洲人)分别建立了单独的教育体系。白人可以获得免费的义务教育和充沛的公共资源。根据"种族"划分为黑人、有色人和印度人制定了不同的法律和法规。到1984年，这些法规形成了一个巨大的官僚怪物：全国教育部(Department of National Education，DNE)。该部门的职责包括管辖所有种族的高等教育；负责所有教育方面的普通政策；制定国家教育政策以及证书和报酬的标准。它不仅负责监管南非白人的正规教育，而且通过六个班图斯坦的教育部门控制黑人教育。[②]

政府修改了黑人小学的教学大纲，专注基础交流和数学技能；强调例如整洁、准时、诚实、尊敬和礼貌等价值；强化"服从、忠于集体、种族和民族多样性、接受社会角色分配、虔诚和认同农村文化"等意识。[③]《班图教育法》的实质就是在不威胁南非劳工贵族，即白人工人的特权地位的前提下，满足工业化和现代化对劳动力的新需求，即"在实际中使黑人儿童成为下属工人"[④]，而把中等水平学历(半熟练工)的黑人人数减少到最低，以满足班图斯坦对教师和管理人员的需求。迈尔特诺(Melteno)认为班图教育"从来没有简单暴力地拒绝给予黑人教育的机会，但更代表了试图颠覆南非黑人的政治和经济的愿望"。[⑤]

自班图教育实施以来，黑人受教育的规模却得到了前所未有的扩大，但

---

① 罗毅：《南非教育的改革与发展》，《西亚非洲》2007年第9期，第18页。

② G. E. F. Urch, *Education in Sub-Saharan Africa*, New York: Garland, 1992.

③ F. Molteno, "The Historical Foundations of the Schooling of Black South Africans", in P. Kallaway, ed., *Apartheid and Education*, Johannesburg: Ravan, 1984, p. 89.

④ Ibid., p. 91.

⑤ Ibid., p. 94.

在南非国民党政府釜底抽薪式的干预之下，教育的质量却急剧下滑。具体的表现有三方面。其一，黑人教育经费不足。1954—1965 年间，黑人在校生数量翻倍，政府给予黑人的教育经费却没有相应增加。[①] 随着教育总投入的急剧攀升，尽管在种族隔离的后 20 年里黑人教育的经费有了大幅增长，但是一直到 1994 年，白人学校的平均支出仍然是城镇黑人学校的 2.5 倍，更不用说与黑人家园里的学校进行比较。[②] 在南非国民党执政的这 40 多年里，充足的教育资源、良好的学术传统令南非白人高校的教育质量和科研水平远近闻名，而且几乎所有符合入学条件的白人都能够享受到高质量的高等教育机会。而非白人的情况就完全不同。在教育经费上不仅数额少，还限定用途，而且不允许跨年积累使用。在学校的软硬件设施和师资配备方面，也与白人高校完全不具有可比性。[③]

其二，黑人教师的发展受到制约。为了阻止接受西式自由主义思想的黑人教师进入校园，政府接管了教会手中的教师教育机构。《班图教育法》赋予了政府雇佣黑人教师的雇主地位，土著事务部拒绝给予教会自主培养的教师上岗机会，禁止教师发表异见。黑人教师比白人教师缺乏学习机会，黑人教师的教学时间平均要比白人教师多 3 倍，同时有计划地大幅度削减教师的薪资，从而明白无误地传递出贬低黑人教师的信息。在这样的条件下，师资流失，教师质量下滑也就不足为奇。

其三，教学语言和内容受限制。政府以传承本民族文化和保持本民族身份为由，要求班图教育体系中 8 年的小学教育完全采用部族语言进行教学，学生进入中学之后，却又突然转换到用英语和阿非利卡语教学的课程各占一半的模式。使用部族语言对于培养民族认同感的作用是毫无疑问的，

① Harrison D., *The White Tribe of Africa: South Africa in Perspective*, Berkeley and Los Angeles: University of California Press, 1982, p. 191.

② Hunter Committee, *Report of the Committee to Review the Organization, Governance and Funding of Schools*, Petoria: Department of Education, 1995, p. 15, quoted from E. B. Fisker and H. F. Ladd, *Equity: Education Reform in Post-apartheid South Africa*, Washington, D. C.: Brookings Institution Press, 2001, pp. 44 - 45.

③ 顾建新、牛长松、王琳璞：《南非高等教育研究》，中国社会科学出版社 2010 年版，第 18 页。

但是在没有对现代课程进行本土化的前提下，长期依赖部族语言进行教学实际上把大部分的黑人儿童阻挡在了现代生活所需要的知识大门之外。而小学毕业的黑人学生一旦升入中学，则又马上要面临着英语和阿非利卡语教学的挑战，这增加了学习难度，降低了学业成功的可能。尤其是南非国民党政府强行普及阿非利卡语（黑人更倾向于学习英语），更是激起了黑人学生的反抗。1976 年的索韦托事件即是由此引发。除了在语言上设置障碍，在教学内容方面，班图教育向学生灌输种族差别以及服从白人的顺民思想，限制黑人学生的知识领域，只开设劳工所需的基本课程，如语言、手工、农艺等而限制高级的数学、科学和技术教育的内容，以便在思想、心理和能力上彻底消除黑人与白人竞争的可能性。①

歧视黑人学生的教育制度造成了黑人学生惊人的辍学率和失学率。几乎 70%的黑人学生念完二年级（加上两年预备班，共 4 年）后不得不退学，只有 5%的学生能进入初中。20 世纪 80 年代中期，高中毕业的非洲学生仅为在校非洲学生总数的 2%。②

时任土著事务部部长（Minister of Native Affairs），后成为南非总理（1958—1966）的维沃尔德（Hendrik Verwoerd）在参议院的讲话中对黑人教育的目的表达得非常清楚：

> 学校必须要让班图人满足南非的经济生活对他们的要求……在欧洲人的社会里，除了充当某种形式的劳工之外没有他们的位置。但在他们自己的社会里，所有大门都是敞开的……直到现在，学校教育体系都还在使他们远离自己的社会，误导他们，让他们看到了不允许他们觊觎的欧洲人社会的青青绿草地……教给班图儿

① 顾建新、牛长松、王琳璞：《南非高等教育研究》，中国社会科学出版社 2010 年版，第 17 页。

② 杨立华等：《正在发生划时代变革的国度——南非政治经济的发展》，中国社会科学出版社 1994 年版，第 48 页。

童他们在实际生活中不会用到的教学有什么意义呢？……[①]

班图教育的实质就是以提高教育的有效性为名而实际中降低黑人教育的质量，用普遍的奴化教育来取代原先少数黑人能够获得的自由教育，彻底封堵了黑人的发展空间，以达到固化种族不平等、巩固种族大隔离的社会结构与统治秩序的目的。[②] 因此南非黑人一直把教育方面受到的歧视，视为一切不平等的主要根源。

（二）种族隔离对黑人妇女教育的影响

1. 基础教育

种族隔离教育给大部分白人女孩和妇女扩大了受教育的机会，但是令人吃惊的是基础阶段接受教育的黑人女童和妇女的机会也不低。1960—1985年间，黑人女孩的中小学入学率大幅上升。

表4-3　小学黑人女生在校人数情况表(1955—1986年)

年份	低年级人数(万)	女孩在低年级所占比例(%)	高年级人数(万)	女孩在高年级所占比例(%)
1955	36.57	50.0	13.06	54.6
1960	53.57	48.9	19.13	53.0
1965	64.71	48.6	24.46	52.6
1970	91.70	48.6	38.31	52.5
1975	115.11	48.7	53.20	52.5
1980	138.66	48.9	64.02	52.2
1985	159.71	48.8	80.72	52.2
1986	161.75	48.8	84.66	52.0

资料来源：Research on Education in South Africa, "Bantu Education as a Reformist Strategy of the South African State", RESA Occasional Paper No. 2, Department of Sociology, University of Essex, Colchester, 1988, p. 8

① Harrison D., *The White Tribe of Africa: South Africa in Perspective*, Berkeley and Los Angeles: University of California Press, 1982, p. 191.

② 王琳璞、毛锡龙、张屹：《南非教育战略研究》，浙江教育出版社2014年版，第15页。

表 4-4　中学黑人女生在校人数情况表(1955—1989 年)

年份	黑人女学生人数(万)	所占比例(%)
1955	0.04	20.0
1960	0.07	27.0
1965	0.10	27.0
1970	0.29	32.0
1975	1.07	39.2
1980	6.41	50.1
1985	14.52	54.5
1986	16.98	54.5
1989	25.00	51.5

数据来源：Rowena Martineau，"Women and Education in South Africa：Factors Influencing Women's Educational Progressand Their Entry into Traditionally Male-Dominated Fields"，*The Journal of Negro Education*，Vol. 66，No. 4，1997，p. 385.

从表格中可以看出，小学阶段黑人女生的人数与男生相差不大。在中学阶段，1975 年前女孩子入学率很低，到了 1980 年上升非常明显。但是如果从 1960 年开始的人口增长方面来看，如从 1980 年的绝对以及相对人口增长来看，仍然有 25%的 5—14 岁的女孩子没能上小学，而 15—19 岁的女孩子中只有 37.8%在上中学。[①] 此外，即使是那些上了学的女孩子中辍学率也非常高。1980 年就读小学初级阶段的黑人女学生中，只有 58.2%于 1985 年继续升入小学高级阶段。1985 年在读的初中低级阶段的女生中，只有 44.6%的女生是来自 10 年前的小学初级阶段的学生；而 1985 年在读的中学高年级女生中，只有 15.8%是 15 年前的最低年段的学生。[②] 全国的黑人女孩直到 1994 年后才获得义务教育。

为了理解学校教育对女孩子的吸引力，我们首先必须研究改革派政府为了鼓励年轻人待在学校所采取的策略。与 1953 年制定《班图教育法》的设计者一样，种族隔离后期的官员认为"黑人应该得到足以让他们接受隔离

① Rowena Martineau，"Women and Education in South Africa：Factors Influencing Women's Educational Progressand Their Entry into Traditionally Male-Dominated Fields"，*The Journal of Negro Education*，Vol. 66，No. 4，1997，p. 70.

② Ibid.，p. 72.

发展的东西，这样一来他们就明白，如果他们反抗的话就会失去太多”。[①] 因此 1978 年班图教育部(Department of Bantu Education)成为教育和培训部(Department of Educaiton and Training)后，其教育预算增加了 3 倍，溢出效应直接对黑人女童的教育产生了有利的影响。

另一方面因为黑人学校和大学的激进反抗状态使当局警觉。尤其是大学生在 1976—1977 年的反抗，使政府开始增加黑人教育支出。同时当局也认为教育一方面能为经济增长培训更多的劳动力，同时也多少能满足黑人的政治需求。在 1986 年经过新一轮的群众抗议浪潮后，这一策略得到进一步提升。政府宣布十年计划给予白人和黑人同等的教育支出，包括黑人教育预算每年增加 4.1%。[②] 但是该计划由于经济问题于 1989 年就流产了。

另外，20 世纪 70 年代末，南非经济危机使失业率上升，年轻男性发现越来越难挣到养家糊口的钱，强烈要求控制年轻女性。[③] 在这种焦虑的环境下，年轻妇女寻求改变：她们不仅积极接受教育而且在黑人家园的城市边缘地区和“白人”的城市里居住和工作，以此养活自己和家人。[④]

2. 高等教育

大学中黑人女生属于少数群体。20 世纪到 70 年代中期，尽管中学高级阶段所有种族的女生入学率能达到一半左右，但是其中只有少数人能升上大学。因此尽管她们在高校中的绝对人数也在增长，但是从绝对项和相对比例上来看，她们都远没有达到平等的地位。

---

① Jimmy Kruger, quoted in Rand Daily Mail, July 4, 1976; cited in Elaine Unterhalter, "Changing Aspects of Reformism in Bantu Education, 1953 - 89", in Unterhalter et al., eds., *Apartheid Education and Popular Struggles*, London: Zed, 1991, p. 64.

② Elaine Unterhalter, "The Impact of Apartheid on Women's Education in South Africa", *Review of African Political Economy*, No. 48, 1990, p. 68.

③ Thokozani Xaba, "Masculinity and Its Malcontents: The Confrontation between 'Struggle Masculity' and 'Post-Struggle Masculinity', 1990 - 1997", in Robert Morrell, ed., *Changing Men in Southern Africa*, Pietermaritzburg: University of Natal Press, 2001, pp. 105 - 124.

④ Mark Hunter, *Love in the Time of AIDS*, Bloomington: University of Indiana Press, 2010, pp. 84 - 102.

表 4-5 南非黑人女大学生人数(1975—1990 年)

年份	女生人数和比例			
	大学		教师培训学院	
	人数	比例(%)	人数	比例(%)
1975	2 002	22.1	无	无
1977	2 902	27.0	10 388	63.0
1981	8 131	40.0	92 132	64.5
1985	19 025	44.0	10 335	55.0
1990	50 323	53.0	22 987	64.2

资料来源：Meghan Healy-Clancy，*A World of Their Own*：*A History of South African Women's Education*，University of Virginia Press，2013，p. 167.

从表格中可以看出，有利的趋势是从 1975 年到 1985 年高校入学率中黑人妇女入学率上升了两倍，从 22.1%上升到 44.0%。其中一个原因是到了 20 世纪把女孩子培养成为家庭主妇是教育的主要目标之一，而接受教育也被期望可以增加女孩子的市场价值(得到更多的聘礼)。只要女子学校的教育没有超出非洲父权不可控制的程度，这些学校就承担起创建殖民秩序的功能——妇女一方面可以推动丈夫追求雇佣劳动的“适度的”生活，另一方面自己也可以成为雇佣劳动中的一员。

但是这个数据也有一定的欺骗性，忽略了很多黑人妇女是以参加远程教育课程注册，并通过函授课程完成学业的情况。根据《高等教育变革绿皮书》[1]的报告，这种入学考试的路径是低效的，特别是在入学水平上，而且毕业率低。在教学中对学生的支持服务不充分，学生没有机会与教授和其他学生互动。而且表格中的入学数据也没有反映出在科学、工程和科技领域中存在的严重的性别不平等。

从 1985 到 1990 年，黑人女生的专业主要集中在教育和护理领域。特别是在教师培训学院中的人数比例相当高。教书很大程度上成了女性的职业。1954 年殖民政府制定了招聘黑人妇女成为小学教师的政策。南非制

① NCHE，*Green Paper on Higher Education Transformaiton*，1996.

定种族隔离政策的政治家维沃尔德博士认为这是“为了节约教师培训和薪水成本，也因为女性在处理小孩方面普遍比男性要好”。[1] 1985年黑人教师中女教师的比例为66.2%，有色人种中女教师比例为62.7%，白人女教师比例为68.6%，只有印度人是例外，只占45.1%。[2] 尽管女教师比例总体很高，但是这个职业在不同种群中的地位不同，对不同种群的意涵也不同。例如对白人而言，教师是一个收入相对较低的职业，这就部分解释了为什么男性较少，而女性在这个领域就业比较高的原因。虽然一直到20世纪80年代中期黑白人教师之间公然巨大的工资差异才被取消，但是对大部分黑人而言，教师却是一个收入相对较高的职业。鉴于大部分黑人学生在小学低年级阶段入学率很高，因此这个阶段的老师人数也比较多，对教师资格的要求也最低。女教师在非洲学校的优势反映了对他们的专业要求普遍偏低。相反在印度人学校的中学入学率较高，大量有学位的教师才能得到相对较高的工资，因此女教师就没有优势，人数自然就少。对所有种族的女教师而言，就业的条件都非常艰苦和苛刻。所有的黑人教师都是大班授课，而且直到20世纪80年代早期之前，黑人女教师一旦结婚就无法获得长久的合同。

不管是白人还是黑人女性，她们在法律、建筑、工程等专业的人数都非常少，当然黑人妇女比白人妇女更少。比起传统大学，南非的技术学院中性别差异更大。1988年在技术学院中只有5%的黑人妇女学习工业课程，而没有任何一个黑人女生学习工程专业。1991年，工程专业中无论哪个种族大部分学生都是男学生：白人男学生占97%，有色人男学生占95%，印度人男学生占97%以及黑人男学生占94%。另外，在建筑、建筑科学和计算机科学专业，男生占66%或更多。相反，文秘类专业压倒性的都是女学生：黑

① *The Plight of Black Women in Apartheid South Africa*, United Nations reports prepared for the 1980 World Conference of the United Nations Decade for Women and on studies issued by the UN Centre against Apartheid, 1981, p. 20.

② South African Labour Statistics, 1986.

人女生占85%，其他族群中女生超过99%。[①] 如果妇女，尤其是黑人妇女仍然集中在教师、文秘、艺术等人文类学科，她们无可避免地会被排除在社会权力结构之外。斯温森（N. Swainson）认为，妇女缺少进入高校的机会以及集中在教师、护理等看护类的职业也是造成她们经济社会中从属地位的原因。[②] 正如费内玛（E. Fennema）认为“没有数学知识和技能，妇女将永远不能获得社会平等”。[③]

黑人女子教育的目的和内容是父权制的社会性别制度决定的。黑人女子附属的社会地位决定了女子教育的目的和内容都是围绕如何成为私人家庭中合格的女性角色展开。它为剥夺妇女的各种权利，尤其是妇女劳动和政治活动的社会性和平等性提供了理念的基础。此外黑人女子教育是殖民专制和等级制度的产物。在整个女性群体处于卑贱地位的时期，黑人女子教育更是反映了殖民专制、政治专制和等级制度对她们的压迫和剥削。

殖民时期由于在政治、财产和其他权利方面对妇女的限制，因此妇女在教育方面，也和在社会生活的其他方面一样，与男子的真正平等是不存在的。而黑人妇女的教育除了性别上的不平等，还与黑人男子一样承受种族上的不平等。

第三节　新南非妇女教育的发展

南非民主转型在法律和政策上为妇女平等地位打下了基础。教育作为

---

① Rowena Martineau, "Women and Education in South Africa: Factors Influencing Women's Educational Progressand Their Entry into Traditionally Male-Dominated Fields", *The Journal of Negro Education*, Vol. 66, No. 4, 1997, p. 388.

② N. Swainson, "Tertiary Education and Training Needs for Post-apartheid South Africa", International Conference on the Educational Needs of the Victims of Apartheid in South Africa, UNESCO House, Paris, 25 - 27, June, 1991, Background Paper, No. 2.

③ E. Fennema, "Girls, Women and Mathematics", in E. Fennema and J. J. Ayer, eds., *Women and Education: Equity or Equality*, Berkeley, CA: McCutchan, 1984, p. 138.

妇女进入公共领域的重要桥梁，首先成为改革的对象。

一、 南非教育变革

教育的变革不可能在一夕之间发生，而是在隔离时期就已经开始发生缓慢的变化。20 世纪 70 年代中期以来，一方面，大隔离的教育制度对经济转型的阻碍作用日益凸显；另一方面，越来越频繁的学生运动、校园抗争以及后来的人民教育运动（People's Education Movement）成了更广泛的反种族主义斗争新的爆发点。20 世纪 60 年代政府大力镇压反抗运动后社会进入一个相对平静期。但是在这“沉默的十年”，孕育了新的抵抗思想。1969 年，黑人学生在反隔离斗士和黑人觉醒运动领导者之一的史蒂夫·比科（Steve Biko）等的领导下，成立了南非学生组织（South African Student's Organization, SASO）。强调黑人自豪感、自力更生和寻求精神解放的黑人觉醒运动（Black Consciousness Movement）席卷了黑人城镇，包括索韦托。1976 年 6 月 16 日，索韦托的黑人学生和教师反对阿非利加语教学，造成了索韦托流血事件。参加游行的男女学生大约有两万人。学生聚集在奥兰多体育场中，以和平的形式进行抗议，许多教师也支持该活动。

示威游行开始后，参与的学生举着“打倒南非荷兰语”“阿扎尼亚万岁”和“如果我们必须使用南非荷兰语，沃斯特必须使用祖鲁语”的标语。[①] 当警察命令游行者解散队伍而遭到拒绝时，在学生聚集地奥兰多体育场发生了冲突。警察放狗和催泪弹，愤怒的学生朝警察扔石头和瓶子。警察开枪打死了 170 多人，打伤 1 000 多人。[②] 当时南非摄影师塞缪尔·恩滋玛（Samuel Nzima）拍摄了一张青年游穆比斯瓦·马库博（Umbiswa Makhubo）痛苦地抱着赫克托·皮特森（Hector Petersen，第一个被打死的学生）的身体和他的妹妹安托瓦内特（Antoinette）一起奔跑的照片，震惊了南非和全世界。

---

①② The June 16 Soweto Youth Uprising, South African History Online, http://www.sahistory.org.za/topic/june-16-soweto-youth-uprising.

索韦托起义标志着南非本质上的低级别内战的开始。黑人居住区被警察严密把控，抵抗者被监禁和折磨，言论和集会的自由被严格限制。[①] 起义很快蔓延到西兰德和约翰内斯堡，并迅速扩展到南非大部分地区，形成全国范围的反对班图教育制度和反迫害、反暴行的青年运动和黑人群众运动。6月16日也成为南非青年节，作为对牺牲的年轻人的纪念。而这也是南非黑人教育转变的开始。

从外部环境来看，在全球化日益深化的时代，南非作为中等收入的发展中国家，急需在人力资源上进行提升。因此不论是从发展经济的角度还是出于维护社会稳定的考量，对黑人教育体系作出改变是白人统治集团越来越难以回避的一个问题。这也是为什么20世纪80年代以来南非政府一边镇压校园里的反种族运动一边又不断加大对黑人教育投入。因此在1983—1995年，南非的教育支出快速增长，在全部可支配财政支出中的占比从19.9%提高到了24.6%[②]，在生均教育经费上，非白人的族群与白人之间的倍差在缩小，但是绝对的差额依然很大。尽管如此，这还是给黑人带来更多的教育机会，在各级各类教育机构中入学人数增长的主体是黑人。另外，20世纪80年代中后期以来，南非国民党政府难以继续维持分种族入学的严格的物理隔离，白人大学以及一部分白人私立中小学开始招收黑人新兴中产阶级的子女，教育开始被分权。1993年3月政府废除种族主义教育法，从1995年1月新学期开始，南非所有适龄的中小学生不分种族、性别、宗教、语言，基本就近入学，在同一个体系内，按同一课程表进行学习。这是南非教育划时代的标志。

（一）政策法规和管理部门的改革

很少有现代民主国家像后种族隔离时期的南非那样制定如此多的政

① Catherine Higgs, "Silence, Disobedience, and African Catholic Sisters in Apartheid South Africa", *African Studies Review*, Vol. 54, No. 2, 2011, p. 2.

② Financial and Fiscal Commission, *Public Expenditure on Basic Social Services in South Africa: An FFC Report for UNICEF and UNDP*, Johannesburg and Cape Town: Financial and Fiscal Commission, 1998, p. 36.

策、法律、法规来管理教育。

1996 年颁布的南非共和国宪法第二章“权利法案”第 29 条规定：人人享有接受基本教育和继续教育的权利；享有选择官方或其他语言接受教育的权利；以及享有自费建立独立的教育机构的权利。[①] 这就从根本上打破了以前白人统治教育的局面，为扫除教育中的种族歧视和性别歧视奠定了法律基础。

自 1994 年后教育体制新增添了一系列的讨论文件、绿皮书、白皮书、新法规和修正法案。大部分文件都是在新南非第一任教育部部长（1994—1999）西布西索·本古教授（Sibusiso Bengu）的领导下产生；第二任部长（1999—2004）卡迪尔·阿思慕教授（Kader Asmal）考虑到早期过多的政策对教育体系的影响，而对政策进行审议，政策制定速度放缓。正是这两个时期制定的政策奠定了后隔离时期南非教育改革评估参照的基础框架。议会通过了多项新教育政策法规，为教育领域的变革与重建奠定了基础，主要包括：《国家教育政策法》（*The National Education Policy Act*，1996）；明确提出反对种族主义、性别歧视和不公平歧视的《南非学校法》（*The South African Schools Act*，1996）；针对高等教育的《高等教育绿皮书》（*Green Paper on Higher Education Transformaiton*，1996）；《教育白皮书 3：高等教育变革计划》（*Education White Paper 3：Programme for the Transformation of Higher Education*，1997）和《高等教育法》（*The High Education Act*，1997）[②]；《继续教育与培训法》（*The Further Education and Training Act*，1998）；《教育工作者就业法》（*The Employment of Educatiors Act*，1998）；《成人基本教育与培训法》（*The Adult Basic Education and Training Act*，2000）。这些政策或法案在接下来几年不时出台修正案。[③] 同时设立国家教育部（Department of Education），统管全国教育规划、实施、监管、评估以及高等教育；撤销种族隔离时期分管不同种族

① *Constitution of The Republic of South Africa*，Chapter 2，Section 29：Education，1996.

② 自 1999 年以来，南非几乎每年都有针对该法案的修正案。

③ 南非基础教育部网站，http://www.education.gov.za/Resources/Legislation/Acts.aspx。

教育的 15 个教育部门。[①]

（二）财务、师资和课程改革

除了制定新的政策法规，南非教育改革还包括教育财务公平、师资队伍合理化、课程改革三个方面。

涉及教育财务公平方面的机制包括一系列的干预介入，最主要的有：真正提高整体教育支出计划，即通过中央预算显著增加教育费用；加大投入贫困省份的资金计划以缩小省际不平等；设置特殊资金项目，例如学校营养方案和交通补贴以增加入学机会；制定豁免立法以减少贫困父母的直接教育成本，例如学费，这项规定也包含在《南非学校法》中；在特殊关注资源目标列表下设置学校扶贫基金；审查降低学校间接成本的替代品（例如校服）。[②] 这就增加了贫困学生，尤其是贫困家庭女学生的入学机会。

在师资队伍合理化方面，新政府上台后不久就出台两项政策——均衡教师薪级和均衡师生比。教师合理化政策是为了把 20%的整体的教育支出从以前得到较多资助的一部分省份转移到相对被忽略的贫困省份。该机制是为了师生比均衡化，即把师生比超出标准的教师转移到教师相对缺乏的学校；不能适应新规定的教师将提供自愿离职。1996 年 4 月，教育部和三个教育劳动关系委员会的教师工会达成总体协议。该协议包括一个新的薪级方案（调整范围最高增加 48%，以及平均工资上升 15.7%）、教师数量调整计划、养老金重组计划以及改善教师医疗福利。[③] 这些方案为提高黑人教学质量奠定了基础。

在课程改革方面，1994 年后教育改革的核心就是制定名为“2005 年课程”的综合课程计划。本质上该课程提倡以学习者为中心的教育形式，而把

---

① Official Yearbook of the Republic of South Africa, *South Africa Yearbook* (*1989 - 1990*), 15th edition, Pretoria, p. 485.

② Jonatha Jansen and Nick Taylor, “Educational Change in South Africa 1994 - 2003: Case Studies in Large-Scale Education Reform”, *Country Studies Education Reform and Management Publication Series*, Vol. Ⅱ, No. 1, 2003, pp. 15 - 16.

③ Ibid., pp. 29 - 31.

教师放在辅助者的位置。它提倡离散学习成果规范而不是含糊不清、漫无目的的教学，而且它规定连续的形成性评价机制而不是一次性的、高风险的测试。新政府以学习者为中心的课程针对的是种族隔离时期课程的设置，该时期的课程被描述为以教师为中心、权力驱动、基于内容、精英化、以考试为基础的欧洲中心主义的教学。执政党的各级管理层和同盟，包括最大的教师工会，也给予课程极大的政治支持。① 课程改革是提高黑人学生教学质量的直接原因。

（三）平等教育运动的推动

新民主南非建立 20 年后，教育者们发现尽管制定了大量的政策法规，与阶级、种族、性别相关的不平等仍然是日常教学生活的一部分。而教育不平等是南非实现平等、尊严和自由的最大障碍。2008 年南非发起了平等教育(Equal Education, EE)运动，以开普敦的卡雅利沙镇(Khayelitsha)为基础，后逐渐扩散到开普敦其他地区以及其他省，是由学习者、父母、教师和社区成员，通过研究、分析和行动，旨在提高南非教育质量和促进公平的运动。在了解现有教育体系的基础上，平等教育运动与社区、学校、校长、教师、学生、妇女、学者、研究者和政府合作，共同解决学校和社区面临的问题，坚信宪法中规定的教育平等权利会帮助穷人和工人阶级实现生活中的平等。

平等教育运动组织过的运动包括“破窗户运动”，即帮助维修学校的破碎的玻璃；“年度迟到运动”，鼓励学生按时到校；“教科书”运动，解决学生缺少书本问题；“学校图书馆”运动，呼吁建设图书馆；为了不让政府关闭学校，发起“保持学校开放运动”“解决历史遗留的不平等”“保护怀孕学生的权利”“发展被遗忘的学校”“学校基础设施的最低规范和标准”等运动。这些运动的开展给相对贫困落后的黑人学生，尤其是女学生带来了极大的

---

① Jonatha Jansen and Nick Taylor, “Educational Change in South Africa 1994 - 2003: Case Studies in Large-Scale Education Reform”, in *Country Studies Education Reform and Management Publication Series*, Vol. Ⅱ, No. 1, 2003, pp. 37 - 38.

改善。

毫无疑问，平等教育已经成为促进南非社会公平的强大推动力。在国家层面上看，其中最重要的胜利就是设立学校基础设施最低标准。①

二、新南非教育中的性别平等

（一）性别平等政策

新南非首任教育部长本古教授于 1996 年 9 月委任成立性别平等工作小组(Gender Equality Task Team，GETT)，该小组的主要目标就是“调查并建议教育部在教育部内建立一个永久的性别平等单位”。

与省级教育部门合作，通过教育部委员会的负责人，性别平等小组就教育系统内有关性别的所有方面提出建议，尤其是：确定在入学、辍学、课程选择、职业发展和表现方面纠正性别失衡的方法；对单一性别学校的教育和社会价值和法律意涵上提出建议；提出指导方针以解决课程、教科书、教学和指导方面的性别歧视；提出平权行动策略以增加职场领导和管理职位中的女性代表，并增加女性领导者的影响力和权威；提出应对和消除整个教育系统内的性别歧视、性骚扰和性暴力的策略；与教学工作组织、学生组织、教育劳动关系委员会、全国妇女组织和其他组织建立密切关系。与其他组织的合作是该单位必不可少的部分。②

性别平等工作小组于 1997 年提交了一份《教育中的性别平等》(*Gender Equity in Education*)报告，为国家教育部提供了一系列有关如何解决性别问题和在教育系统内对其进行评估的建议，以及对教学和结构方式提出具

---

① Steven Lance Robins and Brahm Fleisch，“Working-class High School Learners' Challenge to Change：Insights from the Equal Education Movement in South Africa”，*UNISA*：*Education as Change*，Vol. 20，No. 2，Pretoria，2016，p. 15.

② Naledi Pandor，“The Hidden Face of Gender Inequality in South African Education”，in Linda Chisholm and Jean September，eds.，*Gender Equity in South African Education 1994 - 2004*：*Conference Proceedings*，2005，HSRC Press，p. 20.

体建议以实现学校内的性别平等。[①] 该报告的调查内容包括：早期儿童发展、学校教育、继续教育和培训、成人基础教育和培训、高等教育以及残疾人教育。性别和教育管理也单独有一章的描述。其中最重要的一章是关于校园暴力，性别平等工作小组强调政府应采取法律措施阻止校园内的性别暴力，承担在学生中间培养性别意识的责任。报告最后一章提出国家和省级管理层的性别平等框架。[②]

作为对该报告以及对宪法中确保性别平等规定的回应，教育部于 2003 年制定了有关性别平等的三条原则：第一，支持在教育各项功能中强调性别主流，而不是将性别平等作为其他平等问题的附加部分；第二，培养所有相关责任者的能力以实施性别平等政策和规划；第三，加快行动，大力减少整个教育系统内性别暴力和骚扰的发生率。[③]

为此教育部建立了全国性别协调委员会（National Gender Coordinating Committee），由各省级教育部门的性别联络人（Gender Focal Persons）组成。该委员会监督各省的性别主流化问题，每季度召开一次会议。

政府还成立免费学校，计划让所有人都能接受教育，特别是让穷人孩子有机会上学。2011 年，大约 61%的入学儿童不用支付学费，而 10%的儿童支付的学费仅在 1—100 兰特之间。学校营养计划是另外一项支持穷人儿童上学的政策，大约有 900 万儿童从学校供餐计划中受益，确保学生不用再忍受空腹学习之苦。而南非妇女和儿童是主要的贫困群体，高于一般人群

---

① L. Chisholm, "Gender Equality and Curriculum 2005", presented at the University of London-Institute of Education Seminar, *Beyond Access: Curriculum for Gender Equality and Basic Education in Schools*, 2003.

② AnnMarie Wolpe, Orla Quinlan and Lyn Martinez, Gender Equity In Education: A Report By The Gender Equity Anti-Pass Campaign, South African History Online, http://www.sahistory.org.za/article/anti-pass-campaign.

③ Naledi Pandor, "The Hidden Face of Gender Inequality in South African Education", in Linda Chisholm and Jean September, eds., *Gender Equity in South African Education 1994 - 2004: Conference Proceedings*, 2005, HSRC Press, p. 20.

的贫困水平。[①] 这两项政策的制定和实施，使贫困的妇女儿童直接受益。

自结束种族隔离后教育系统在平等和包容性方面经历了重大变革，以适应当代教育话语。另外，根据入学的统计结果表明南非在实现《千年发展目标》(*Millennium Development Goals*, *MDG*)的性别平等目标方面实施较好，[②]学生性别比例接近 1∶1，基本实现全民教育计划(Education for All)设定的男孩和女孩获得同等入学机会的目标。[③]

（二）具体实施情况

性别政策的制定给新南非教育产生了极大的影响，女童和妇女教育状况得到了改善，而黑人妇女的受益度更高。

以下数据表明 1996—2007 年间南非不同种族的性别教育完成情况。

表 4-6　1996—2007 年南非不同种族不同性别完成教育情况(25—64 岁)

（单位：%）

南非共和国	1996 年			2001 年			2007 年		
	男	女	总数	男	女	总数	男	女	总数
未受教育	16.9	20.3	18.7	15.4	19.0	17.3	7.6	9.6	8.6
接受部分小学教育	18.3	17.8	18.1	18.0	17.0	17.5	16.8	16.1	16.5
小学毕业	17.5	18.2	17.9	6.8	7.1	7.0	6.7	5.9	6.3
接受部分中学教育	20.5	21.2	20.9	29.9	29.7	29.8	36.4	35.5	36.0
完成 12 年级	17.8	15.2	16.4	20.2	18.2	19.2	13.8	14.0	13.9
高等教育	9.0	7.2	8.1	9.6	9.1	9.3	18.7	18.9	18.8
非洲黑人									
未受教育	21.6	25.7	23.8	19.3	23.8	21.7	9.4	12.3	10.9
接受部分小学教育	22.2	20.9	21.5	21.4	19.6	20.4	20.2	19.2	19.7

① Statistics South Africa, *Millennium Development Goals: Country Report 2013: The South Africa I Know, the Home I Understand*, Pretoria: Statistics South Africa, 2013, pp. 22-38.

② M. Walker, "Selecting Capabilities for Gender Equality", in M. Walker and E. Unterhalter, eds., *Amartya Sen's Capability Approach and Social Justice in Education*, New York: Routledge, 2007, pp. 177-195.

③ UNDP, *Millenium Development Goals in South Africa*, United Naitons Development Progarmme, 2010.

续　表

南非共和国	1996 年			2001 年			2007 年		
	男	女	总数	男	女	总数	男	女	总数
小学毕业	19.5	19.6	19.5	7.7	7.6	7.7	7.7	6.4	7.0
接受部分中学教育	19.7	19.4	19.6	29.5	28.6	29.0	38.9	37.2	38.1
完成 12 年级	12.8	10.3	11.5	16.6	14.4	15.4	12.0	11.4	11.7
高等教育	4.2	4.2	4.2	5.4	6.0	5.8	11.9	13.6	12.7
有色人									
未受教育	9.7	9.5	9.6	7.9	7.9	7.9	5.0	5.1	5.1
接受部分小学教育	20.0	20.8	20.4	19.4	19.8	19.6	16.6	17.3	17.0
小学毕业	16.3	21.2	18.8	3.2	5.5	4.4	2.9	3.6	3.3
接受部分中学教育	29.1	26.8	27.9	35.5	36.6	36.0	31.2	42.9	37.6
完成 12 年级	32.3	24.2	28.1	36.8	29.1	32.8	26.5	18.3	22.0
高等教育	14.9	8.9	11.8	17.6	13.4	15.4	33.6	25.4	29.1
亚洲人/印度人									
未受教育	2.7	7.6	5.2	2.6	5.5	4.1	1.7	2.6	2.2
接受部分小学教育	4.8	11.4	8.2	4.4	9.9	7.2	4.1	7.2	5.8
小学毕业	16.3	21.2	18.8	3.2	5.5	4.4	2.9	3.6	3.3
接受部分中学教育	29.1	26.8	27.9	35.5	36.6	36.0	31.2	42.9	37.6
完成 12 年级	32.3	24.2	28.1	36.8	29.1	32.8	26.5	18.3	22.0
高等教育	14.9	8.9	11.8	17.6	13.4	15.4	33.6	25.4	29.1
白人									
未受教育	1.0	1.1	1.1	1.2	1.3	1.3	0.4	0.5	0.4
接受部分小学教育	0.5	0.5	0.5	0.8	1.0	0.9	0.6	0.6	0.6
小学毕业	3.2	3.2	3.2	0.5	0.6	0.6	0.5	0.7	0.6
接受部分中学教育	18.1	26.0	22.1	22.8	25.3	24.1	17.8	19.4	18.6
完成 12 年级	42.7	43.7	43.3	39.4	41.5	10.5	21.0	27.5	24.4
高等教育	34.6	25.5	29.9	35.3	30.2	32.7	59.7	51.5	55.5

资料来源：Kefiloe Masiteng and Yovani A. Moses Lubaale, "Gender Disparities in South Africa", in Clifford O. Odimegwu and John Kekovole, eds., *Social Demography of South Africa: Advances and Emerging Issues*, Routledge, 2016, pp. 295－296. 基于 1996、2001 年人口调查与 2007 年社区调查。

从表格中我们可以看出南非的总体教育得到提高。25—64 岁人群中未接受教育的人数比例从 18.7%下降到 8.6%，1996—2001 年间下降比例不明显，但是 2001—2007 年之间的下降是巨大的。实际上，到 2011 年南非 13 岁儿童接受小学教育的总人数达到 99%。尽管未接受教育的妇女比例比男性稍微要高，但是也从 20.3%下降到 9.6%。同样地，接受部分小学教育的人数在 11 年间也有所下降，意味着更多的人至少完成小学教育。

从性别上看，只接受部分小学教育的妇女人数比男性减少更多，表明不仅有更多的妇女进入学校，而且她们也至少完成小学教育，因此才有机会继续授受中学阶段的教育。不管男女，接受部分中学教育的人数增加了约 15%，而且男女之间无明显差异。同样地，完成中学阶段教育的比例也有所下降，但是，这种下降的同时伴随着高等教育比例的上升。

从该表格也可以看出非洲黑人人口中，接受高等教育的女性（13.6%）高于男性（11.9%），但是另一方面，12.3%的女性没有接受过教育，相比而言，男性只有 9.4%。在有色人种当中，未接受教育的男女比例都是 5.1%。因此对于非洲黑人而言，完成教育情况除了性别上的差异，更多的还有人种上的差异。这个数据表明相对其他除白人之外的人种而言，黑人在教育方面处于不利地位。

印度/亚洲人不一样的地方在于任何教育阶段的比例都比较广泛，而且未受教育的人数比例最低，2007 年男性只有 1.7%，而女性只有 2.6%。只接受部分小学教育的男女比例分别为 4.1%和 7.2%。完成中学和大学教育的男女差异达到了 8.2%，男性比例远高于女性。

白人是所有人种中受教育程度最高的。白人男性相比白人女性而言在教育方面还是更有优势。尽管差距不是特别大，但是白人女性在低阶段的教育水平人数要比男性多。完成中学教育的女性比例为 27.5%，而男性只有 21.0%，这就意味着有更多的男性能继续进入高等教育。

以上表格表明整体上在不同人种中教育水平都得以提高，包括女性在内。同样，高等教育人数也整体上得到提高，但是在不同人种和性别之间的差异还是比较明显。高等教育增长最慢的是黑人男性，1996 年只有 4.2%，2001 年只增加到 5.4%，2007 年上升到 11.9%。黑人女性上升的比例比男性稍微高一点，从 1996 年的 4.2%上升到 2007 年的 13.6%。

全国统一了教育体系，学校取消了种族隔离后，由于住区的限制，绝大多数黑人学生仍只能在黑人区的学校就读，而不同地区的学校在教育设施和师资水平上的巨大差异在短期内难以缩小。因此黑人教育的质量与其他种族相比，仍存在较大的差距。

第四节　新南非妇女教育的困境

尽管南非教育整体上取得较大的成功，性别差异逐步缩小，但是根据西华苏巴马廉（M. Sivasubramaniam）的调查，南非在教育上的性别平等以及公平作为“性别再分配”[①]的目标上仍面临挑战。[②] 上一节的数据显示男女入学率整体提高，但是数据信息并没有告知我们学生成绩中有关阶级、种族或性别的问题，也没有告诉我们男女生在学校里的文化学习或实践以及家校关系的体验。今日南非教育实际上仍然面临很大的性别平等的问题，例如传统性别观念的残留、女童和妇女缺乏对生育权的控制，以及在公共和私人领域对暴力的恐惧等。对妇女的暴力仍然是南非社会的一个严峻问题。过高的强奸率导致意外妊娠、性病传播以及不断上升的艾滋病感染率，而这些因素都对南非妇女，特别是黑人妇女的教育产生负面影响。这一节从性别规范、安全和暴力问题、青少年怀孕以及艾滋病的影响几个方面探究南非妇女，尤其是黑人妇女教育面临的问题。

一、 性别规范的影响

尽管南非实现了法权上的平等，但是在男女平等问题上，我们不能满足于法律条文和社会舆论的片面性。官方给出的政绩报告，成就的确巨大，但

---

① 这里的再分配指的是资源“在男性和女性之间的分配，以处理性别为基础的在男性和女性的投入和能力不对称问题”。

② M. Sivasubramaniam, “Social Capital, Civil Society and Education for All — A Gender Lens”, in S. Fennell and M. Arnot, eds., *Gender Education and Equality in a Global Context: Conceptual Framworks and Policy Perspecvies*, London: Routledge, 2008, pp. 67 - 83.

是平等权利下，社会现实中男女的平等问题由于性别规范（gender norm）对女性行为的禁锢并没有随着社会经济的进步而立即瓦解。这是因为尽管南非社会浸染在“男女平等”的意识形态氛围中，却没有在家庭和日常生活层面上发生过女性主义革命。家庭关系、家庭观念以及家庭中的性别角色尽管随着现代化和全球化进程有所发展，但是相对而言仍然非常传统。

人的性别意识从来不是一张白纸，总是受某个社会的性别规范或角色的影响。南非的性别规范复杂且多样化，性别不平等在经济、社会、家庭和性伴侣等多个层面持续存在。受传统文化长期积淀的影响，南非现代社会仍然沿袭了以前的社会性别规范，即受父权社会的影响，黑人女童和妇女在生活中的地位仍然不高，并处于男性的控制和权威下。高水平的性别暴力和艾滋病毒感染率就是女性失权的悲剧性结果。

女童的自我界定受家庭和学校对她们的角色定位的影响。从孩提时代开始，黑人女童就被逐步灌输帮助母亲在厨房以及其他比如洗衣、照顾幼童等家务活的概念。这些角色定位固化成为限定女性的关键因素，即女孩被社会化为家庭服务员和照顾孩子的保姆。而学校教育又进一步强化性别之间的劳动分工。女学生逐步意识到家庭和学校范围都存在对她们的性别歧视。例如即使女学生在数学或科学等学科表现良好，她们也很少被鼓励去提高这些技能以作为其事业的基础。[①] 性别规范反映了社会的父权本质，又通过教育体系进行渗透，导致男女之间平等差异日益扩大。不幸的是这些歧视性的做法固化为学习者的价值体系，进而对他们的成年生活造成负面影响。

全球化、城市化和流动劳工让人们处于各种不同的新文化的影响下，新旧价值体系共存。而非洲传统的父权文化通过现代化仍然渗透在现代南非的各个层面而让黑人妇女处于屈从地位。非洲文化中男性权力通过媒体、体育以及其他娱乐形式进一步加深。媒体构建的性别角色被普通大众所接

① Deevia Bhana, Thokozani Nzimakwe and Phumzile Nzimakwe, “Gender in the Early years: Boys and Girls in an African Working Class Primary School”, *International Journal of Educational Development*, Vol. 31, 2011, p. 444.

受。它美化了强奸、谋杀以及其他针对妇女的犯罪。这让男性成为文化中最有权力、最具攻击性的人。[①] 另外一方面，媒体在肥皂剧、杂志、小说中构建的女性成了男性娱乐的对象，以及传播女性应该为了男性而形成所谓恰当的行为的观念。而男性的教育在教导男性如何控制和掌权中也传达出同样的信息。[②]

不平等的性别角色导致黑人妇女在生活中被男性掌控，艾滋病、贫穷、性骚扰和性暴力、早婚早育等原因都让妇女无法接受更好的教育。除非改变这些固有的文化模式和性别规范，否则妇女的不平等地位无法得到真正改变。

二、安全和暴力

1996 年性别平等工作小组的报告发现暴力是性别平等的主要障碍。报告指出性别平等在整个教育系统中分布不均，而黑人女学生更容易受现有环境的伤害。因此如果数据成为教育性别平等的唯一评估工具，那就很难在南非教育中发现任何严重的性别不平等。[③]

南非的许多学校环境对儿童，特别是女童并不友好。有些学校地处偏远，女学生往返家校过程就被暴露在危险中。女学生也处于被学校男老师和男同学性骚扰的风险中。《基础教育权利公开听证会报告》中描述："最大的关注点之一是教师利用他们的权威强迫女孩子与他们发生性关系。一个典型的例子是一个迟到的学生为了能进入锁住的学校大门而与某个老师发

---

① L. Cuklanz, *Rape on Prime Time: Television, Masculinity and Sexual Violence*, Philadelphia: University of Pennsylvania Press, 2000.

② V. Magezi, *HIV/AIDS: Poverty and Pastoral Care and Counseling*, Stellenbosch: Sun Press, 2007.

③ E. Unterhalter, "Gender Equality and Education in South Africa: Measurements, Scores and Strategies", in L. Chisholm and J. September, eds., *Gender Equity in South African Education 1994 - 2004: Perspectives from Research, Government and Unions: Conference Proceedings*, Cape Town: HSRC Press, 2005, pp. 77 - 91.

生性关系。另外一个例子是教师用食物与贫穷的女学生交换性行为。”[①]而且学校并没有保护学生，教师只是被警告或被告知不要再这么做。安玛丽·沃尔普(AnnMarie Wolpe)曾引用过一个例子，一个在校女生被四个男生锁在教室里强暴，一开始，校长否认这一事件，并对这个女生进行批评。然而《开普时报》(*Cape Times*，1997年11月)公开了细节，才使事情曝光。安玛丽认为，“1/5的在校女生被她的同学在学校或者在当地某些社区的周末派对上强奸，但是教育者认为对这个问题关注得还太少”。[②]

由于暴力的数据统计主要来自教育者和管理者的报告，所以暴力水平总显得不那么真实可靠。如果教育者本身就是犯罪者，他们几乎不可能进行自我揭露。而且即使犯罪人是他者，由于担心学校被贴上暴力或者管理不当的标签，他们也不愿意举报。正义和预防犯罪中心(Center for Justice and Crime Prevention)2007年的调查发现中小学中15.3%的学生在调查前的12个月内遭受过至少一次暴力事件(性骚扰、性暴力、抢劫或暴力威胁)。这个大致可以推断出南非在校学生中有180万学生在学校时成为暴力的受害者。[③] 数据中显示的暴力中的性别差异比预期的要小，但是中学阶段女生比男生明显更容易成为性暴力的受害者(女生4.8%，而男生相对只有1.4%)。[④]

尽管学校暴力很普遍，但是却没有强有力的全国性的政策来处理学校暴力问题。据性别平等委员会报道，尽管夸祖鲁-纳塔尔地区对性别平等进行特殊教育，但是对学生的态度和行为没有产生实质的影响。暴力影响了基础教育的权利，因为它导致学习者无法集中精神，对学校失去兴趣或辍

---

① The South African Human Rights Commission, *Report of the Public Hearing on the Right to Basic Education*, 2006, p. 22.

② AnnMarie Wolpe, "Reflections on the Gender Equity Task Team", in Linda Chisholm and Jean September, eds., *Gender Equity in South African Education 1994 – 2004: Conference Proceedings*, HSRC Press, 2005, p. 129.

③ Burton Patrick, *Merchants, Skollies and Stones: Experiences of School Violence in South Africa*, Cape Town: Center for Justice and Crime Prevention, Monograph Series, No. 4, April, 2008.

④ South Africa, Human Development Department, *The National Gender Machinery, Gender Mainstreaming and the Fight against Gender Based Violence*, September, 2009, p. 6.

学，而暴力又经常很难被发现。《人权观察报告》证实，在许多情况下，暴力是隐蔽的。[①]

南非政府意识到有必要尽早行动起来防止暴力以及阻止孩子发展出异常的暴力行为。但是2008年初才正式启动的“安全校园计划”(Safe School Programme)也是唯一在实践层面解决校园暴力的项目。

三、青少年怀孕

南非的媒体以及学术界研究都称青少年怀孕是“灾难性的”和“破坏性的”，2011年2月21日南非《时代》报纸甚至把它称为“怀孕海啸”。青少年，特别是在校女生怀孕，不仅是年轻女性的问题，同时也是更广泛的社会问题。尽管法律保护女孩子的教育权利，但是年轻的母亲很难继续她们的学习，这导致14—17岁之间的女童辍学率特别高。

15—18岁年龄的女孩曾经有过分娩的数据证明青少年生育的普遍性。生育年龄过早对母亲和孩子的健康都产生负面影响。

表4-7　南非15—18岁女孩曾经有过活体婴儿出生的比例(1996—2011年)

年份	1996	2001	2011
比例(%)	12.5	11.2	13.7

资料来源：Census 1996, 2001 and 2011, Statistics South Africa.

以上数据表明，在1996年和2011年，每9个15—18岁的女孩子中就至少有一个有过一次活体婴儿出生的情况，而且比例从1996年的12.5%增加到2011年的13.7%，说明情况不断恶化。

到2014年14—19岁女性怀孕比例为5.6%，怀孕率随着年龄的增长而增加。14岁怀孕率0.8%，15岁1.9%，16岁4.2%，17岁4.8%，18岁

① South African Human Rights Commission, *Report of the Public Hearing on the Right to Basic Education*, 2006, p. 22.

9.6%，19岁11.9%。[①]根据南非教育部2007年报告，30%未注册或未入学的15—18岁之间的女孩子中，怀孕是中断她们继续教育的主要原因。

如前所述，青少年怀孕率不断上升的一个原因是性暴力和性侵犯，除此以外，还有很多因素导致影响女童早孕，例如缺乏避孕知识、缺乏自尊、贫困、缺乏父亲的影响、对爱的渴望、家庭暴力、儿童性虐待、不正常的家庭模式、落后的医疗服务以及传统文化崩溃等原因。[②]而最近研究又增加了另外几个因素：没有可靠的避孕措施下频繁的性行为、没有电视机等媒体、出生在大家庭、安全套的消极象征[③]、主流性别规范和观念等。[④]在贫穷地区，特别是在大部分农村省份，青少年怀孕特别普遍。2007年在校女生怀孕人数约有5万名，而在较贫困的夸祖鲁-纳塔尔和林波波河省的比例特别高。[⑤]而这两省是黑人人口居住最密集的区域。瓦尔加(Varga)在夸祖鲁-纳塔尔研究性别角色对性行为和生育健康的影响研究中写到，由于主流性别规范和观念的影响，在关于避孕方面女孩子处于毫无胜算的处境。她们被期望能保护自己不怀孕，但是若她们采取避孕措施又会被认为会危害她们的声誉。[⑥]

四、艾滋病

南非有世界上最大和最引人注目的艾滋病病毒感染群体，2015年估计

① Statistics South Africa, *General Household Survey 2014*, 2015, p. 32.

② C. Macleod, "The 'Causes' of Teenage Pregnancy: Review of South African Research, Part 2", *South African Journal of Psychology*, Vol. 29, 1999, pp. 8 - 16.

③ C. Varga, and L. Makubalo, "Sexual (Non-) Negotiation among Black South African Teenagers", *Agenda*, Vol. 28, 1996, pp. 31 - 38.

④ 参见：A. Harrison, "Hidden Love: Sexual Ideologies and Relationship Ideals among Rural South African Adolescents in the Contexts of HIV/AIDS", *Culture, Health and Sexuality*, Vol. 10, 2008, pp. 175 - 189; C. Varga, "How Gender Roles Influence Sexual and Reproductive Health among South African Adolescents", *Studies in Family Planning*, Vol. 34, 2003, pp. 160 - 172; K. Wood and R. Jewkes, "Violence, Rape and Sexual Coercion: Everyday Love in a South African Township", *Gender and Development*, Vol. 5, 1997, pp. 41 - 46。

⑤ Department of Basic Education, 2010, South African Government.

⑥ C. Varga, "How Gender Roles Influence Sexual and Reproductive Health among South African Adolescents", *Studies in Family Planning*, Vol. 34, 2003, p. 164.

有 700 万人感染艾滋病。同年新感染人群 38 万，而有 18 万人死于艾滋病。[①] 许多儿童由于父母感染艾滋病而成为孤儿。2007 年，南非 49%孤儿来自艾滋病家庭，到 2012 年这个人数达到 230 多万。2012 年的一项调查发现南非妇女得艾滋病的人数是男性的 2 倍。15—24 岁女童和妇女是高危人群，这个群体的感染率在 2008 年达到 27.6%。该年龄段女性新感染率超过同龄男性的 4 倍，而这个年龄群在南非艾滋病新感染率中占 25%。[②]

南非艾滋病感染在年龄、性别、种族、地区和省份的分布并不平衡。以下图表是南非在 2012 年按性别、年龄、种族和地区的 HIV 感染率的一个估计。

表 4-8　2012 年南非艾滋病流行率(按性别、年龄、种族统计)

变量	人数	所占百分比(%)
性别		
男性	12 896	9.9
女性	15 794	14.4
年龄(岁)		
0—14	8 039	2.4
15—24	5 890	7.1
25—49	8 830	25.2
50+	5 986	7.6
15—49	14 720	12.5[③]
种族		
非洲黑人	18 629	15.0
白人	1 733	0.3
有色人	5 625	3.1
印度人/亚洲人	2 626	0.8

资料来源：O. Shisana, T. Rehle, L. C. Simbayi, K. Zuma, S. Jooste, N. Zungu, D. Labadarios, D. Onoya, South African National HIV Prevalence, Incidence and Behaviour Survey, 2012, Human Sciences Research Council (HSRC), 2014, p. 36.

研究结果表明，艾滋病病毒感染率总体上在不同性别、年龄、种族上具有

① UNAIDS, *The Gap Report*, 2016, pp. 220 - 228.

② O. Shisana, T. Rehle, L.C. Simbayi, K. Zuma, S. Jooste, N. Zungu, D. Labadarios and D. Onoya, *South African National HIV Prevalence, Incidence and Behaviour Survey*, 2012, Human Sciences Research Council (HSRC), 2014.

③ 原文中该数据为 18.8，经作者核算，15—49 岁总体占比应为 12.5%。

极大的差异性。总的来说，女性的感染率高于男性，黑人远高于其他人种。有色人种排名第二，印度人、亚洲人和白人患病率低于 1%。同时省份之间的差异也非常明显，其中最高的是相对比较贫困的夸祖鲁-纳塔尔省，艾滋病感染率高达 16.9%，最低的是经济相对较发达的西开普(5.0%)和北开普省(7.4%)。[①]

未经同意的性行为发生率，如强奸和性侵犯，以及没有能力说服对方进行更安全的性交，如家庭内性暴力，导致艾滋病病毒在妇女中迅速传播。同样的问题还来自于传统父权制中对丈夫服从观念，因为在两性关系中使用安全套往往不被接受。很多男性经常质疑艾滋病的预防措施，甚至认为这只是政府控制生育的手段。还有男性不喜欢使用避孕套，认为无避孕套的性行为等同于男性气概，对健康很有必要。而避孕套的使用与不忠、缺乏爱和信任联系在一起。[②] 还有人认为使用避孕套是违背了上帝和祖先的意愿。此外女性容易受男性滥交的影响。2012 年调查中 12.6%的受访者称在过去 12 个月中有多个性伴侣，其中男性比例比女性高出 5 倍。而黑人受访者比起其他种群比例最高。[③] 加剧艾滋病在妇女中传播的另一因素，是妇女在经济和财政上对男子的依赖。贫困让她们依赖男性，因此在性行为中无法对安全的性行为进行协商谈判。

对于年轻黑人女孩而言，同龄人的压迫以及其他来源的性侵犯很难让她们逃避性行为。同时贫困又让她们面临经济压力，转而寻求与较年长的男性发生性交易。[④] 礼物、其他的金融和社会福利，包括潜在的向上层社会

---

① O. Shisana, T. Rehle, L.C. Simbayi, K. Zuma, S. Jooste, N. Zungu and D. Labadarios and D. Onoya, *South African National HIV Prevalence, Incidence and Behaviour Survey*, 2012, Human Sciences Research Council (HSRC), 2014, p. 36.

② Rose Innes, "Socio-cultural aspects of HIV/AIDS", *Health*, Vol. 24, 2006.

③ Ibid., p. 69.

④ 参见：R. Beauclaire and W. Delva, "Is Younger Really Safe? A Qualitative Study of Perceived Risks and Benefits of Age-disparate Relationships among Women in Cape Town, South Africa", *PLOS ONE*, Vol. 8, No. 11, 2013; S. Leclerc-Madlala, "Age-disparate and Intergenerational Sex in Southern Africa: The Dynamics of Hypervulnerability", *AIDS*, Vol. 4, No. 22, 2008, pp. 17－25; *LoveLife*, *Talking Points: A study on HIV, Sexual Risk Behaviour, and Access to Opportunity among Young People in South Africa*, *Johannesburg*, loveLife, 2012; M. Q. Ott, T. Barnighausen, F. Tanser, M. N. Lurie and M. L. Newell, "Age-gaps in Sexual Partnerships: Seeing beyond 'Sugar Daddies'", *AIDS*, Vol. 25, No. 6, 2011, pp. 861－863.

流动的机会，都会影响黑人女孩的性行为提前，刺激女孩寻求年长的性伙伴、性交易或早婚。[①] 艾滋病病毒异常流行加上生物易感性、有限的艾滋病知识和低风险的观念都会加大女孩子得艾滋病的风险。包括电视节目中过多的关于爱情、性和金钱的内容也会影响黑人女孩性行为提前。[②] 另外，女性获得信息和公共卫生服务的机会有限。由于黑人妇女和女孩所处的不平等地位，她们得到预防、治疗和照顾方案的机会也相对不平等。

艾滋病感染者的耻辱感和制度化歧视是阻止艾滋病感染以及提供治疗、护理和支持的主要障碍。[③] 而耻辱感和发病都是导致女童辍学的直接原因之一。

艾滋病对任何国家而言都是一项挑战，而对南非而言这更是一项长期、复杂的艰巨任务。只有国家、社会和个人一起合作才可能完成一场“公共健康革命”，才能让感染艾滋病的男女童走出死亡的阴影。

由于长期遭受殖民主义的统治，南非民族解放后经济基础薄弱，教育上的起点也比较低，在教育发展的整体环境、条件和在此基础上形成的教育发展战略上，具有“后发型”国家的基本特征。种族隔离政策的遗留和社会结构多元化，使南非的教育呈现显著的多样性与复杂性，其中城乡学校的巨大反差是最明显的表征。城市中建有与发达国家各方面条件相似的学校，而农村地区却校舍简陋、设备陈旧、教师缺乏。一些在发达国家已不严重或已基本解决的问题还严重困扰着南非的发展，如女童教育、成人妇女扫盲等。在妇女参与高等教育、接受技术含量的知识准备方面也还有遥远的路要走。

多年来，南非一直在探索和试验各种方法和途径以解决女童和妇女教

---

① UNICEF (United Nations Children's Fund), *Towards an AIDS-free Generation — Children and AIDS: Sixth Stocktaking Report*, New York: UNICEF, 2013.

② Augustine Ankomah, F. Mamman-Daura, G. Omoregie and J. Anyant, "Reasons for Delaying or Engaging in Early Sexual Initiation among Adolescents in Nigeria HIV Prevalence", *Adolescent Health, Medicine and Therapeutis*, Vol. 2, 2011, pp. 75 - 84.

③ UNAIDS (Joint United Nations Programme on HIV/AIDS), 2013 *Regional Report: Getting to Zero: HIV in Eastern and Southern Africa*, Geneva: UNAIDS, 2013.

育的种种困难。从种族隔离到新南非的社会变革，南非的教育实现了质的飞跃。南非政府在制定各种政策、建立各种机构和组织提高性别平等、保护妇女的个人权利、增加妇女受教育的机会等方面实现了大跨步的发展。尽管南非妇女教育取得了可喜的进步，但是由于历史形成的对女性的种种限制和现实的诸多原因，例如性别规范、暴力、青少年怀孕、艾滋病等，男女之间在平等的教育机会和权利方面仍存在较大差距。这需要多方面进行合作，包括政府、学校、社会媒体以及教师、父母和女性个体转变观念才能解决具体问题。

第五章

文化视野中的南非黑人妇女

——以南非女足为例

文化渗透在生活中的各个领域。但是社会主流文化经常把女性搁置在边缘化的状态，女性形象被父权社会文化扭曲和利用。因此在社会生活的诸多领域，文化的运作都是“性别化”的。女性主义者从性别角度与父权文化发生广泛的抗争和辩论，揭示其对两性的压迫与桎梏，剖析造成两性不平等的社会文化根源，试图“纠正”社会文化的性别褊狭，还女性一个应有的位置。而达成两性在文化领域的平等成为女性主义者追求的目标之一。

第一节　公共领域与文化

一、公共领域与文化公民权

哈贝马斯的公共领域，具体到文化领域，就是指在文化层面能够参与公共事务讨论的权利，这本身也是公民权的一种体现。[①] 作为公民公开发表对

① 吴慧勇：《“公共领域”与文化公民权》，《湖北文理学院学报》2013 年第 6 期，第 5 页。

社会和文化的看法，既是一种权利也是一种社会和政治责任感。

文化公民权(culture citizenship)是文化与公民权概念的交叉复合，从社会学的角度看文化公民权包括在文化生活领域中应当享受到的各种权利以及应当承担的各种义务，包括言论自由、表达自由、出版自由以及享有政府提供的公共文化产品与服务的自由等一系列文化权利。[①] 文化公民权首先是文化身份平等，即不同种族、宗教、语言、年龄、性别等不同群体都应该在文化上享受平等待遇，而平等的实现需要通过法律来保障，同时还要在政策上采取保障措施以确保每个公民有享受这些权利的能力。但是，文化领域的另一种表现形态——文化政府，作为一种文化既得利益集团常常剥夺人们的这些文化权利。[②] 这在大多数人还是文盲的情况下尤其明显：在大多数人还是文盲的情况下，人们无法掌握、拥有和行使乃至维护自己的文化权利。[③]

体育一直是人类文化娱乐的一个重要部分。它是一种特殊的人类身体活动，以组织化与制度化的形式存在，并且集中体现了参与群体的人文精神、行为准则、价值观念、风俗习惯等文化特性。[④] 体育文化是一种身体符号，这种符号在交流过程中，可有效地克服语言的屏障，忽视主权的束缚进行其固有的竞争。体育文化间竞争就是为了争取孰优孰劣的排名，拥有更多的文化资本、更高的社会地位，实现体育文化的话语权，建立有利于自身发展的秩序。[⑤] 体育公共领域的生命力在于作为一个具有理性和批判性的公共话语空间，它可以形成对体育公共权力的监督和批判，这是建设体育公民社会的一个保障。

因此，当某个民族或族群的体育权利在经济资本、政治资本等不足的情况下，难以在更广阔的空间实现自己话语权的时候，就不得不借助其他的手

---

① 吴慧勇：《“公共领域”与文化公民权》，《湖北文理学院学报》2013 年第 6 期，第 39 页。

② 胡惠林：《作为公共领域的文化市场》，《探索与争鸣》2014 年第 8 期，第 7 页。

③ 同上，第 35 页。

④ 韩松：《浅析当今中国体育的文化空间》，《体育世界》(学术)2016 年第 6 期，第 25 页。

⑤ 陈青等：《国家意志下的民族体育文化延伸》，《武汉体育学院学报》2016 年第 5 期，第 18 页。

段提高自己的地位。公共领域的公共性、公开性的特征，使得当它与体育文化结合的时候，便成为体育人实现其文化权利、获取话语权的实现系统。

二、 体育与性别

自从 1963 年詹姆斯（C. L. R. James）著名的《超出边界》（*Beyond a Boundary*）[①]出版后，学术界慢慢地普遍接受了体育是学术研究的一个重要领域的观点。妇女参与体育已经有很长的历史。这是一段充斥着隔离和歧视，但是同时也是女运动员取得成就、性别平等得到重大突破以及女性赋权的历史。从妇女发展角度来说，平等参与体育能促进妇女身体和思想上进一步解放和全面发展，并对传统性别观念的改变有着显著影响。

从历史上看，体育和体育运动各个领域各个层面基于性别的歧视阻碍了体育促进性别平等和妇女赋权的积极成果。妇女经常被动地被隔离在某些类型的运动、活动和比赛外，而持续的对于妇女身体能力的怀疑进一步加深女性社会角色的刻板印象。妇女被认为过于虚弱不适合体育，尤其是耐力运动，如马拉松、举重、自行车比赛等。而且过去人们认为体育对妇女健康有害，尤其损害生育健康。这种性别的刻板印象加深了在体育、娱乐和竞技体育、体育组织和体育媒体中的性别歧视。同时女性体育的价值通常被认为比男性低，导致女性获得的体育资源不足，在奖项和工资上也不平等。在媒体上，妇女体育运动不仅被边缘化，也经常以不同的形式反映并加深性别的刻板印象。针对妇女的暴力、剥削和骚扰反映出男性控制体育权力的观念。

20 世纪 70 年代后，妇女体育成为妇女运动的一个关注点。在女性主义运动的影响下，体育女性主义于 20 世纪 70 年代初在北美产生，主要针对体育运动中的男女不平等现象和体育研究中被忽视的性别问题。[②] 莱斯

① Cyril Lionel Robert James, *Beyond a Boundary*, Duke University Press, 1993.

② 潘丽霞：《中国社会体育参与中的妇女与性别差异研究》，博士论文，北京体育大学，2007 年，第 7 页。

利·海伍德（Leslie Heywood）在她的《天生去赢》（*Built to Win*）一书中提出第三次女性主义浪潮认为女运动员是一种机构（因为体育是全球文化机构），是政治和文化变化的产物，是社会性别和理想身体类型观念变化的产物。第三次女权运动浪潮承认女性可以在更宽的范围内任意选择不同的体育模式。[①] 在女性主义运动的影响下，一些联合国政府间以及其他国际和区域的法律条款专门解决一些体育和体育教学中关键的性别平等问题。全球和区域针对妇女、性别平等和体育的政策/规范性框架开始发展起来。这些政策/规范性框架奠定了男性和女性在体育世界平等的基础。

性别平等和体育之间的关系不仅仅是关于实现妇女平等参与体育运动并在体育中获得同等对待的问题，同时也是关于促使体育成为性别平等的工具或利用体育的潜能赋予妇女和女童社会权利的过程。体育为加强妇女和女童的能力提供了一个宝贵的渠道，并能提供重要的社会问题的信息，如健康、艾滋病、针对妇女的暴力和妇女权利等。妇女和女童参与体育运动还可以挑战性别刻板印象，打破对女性根深蒂固的歧视态度和行为。

南非已完成了妇女解放的第一步，即获得政治、法律上的平等，这是历史的重大进步，但对妇女解放来说，仅是万里长城的第一步，只有在包括社会体育参与等在内的文化方面实现平等，才能进一步促进妇女的解放与发展。

第二节　新南非诞生前黑人妇女体育的嬗变

一、南非黑人体育发展历史

（一）新南非前黑人体育

殖民统治之前，南非农耕社会的体育运动以短棍格斗（stick fighting）、

① ［加］帕特里夏·弗廷斯基：《社会性别、体育和21世纪第三浪潮女性主义》，载董进霞、张锐、王东敏主编《女性、文化、体育研究动态》，北京体育大学出版社2007年版，第12页。

举牛、狩猎和跳舞为主,与男性气质、年轻和权威联系在一起。在农村地区"对黑人年轻人而言,短棍格斗是一种体育……在父权制南非社会中发展起来,是一种基于性别和年龄的比赛和娱乐"。① 在欧洲体育和工业化进来后,这些活动一直延续下来,成为黑人用之来形成南非城市和农村地区足球文化发展的资源。19 世纪,随着英国士兵、商人和传教士把足球带入南非,(主要接受教会学校教育的)黑人很快就喜欢上了这项运动。为了显示其社会地位上的区分,欧洲人转而喜欢橄榄球,一种更容易在社会和种族上建立隔离的运动。慢慢地,足球从一种与宗教相关的黑人运动项目变成黑人工人阶级的一项娱乐,从非正式运动到逐步形成机构组织。受教会学校教育的黑人精英掌控了领导层,而球员和球迷主要是年轻的单身男工。在兰德,足球既试图控制黑人劳工,也与矿工试图抵抗资本主义对他们的身体和时间的控制有关。在约翰内斯堡、德班和开普敦,踢球与看球的方式都黑人化,表明了农耕文化在德班生活中的复苏。②

在 20 世纪 20 年代、30 年代南非的体育和政治关系变得越来越紧密。南非的种族隔离不仅反映在政治上,同样也体现在体育活动中。南非占少数的白人政权为自己的利益而操控体育。从南非体育制度化开始,白人从来没有承认传统的如狩猎、射箭、投矛以及各种形式的摔跤和舞蹈等技能是体育运动,除非它们符合欧洲人的标准。

在各项早已黑白分明的社会制度中,政府虽然没有制定禁止运动队伍种族混合的法律,但是政府使用其他的例如《种族区域法》让体育在实际中被隔离。白人占据最好的体育场地而其余的非白人只有在他们不妨碍白人的地方,才能尽自己所能从事体育活动。但由于主要的体育设施多数集中在少数白人居住的区域内,非白人根本没有使用这些运动设施的权利③,而

---

① P. Algi, *Laduma! Soccer, Politics, and Society in South Africa*, Scottsville: University of KwaZulu-Natal Press, 2004, p. 8.

② Peter Alegi, *Laduma! Soccer, Politics and Society in South Africa*, Pietermaritzburg: University of KwaZulu-Natal Press, 2004.

③ 张芳玫、许光麃:《南非种族与奥运会参赛争议之始末》,《身体文化学报》2009 年第 8 期,第 41 页。

体育设施不足，导致体育活动成为少数白人才能享有的特权。南非白人的体育公共开支人均水平是黑人的138倍，是有色人的46倍。黑人的橄榄球设施缺口是91%，游泳是97%—100%，足球是57%。即使是这些数据也无法完全表明白人和黑人的体育设备之间的巨大差异。① 而且南非官方出版的运动刊物也提到，政府的种族隔离政策使南非不平等的运动系统维持不坠。②

从20世纪40年代晚期到90年代早期，南非黑人男女运动员的身份构建受隔离法律下制度化层面的体育组织所控制。种族隔离制度禁止南非代表团队与非白人对抗比赛，这也意味着国外由混合种族队员组成的队伍不能在南非比赛。南非的体育组织被分裂，根据种族被迫重新改革或组建。一些体育协会由于拒绝遵循种族隔离的规定而被政府制裁。例如，1956年国际乒乓球联合会（International Table Tennis Federation）切断与南非白人的乒乓球联盟（South African Table Tennis Union）的关系，而转向不分种族的南非乒乓球协会（South African Table Tennis Board）。种族隔离政府通过没收协会球员的护照进行制裁，导致他们无法参加国际比赛。③ 1959年，不分种族的南非体育协会（South African Sports Association，SASA）成立以确保所有运动员在国际领域内的权利。SASA经过努力仍然无法获得与白人机构合作后，于1962年向国际奥委会呼吁把南非开除出奥运会。尽管1963年1月成立了南非无种族隔离奥委会（South African Non-Racial Olympic Committee），南非反种族隔离运动坚持奥委会驱逐南非，最终国际奥委会禁止南非参加1964年东京奥运会，而这一禁令长达28年之久。1970年南非奥委会也被开除出国际奥委会。在联合国和国际奥委会的压力下，全世界的体育界对南非进行了抵制。面对压力，当时的南非白人政府

① J. A. Distefano, "Book Review: The South African Game: Sport and Racism", *Ufahamu: A Journal of African Studies*, Vol. 13, No. 2-3, 1984, p. 346.

② Howard L. Nixon II and James H. Frey:《运动社会学》(*A Sociology of Sport*)，王宗吉译，洪叶文化事业有限公司2000年版，第369页。

③ Carl Thomen, *Is it Cricket? An Ethical Evaluation of Race Quotas in Sport*, Master dissertation of University of Cape Town, 2008, p. 4.

也曾作出一些妥协。比如 1976 年,政府体育部门同意经过政府审批不同种族的体育团体可以互相进行比赛;1978 年,允许由不同种族组成的体育俱乐部的存在。[①] 但是这对形成统一的民族体育身份几乎没有任何帮助。这种复杂状况的典型特点是形成了三角形的体育结构,分别由政府控制的体育组织、无种族区分的体育运动和仅属于黑人、亚洲人和有色人的黑人体育团体各占一角。另外在三者之间还存在一些隶属于白人组织下的黑人体育协会。

从 20 世纪 40 年代开始,种族隔离政策就为南非体育构建、管理和实践限定了框架。尽管南非体育统一的过程始于 20 世纪 80 年代后期,体育和娱乐部(Department of Sport and Recreation, DSR)的目标和管理还是反映了政府的隔离政策,该状况一直延续到 1994 年第一次民主选举。

(二) 新南非体育变革与发展

1994 年后,情况发生了根本的改变。1994—1995 年南非开始发展新的体育文化。体育在新民主南非的重建和转型中起到了重要的作用。体育被认为在国家的未来政治中起到很重要的作用,正如它在种族隔离时期所扮演的角色一样。[②] 在国家、省和地方层面制定不同的体育和娱乐政策,并建立不同的机构。

1995 年体育和娱乐部起草发行《体育和娱乐白皮书》(*White Paper on Sport and Recreation*)。体育和娱乐部的目标就是与其他体育机构合作,弥补黑人和白人男女运动员之间巨大的机会差异。新的民主化的体育和娱乐部把种族问题放在首位。它采用了激进的方式改革种族不平等问题,但是对体育中的性别不平等问题却采取比较放任的态度。因此,种族和体育在一定时期内成了国家的问题,而性别不平等仍然是有待妇女自己解决的问题。

---

① 郭树理、周青山:《南非体育法律制度初探》,《西亚非洲》2007 年第 7 期,第 50 页。

② D. Booth, *The Race Game: Sport and Politics in South Africa*, London and New York: Routledge, 1998.

1998年，南非国民议会通过了南非历史上重要的两部体育法律：一是《南非体育与娱乐法》(*National Sport and Recration Act*)，并经过三次修订；另一部是《南非体育委员会法》(*South Africa Sport Commission Act*)，该法对引导南非体育向种族平等的方向发展作出了很大贡献。

2003年后，国家层面主要由南非体育与娱乐部(Sport and Recreation South Africa，SRSA)和新组建的南非体育联盟奥林匹克运动委员会(South African Sports Confederation and Olympic Committee，SASCOC)负责全国体育活动。成立全国体育委员会(National Sports Council，NSC)作为南非体育的总机构；南非全国娱乐委员会(South Africa National Recreation Council，SANRC)作为娱乐总机构以及南非国家奥委会(National Olympic Committee of South Africa，NOCSA)。在种族平等的法律制度的保障下，新南非体育以崭新的姿态呈现在世界面前，并逐渐得到国际社会的承认。在1992年的巴塞罗那奥运会上，南非运动员重新出现在奥运赛场。政府要求板球和橄榄球项目的国家代表队及各省球队都要有黑人球员参加，从而带动了其他体育项目、协会与个人向追求种族平等方向发展。[①] 值得一提的是，前总统曼德拉为南非体育重新被国际社会接受、利用体育促进种族间平等作出了巨大贡献。

南非作为英联邦成员之一，它的板球和橄榄球运动非常普及，长期处于世界领先水平。新南非诞生后，更受黑人喜爱的足球运动获得了长足发展，南非国家足球队成为非洲强队，多次打进世界杯决赛。1996年，南非首次参加第20届非洲国家杯足球赛就获得冠军。1998年，南非足球队首次入围足球世界杯决赛圈。2010年，南非在开普敦主办第19届世界杯足球赛，这也是非洲大陆历史上第一次举办这一赛事。

2006年南非体育与娱乐部开始实施体育旅游计划(Sport Tourism Project)，鼓励本国举办具有国际影响力的赛事以吸引外国观众，并与旅游部门合作，使体育旅游成为促进体育发展、拉动经济增长、创造就业的重要

---

① 黄世席：《南非体育介评》，《河北法学》2007年第8期，第179页。

工具。[①] 同时还通过各种计划发展体育、娱乐事业，如年轻冠军计划、接触表现计划、全民参与计划、学校体育计划、有氧健身计划、趣味体育计划、体育调整计划、传统游戏计划、省级体院计划、技能发展计划，等等。[②] 2007 年，仅体育对国民生产总值的贡献超过了 2%。[③]

二、 南非黑人妇女的体育发展

关于南非体育与政治的研究已经不少，但是对女性参与体育的关注还太少。直到 20 世纪 90 年代学者才开始南非妇女体育史的研究，并通过哈格里夫(J. A. Hargreaves)1997 和 2000 年[④]的研究才了解更多有关非白人女性体育积极分子通过成为南非体育委员会(South African Council on Sport，SACOS)的成员身份在反种族隔离运动中的贡献。妇女和体育史既是一个国家的政治史，也是重构和改革性别关系的历史。[⑤]

20 世纪 80 年代恰逢南非社会民主化思想初现端倪以及统一国家不同的体育文化时期，南非妇女和体育的研究有所发展。尽管南非妇女的体育研究还有很多领域有待挖掘，但还是有一批学者对该领域的研究作出很大

---

① Republic of South Africa，*South Africa Yearbook 2006/2007*：*Sport and Recreation*，Department：Government Communication and Information System，p. 524.

② Republic of South Africa，*South Africa Yearbook 2004/2005*：*Sport and Recreation*，pp. 519 - 533；*South Africa Yearbook 2006/2007*：*Sport and Recreation*，Department：Government Communication and Information System，Republic of South Africa，pp. 523 - 534.

③ Republic of South Africa，*South Africa Yearbook 2006/2007*：Sport and Recreation，Department：Government Communication and Information System，Republic of South Africa，p. 523.

④ J. A. Hargreaves，"Women's sport，Development，and Cultural Diversity：The South African Experience"，*Women's Studies International Forum*，Vol. 20，No. 2，1997，pp. 191 - 209；"Race，Politics and Gender：Women's Struggles for Sport in South Africa"，in J. A. Hargreaves，*Heroines of Sport*：*The Politics of Difference and Identity*，London：Routledge，2000.

⑤ D. E. M. Jones，"In Pursuit of Empowerment：Sensei Nellie Kleinsmidt，Race and Gender Challenges in South Africa"，in J. A. Mangan and F. Hong，eds.，"Freeing The Female Body Inspirational Icons"，special issue of *The International Journal of the History of Sport*，Vol. 18，No. 1，2001，pp. 219 - 36.

的贡献。①

南非有组织的体育活动都被打上了阶级、种族和性别的烙印。体育参

---

① A. Odendaal, "Neither 'Cricketers nor Ladies': Towards a History of Women and Cricket in South Africa, 1860 - 2005", paper presented at the Conference for 'Sport History and Sport Studies in Southern Africa', University of Stellenbosch, June 29 - July 3, 2008; C. Burnett, "Whose Game Is It Anyway? Power, Play and Sport", *Agenda*, No. 49, 2001; C. Burnett, "Women, Poverty and Sport: A South African Scenario", *Women in Sport and Physical Activity Journal*, Vol. 11, No. 1, 2002; C. Burnett, "The Rationale for the Multifaceted Development of the Athletestudent in the African Context", *South African Journal for Research in Sport, Physical Education and Recreation*, Vol. 25, No. 2, 2003; J. Hargreaves, *Sporting Females. Critical Issues in the History and Sociology of Women's Sports*, London: Routledge, 1994; J. Hargreaves, "Women's Sport, Development, and Cultural Diversity: The South African Experience", *Women's Studies International Forum*, Vol. 20, 1997, pp. 191 - 209; J. Hargreaves, *Heroines of Sport: The Politics of Difference and Identity*, London: Routledge, 2000; C. Roberts, *Against the Grain: Women and Sport in South Africa*, Cape Town: Township Publishing Co-operative, 1992; C. Roberts, "Black Women, Recreation and Organised Sport", *Agenda*, No. 17, 1993; C. Roberts, *Sport in Chains*, Township Publishing Co-Operative, Cape Town, 1994; C. Roberts, eds., *Sportswoman*, Vlaeberg: Township Publishing Co-operative, Cape Town, 1995; D. E. M. Jones, "In Pursuit of Empowerment: Sensei Nellie Kleinsmidt, Race and Gender Challenges in South Africa", in Hong and Mangan, eds., *Freeing the Female Body: Inspirational Icons*, Frank Cass, London, 2001; D. E. M. Jones, "Women and Sport in South Africa: Shaped by History and Shaping Sporting History", in I. Hartman-Tews and G. Pfister, eds., *Sport and Women: Social Issues in International Perspective*, Routledge, London, 2003; C. F. Pelak, "Negotiating Gender/Race/Class constraints in the New South Africa: A Case Study of Women's Soccer", *International Review for the Sociology of Sport*, 2005, Vol. 40, No. 1, pp. 53 - 70; C. F. Pelak, "Local-Global Processes: Linking Globalization, Democratization, and the Development of Women's Football in South Africa", *Afrika Spektrum*, Vol. 41, No. 3, 2006; C. F. Pelak, "Women's Sport as a Site for Challenging Racial and Gender Inequalities in Post-Apartheid South Africa", in Britton, Fish and Meintjies, eds., *Women's Activism in South Africa: Working Across Divides*, University of KwaZulu Natal Press, 2009; C. F. Pelak, "Women and Gender in South African Soccer: A Brief History", *Soccer and Society*, Vol. 11, No. 1 - 2, 2010; M. Saavedra, "Football Feminine — Development of the African Game: Senegal, Nigeria and South Africa", *Soccer and Society*, Vol. 4, No. 2 - 3, 2003, pp. 225 - 253; M. Saavedra, "Football Feminine-Development of the African Game: Senegal, Nigeria and South Africa", in Hong and Mangan, eds., *Soccer, Women, Sexual Liberation: Kicking Off a New Era*, Frank Cass Publishers, London, 2004; M. Saavedra, "Women, Sport and Development", International Platform on Sport and Development, 2005, http://www.sportanddev.org/newsnviews/search.cfm? uNewsID=63; M. Saavedra, "Dilemmas and Opportunities in Gender and Sport-in-Development", in Levermore and Beacom, eds., *Sport and International Development*, Palgrave Macmillan, London, 2009; M. H. Engh, "Football, Empowerment and Gender Equality: An Exploration of Elite-Level Women's Football in South Africa", *Gender, Sport and Development in Africa, Cross-cultural Perspectives on Patterns of Representations and Marginalization*, Dakar/Senegal: CODESRIA, 2010, pp. 63 - 77; M. H. Engh, "The Battle for Centre Stage: Women's Football in South Africa", *Agenda*, Vol. 24, No. 85, 2010, pp. 11 - 20.

与、体育设施和资源的分配等都被殖民主义和种族隔离所控制。尽管南非人民总体上热爱体育，但是普通群众特别是非白人参与有限，对资源存在高度竞争[①]，而且体育的领导层、管理层和参与都受男性控制[②]。根据伯内特(Burnett, 2002)的调查，只有21%(250万)的南非妇女参与到体育运动，而男性相对达到40%。[③]

（一）种族隔离时期南非的妇女体育

1. 黑人妇女参与体育概况

种族隔离时期南非的妇女体育深受殖民国英国的体育观念影响。在殖民地提高体育和娱乐是英国殖民统治的一种手段，目的是灌输维多利亚时期"绅士风度"的观念。奥登达尔认为，"在橄榄球领域和其他公立学校里有一种观念认为，在把年轻的英国男孩塑造成强健的基督徒和帝国拥护者的过程中，锻炼和体育是关键，注定要引领英国走向帝国和扩张的时代。"[④]从这种观点出发，体育和锻炼被认为能让年轻的英国男孩子变得坚强，学会技能，并促使他们"为国家服务"。而维多利亚时期是不赞成妇女参与体育的，女性参与体育被认为是离经叛道的行为。因此妇女在体育领域被边缘化，通过所谓的"生物医学"话语体系，让运动并不适合生物学上的"弱者"因为它可能会损害他们的生殖能力这样的观点合理化。然而，随着妇女选举权运动的发展，改革者"扭转了这一老论调，并认为锻炼不仅不会妨碍女孩子的教育，相反能提高她们的效率。如果锻炼适当，女孩子就能经受住紧张的

① C. F. Pelak, "Women's Sport as a Site for Challenging Racial and Gender Inequalities in Post-Apartheid South Africa", in Britton, Fish and Meintjies, eds., *Women's Activism in South Africa: Working Across Divides*, University of KwaZulu Natal Press, Scottsville, 2009.

②③ C. Burnett, "Women, Poverty and Sport: A South African Scenario", *Women in Sport and Physical Activity Journal*, Vol. 11, No. 1, 2002, pp. 23 - 47.

④ A. Odendaal, "Neither 'Cricketers nor Ladies': Towards a History of Women and Cricket in South Africa, 1860 - 2005", paper presented at the Conference for "Sport History and Sport Studies in Southern Africa", University of Stellenbosch, June 29 - July 3, 2008, p. 4

学习而不会造成损伤”①。在女性主义者的推动下，体育和锻炼开始对学校里的年轻英国女孩开放；第一批在妇女中流行起来的体育运动包括槌球、羽毛球、网球和高尔夫球等。

这些关于体育和运动价值的观念也成为英国在南非的殖民教育的组成部分。一开始，妇女体育也与在宗主国一样是受限制的。因此南非有组织的妇女体育运动开始得很迟；实际上，在创建妇女体育方面，南非远远落后于其他英国殖民地。南非第一个国家女子体育比赛是1909年举办的“女士”(Ladies)高尔夫球锦标赛。而南非黑人妇女比起白人姐妹参与体育面临更多的问题；因为她们“不仅属于弱势性别，同时又是劣等‘种族’”②。其中“黑色危机”(Black Peril)③的非理性情绪在20世纪初的南非爆发，成为阻止妇女参与体育的一个重要因素，因为“南非大量的黑人男性群体被看作是对殖民者妇女群体的一个威胁……这将作为南非妇女着装的束缚和锻炼禁忌”。④

但是尽管围绕着“绅士”和“贵妇”理念的殖民话语限制南非妇女体育的发展，20世纪早期，南非还是为妇女，主要是白人妇女的体育参与提供条件。例如20世纪南非妇女板球的发展。女板球队员“在已有的南非男性板球边缘运作……参与一系列的活动，保持有效的记录，积极筹集基金(尽管永远不够)，能有效利用男性板球和当地政府的设施和支持”⑤。

尽管受殖民的体育理念、种族和性别因素所支配，但是种族隔离政府并没有完全把妇女隔离在体育之外。体育是南非教育系统的一个关键部分，无论男女学生都被鼓励并要求参加学校体育直到毕业。然而由于制度化的

---

① A. Odendaal, “Neither ‘Cricketers nor Ladies’: Towards a History of Women and Cricket in South Africa, 1860 - 2005”, paper presented at the Conference for “Sport History and Sport Studies in Southern Africa”, University of Stellenbosch, June 29 - July 3, 2008, p. 5.

② Ibid., p. 8.

③ 指的是殖民定居者害怕白人妇女被黑人男性吸引从而跟他们发生性关系。这个可以追溯到阶级和种族歧视。

④ A. Odendaal, “Neither ‘Cricketers nor Ladies’: Towards a History of Women and Cricket in South Africa, 1860 - 2005”, paper presented at the Conference for “Sport History and Sport Studies in Southern Africa”, University of Stellenbosch, June 29 - July 3, 2008, p. 13.

⑤ Ibid., p. 26.

种族主义和性别主义使非白人学校几乎没有体育基础设施，黑人女童和妇女极少有机会参加有组织的体育运动。哈格里夫简单地总结了非白人妇女的体育条件："性别歧视，加上种族歧视，对所有非白人妇女的体育发展造成了巨大的障碍……在非白人地区极少有专门给女性提供的球场和场地，而男性对共享的设施有优先使用权。"[①]总体上在种族隔离时期黑人妇女并不是体育参与的积极主体，而且少数从事体育的黑人妇女也鲜为人知。

2. 南非黑人妇女推进妇女体育发展

尽管在国际体育界对南非进行抵制期间，民众对妇女参与以及对体育作出的贡献知之甚少，但是很明确的一点是，妇女在反种族隔离的体育运动中起到很重要的作用。例如开普敦非白人妇女就在20世纪70年代对南非体育委员会作出极大贡献。她们身兼数职，"在南非体育委员会时代，妇女活跃在体育领域，为自己创建机会、条件和意义。因此现在'所谓的'非白人体育运动之所以能存在，她们付出了极大的复杂的贡献：她们集球员、教练、裁判、管理员、组织者、挑选者和服务者等多重角色为一身。"[②]

该时期一些黑人女运动员很多都是教师身份，成为20世纪七八十年代南非体育委员会反种族隔离最积极的支持者。她们支持南非体育委员会提出的"不正常的社会里没有正常的体育"的原则，拒绝任何隔离政府提供的资金或拒绝加入政府资助的体育俱乐部，尽管这对她们自己的体育事业发展以及他们指导的年轻体育人带来不利影响。她们自筹资金，那些有工作的成员为团队赞助体育用具和餐旅费。她们在练习赛和比赛期间成立幼儿园以便为年轻的母亲运动员的体育运动创建空间。[③] 与白人同伴以及其他加入隔离政府资助的体育组织的黑人女性相比，她们的设施相当简陋，困难也特别多。但是她们的承诺、奉献精神和创造力是当时其他黑人女运动员

① J. A. Hargreaves, "Women's Sport, Development, and Cultural Diversity: The South African Experience", *Women's Studies International Forum*, No. 20, 1997, p. 196.

② J. A. Hargreaves, *Heroines of Sport: The Politics of Difference and Identity*, London and New York: Routledge, p. 20.

③ J. A. Hargreaves, "Race, Politics and Gender: Women's Struggles for Sport in South Africa", in J. A. Hargreaves, *Heroines of sport: The politics of difference and identity*, London: Routledge, 2000.

的激励源泉。她们中许多人参加了 20 世纪 80 年代后期和 90 年代早期体育统一的进程。这些体育激进分子的工作为 20 世纪 90 年代后期其他黑人女运动员获得的体育成就奠定了基础。

除了妇女整体上对体育作出的贡献，这个时期还涌现了一些激励他人的相对著名的女运动员。

内莉·克兰斯米特(Nellie Kleinsmidt，1939—)，当时被隔离政府划分为非白人，就是这样一位黑人女运动员，被称为非洲空手道的祖母。她的职业生涯开始于 1965 年。作为一名黑人妇女，她的生活和空手道职业明显受种族隔离立法的影响。隔离政府根据种族把全国划分为不同的居住区，禁止不同种群的人接触。法律禁止黑人空手道运动员在白人区域训练。由于克兰斯米特所在的种族群体里缺乏设施和合格的指导师，在 1966—1973 年间她几乎没有得到正式的指导。不久她遇到了白人约翰·鲁(Johan Roux)，后者成为她的主教练和终身的伴侣。他们公然反抗种族隔离禁止白人与黑人通婚的立法，于 1978 年组建家庭。他们组织抵抗运动，对政府由于他们不遵守种族隔离政策要关闭他们的道场进行反抗。在她持续的反对体育性别歧视的斗争中，正是空手道让克兰斯米特走上寻求个人赋权之路。尽管面临种族歧视的束缚，克兰斯米特仍然在 1998 年在她将近 60 岁的时候成功获得空手道六段。她一直被认为是第一个进入空手道领域的非洲女性。由于绝大多数男教练认为武术本质上是男性运动的固有观念而加大了女性进入这一领域的难度。不同水平的空手道包括需要有物理上和象征性的道场空间以及参与空手道领域的决策过程。1992 年随着南非空手道的统一，她开始进入裁判领域，在她自己所在省建立了一个妇女空手道论坛。之后她成为南非国家级裁判，并在非洲空手道联盟(Union of African Karate Federation)成为整个非洲大陆级别的裁判。至此她成为南非裁判委员会中的第一位非白人女性，也是非洲唯一获得空手道六段的黑人女性。[①] 她得到了

① D. E. M. Jones，"In Pursuit of Empowerment：Sensei Nellie Kleinsmot，Race and Gender Challenges in South Africa"，*The International Journal of the History of Sport*，Vol. 18，No. 1，2001，pp. 219 - 236.

不分种族和民族的所有女性空手道运动员的尊敬。

德西蕾·艾利斯(Desiree Ellis，1963—)是女足早期的开拓者。她的成就为未来几代的女足球员开辟了疆域。由于种族隔离制度和国际抵制，艾利斯一直没有机会正式代表祖国参赛，直到1993年国家女足Banyana Banyana(祖鲁语意为“女孩”)组织与斯威士兰进行比赛。艾利斯一直为南非女足效力，在国家队服役了将近十年，尽管与国家队其他球员的年龄相比，她处于相对较大的年纪。作为教练、国际足球联合会(Federation Internationate de Football Association，FIFA)和西开普的足球大使和电视评论员，艾利斯成为南非女足的一面旗帜。

谢丽尔·罗伯茨(Cheryl Roberts，1962—)是一名乒乓球女运动员，她在十几岁的时候在一个工人家庭里开始接触体育。但是她更重要的身份是著名的体育积极分子、出版人和作者，强烈批判体育中的种族和性别歧视，积极支持妇女体育。在过去三十几年的时间里，她为性别不平等、性别问题以及南非体育状况作了许多演讲，写作并出版了大量专著和论文。她在南非体育委员会和全国体育委员会的领导下进行反隔离斗争，并参与各个层次的体育，从俱乐部到国家层面，一直到国际领域。“我于20世纪80年代在南非开始写有关体育的问题，当时在体育媒体中还没有女记者。”①罗伯茨回忆她如何迫切想写有关体育，特别是体育领域里的反种族隔离运动，“我人生中最开心的时刻之一就是我第一篇有关体育的文章出现在报纸上。”②她的文章里记录了许多黑人运动员的奋斗和成功的故事。她“不害怕揭露种族主义、种族特权以及南非体育的错误和局限。我这么做是为了更好、更进步的社会”③。

南非体育中不仅存在种族歧视，还有更严重的性别歧视。因此不仅是黑人女运动员如此，还有许多白人女运动员也有类似的被歧视的经历。南非这些不同种族女运动员的经历反映的问题例如有获得必要的资源、机会和能力的可能性，还有种族、阶级、性别差异对体育人的影响以及对今日南

---

①②③ “Cheryl Roberts Championing Women's Sport”, August 25th, 2015, http://gsport.co.za/cheryl-roberts-championing-womens-sport/.

非体育关系的影响等。回顾南非女运动员参与的各种解放斗争，能帮助更好地理解当前南非体育的发展和复杂性，以及更好地理解南非体育中的平等对女性的重要性。

（二）后种族隔离时期南非的妇女体育

新南非体育改革给南非妇女体育的发展带来了契机，在机构、政策、领导层以及高水平体育运动等方面都把性别问题涵盖在内。

1. 机构和政策

南非体育在官方上被认为是国家建设的重要一环。20世纪90年代后南非体育进行重建，但是妇女体育的投入和资源比不上男性，体育发展工作仍然优先考虑男性。正如在反种族隔离斗争中一样，种族被认为是歧视和不平等中的最重要因素，而性别问题是妇女自己的问题。佩拉克（C. F. Pelak）指出另外一个忽略女性体育的原因是"妇女的体育……尚未被广泛商业化，因此被认为不产生盈利"。①

尽管如此，南非的妇女体育在后种族隔离时代还是得到了较大的发展。南非妇女体育运动的全面发展开始于1992年，作为南非当时主要的体育机构，全国体育委员会在1992年建立了一个专门为提高女性体育运动的机构叫妇女服务台（Women's Desk）。1993年在澳大利亚体育委员会（Australian Sports Commission）和英国体育委员会（British Council on Sport）的协助下，南非成立了妇女体育临时委员会，1994年正式更名为妇女体育基金会（Women's Sports Foundation）。随着1994年后体育的重建，基金会失去了自主性，在1995年被全国体育委员会下的一个机构取代，成为它的一个常务委员会。

1996年12月，全国体育委员会与全国体育和娱乐部联合促进成立全国性机构"南非妇女和体育"（Women and Sport South Africa，WASSA）这

① C. F. Pelak, "Local-Global Processes: Linking Globalization, Democratization, and the Development of Women's Football in South Africa", *Afrika Spektrum*, Vol. 41, No. 3, 2006, p. 379.

一全国性的战略。该机制旨在发展一种能让所有的妇女和女童参与各级体育运动和娱乐的能力，以及作为决策者、管理员、教练、技术官员和参与者的能力，让妇女和女童得到平等的机会和支持，开发和实现她们的潜能，让她们享受运动和娱乐带来的好处。

机构的协调主要依赖南非三大组织——全国体育和娱乐部、全国体育委员会和南非国家奥委会，被视为确保南非体育和娱乐成为性别包容，让妇女实现她们潜力的关键所在。锢体育和娱乐部部长史蒂夫·特什韦提(Steve Tshwete)说"南非妇女和体育的建立是一个重要的里程碑。政府尽一切努力解决性别顽疾。妇女和体育是所有利益相关者能在运动场上实现目标的工具"。①

"南非妇女和体育"战略是政府为推进女性体育和休闲发展的一个关键战略，以确保体育领域的性别平等。该计划的全国执行委员会的报告能直接递交给部长，并就妇女体育和娱乐以及性别敏感的政策和规划等问题向他提出建议。委员会的成员包括来自 9 个省的代表和关键的体育机构，如全国体育委员会和全国奥林匹克委员会、残疾人体育以及其他对妇女体育和娱乐发展有重大影响的机构。

在省级层面，例如西开普省的体育和娱乐部制定了省级的妇女和女童的体育和娱乐政策，并于 1997 年 7 月开始实施。1997 年全国体育委员会开始在它的每个附属体育组织中建立专门的妇女体育部门。同年在各省由不同的体育和娱乐部门成立省级"南非妇女和体育"机构。这是一个纯女性机构，从国家咨询委员会的代表中选举成员为各省的"南非妇女和体育"机构委员会服务。这一建立的过程不能忽略以下细节：首先，这一过程与南非社会民主化的进程一致；其次，"南非妇女和体育"是南非第一个专门为了提高妇女和女童的体育而设立的机构；第三，建立"南非妇女和体育"机构的过程并不是一帆风顺，因为黑人和白人妇女在制度和法律上被隔离后必须建

① United Kingdom Sports Council for the International Working Group on Women and Sport, *Women and Sport*: *From Brighton to Windhoek*: *Facing the Challenge*, 1998.

立一个共同基础；第四，“南非妇女和体育”的建立资金部分来自外国投资者，而后者整体参与选举过程，并在南非女子体育运动早期发展中起决定性作用。

2. 妇女和体育领导层

尽管制定政策并成立机构以促进南非妇女体育发展，南非体育仍然是一个以男性为主导的领域。南非国家奥委会执行委员会中的 10 名成员只有 4 名女性。2001 年全国体育委员会选举了 2 名女性和 6 名男性成员，而 9 名省级体育部长中只有 1 名女部长。尽管国家号召体育领域中的性别平等策略，全国体育委员会下属的 140 个体育联盟中只有 65 个建立了妇女机构。[①] 在国家体育联盟的决策层中妇女没有起到重要的作用。体操领域是个例外，领导层中女性占 70%。[②] 但是体操也是一项被社会认为是适合女性运动的项目。

3. 高水平/精英体育运动

文化约束、性别化社会角色以及严重缺乏足够的社会支持和资源基础等的累积效应意味着妇女，尤其是黑人妇女仍面临巨大的障碍。南非在国际比赛中的女性代表比例自 1992 年后没有明显提高。参加巴塞罗那奥运会的南非运动员中，女运动员只占 30%，而其中只有 3 名黑人女运动员，分别是参加击剑项目的伦西亚·内森(Rencia Nasson)、乒乓球项目谢丽尔·罗伯茨和径赛项目马塞尔·温克勒(Marcel Winkler)。2002 年悉尼奥运会只有一名黑人妇女，而她是 29%的参赛女运动员中的一名。[③] 同样国家体育队中的女性代表也不高。尽管 2000 年《平权行动政策》(*Affirmative Action Policy*)中规定“在代表队中(从地区到国家层面)必须始终有 50%的女性代表”，但是在橄榄球、高尔夫或射击队中没有女性代表。国家划船队

① J. A. Hargreaves and D. Jones, “South Africa”, in K. Christensen, A. Guttmann and G. Pfister, eds., *International Encyclopaedia of Women and Sports*, New York: Macmillan Library, 2001.

②③ C. Burnett, “Athena Nike Was Geen Suid-Afrikaanse Godin Nie: Die Mite en Realiteit van Geslagsgelyke Sport”, *S. A. Journal for Research in Sport, Physical Education and Recreation*, Vol. 23, No. 2, 2001, pp. 7 - 22.

中妇女仅占10%，自行车队中占20%，游泳队中占60%。[①]

作为南非体育重建的一部分，"卓越运动"(Operation Excellence)是一项精英体育计划，在南非国家奥委会的支持下开展起来。项目本身并没有给女性或男性特殊对待。一旦有天分的运动员被确认，她/他就有机会进入该项目，就其体育才能接受培训。以黑人女运动员迪凯乐迪·莫拉佩(Dikeledi Moropane，1976—)为例。她是一位来自南非历史上黑人城镇的女运动员。她就读的学校并没有开设许多体育运动，失业后她才把田径当作一项职业。作为国家级的短跑选手，她在2003年全非运动会(All-Africa Games)和2004年非洲锦标赛上都参加了100米跑，在4×100米接力赛中获得银牌。迪凯乐迪得到了南非精英体育发展计划"卓越运动"给才华出众的男女运动员所提供的所有福利，这些福利包括看医生、理疗师、心理学家的所有费用以及免费的运动装备。作为一名黑人女运动员，迪凯乐迪承担了作为一名榜样的额外压力，特别是作为几千名黑人女运动员的榜样，尤其承担了作为一个黑人妇女特殊的文化期望的压力。[②]

当然迪凯乐迪是南非体育民主化后培育的第一代黑人女运动员。她母亲那一代或更早以前的黑人妇女就没有资源或机会发展体育潜能。许多妇女更多参与更广泛的反种族隔离和/或贫困的斗争，对她们来说，参与运动并不是一项特权。这并不意味着在种族隔离时期她们不参与体育。相反，很多妇女，大部分是非白人妇女，利用体育来挑战种族隔离，并通过实现体育潜能作为个人和群体赋权的工具。

目前，解决体育中性别不平等的概念仍然停留在增加女性参与体育的数量上。在20世纪90年代后期，体育和娱乐部和全国体育委员会以及南非娱乐部(Recreation South Africa)一起合作培训体育领导层。然而没有

① C. Burnett, "Athena Nike Was Geen Suid-Afrikaanse Godin Nie: Die Mite en Realiteit van Geslagsgelyke Sport", *S. A. Journal for Research in Sport, Physical Education and Recreation*, Vol. 23, No. 2, 2001, pp. 7 - 22.

② C. Roberts, *South African Sportswoman*, Cape Town: Havana Media, 2001, pp. 1 - 19.

足够的证据证明领导层理解体育性别关系从而引导解决体育政策和实践中的性别问题。性别不平等仍然是一个“妇女问题”，是属于妇女的经历和她们要去改变的问题。

第三节　从南非女足看南非黑人妇女的体育发展历程

足球传统上就是男性的领域，南非女足的发展就是南非黑人妇女体育发展的缩影。

与其他殖民体育项目一样，足球从殖民国英国漂洋过海到南非，成为白人殖民者巩固与“家园”联系的一种方式。① 到 1900 年足球已经成为白人的一种运动方式，但是没有获得精英体育的地位，因为主要是白人、印度人和黑人的工人阶级在踢足球。即使是今日南非足球也被认为是男性的运动：“这是男性体育的旗帜之一……作为维护男性对女性的统治地位（身体、经济和社会）的一种意识形态基础。”②

由于历史上对女性体育的限制，南非妇女参与到“女性风格”的体育，如无挡板篮球（netball）比参加“男式风格”的运动，如足球，更容易被接受。南非足球与世界其他地方一样，被明确地性别化为属于男性的运动。

关于南非女足的发展，甚至包括整个非洲大陆的女足，萨韦德拉（Martha Saavedra）认为阻碍女足发展的最大障碍在于男子足球过于受欢迎。正因为如此，“女子足球才被怀疑、忽略，有时甚至是彻底的被仇视”③。许多俱乐部害怕女足的发展会攫取男足俱乐部和球队的资源，因为他们都

---

① Nauright J., *Sport, Cultures and Identities in South Africa*, London: Leicester University Press, 1997.

② C. F. Pelak, “Negotiating Gender/Race/Class Constraints in the New South Africa: A Case Study of Women's Football”, *International Review for the Sociology of Sport*, Vol. 40, No. 1, 2005, pp. 53 – 70.

③ Martha Saavedra, “Football Feminine—Development of the African Game: Senegal, Nigeria and South Africa”, in F. Hong and J. A. Mangan, eds., *Soccer, Women, Sexual Liberation; Kicking off a New Era*, London, Frank Cass, 2004, pp. 225 – 248.

要与资源不平等和缺乏赞助作斗争。[①] 与种族隔离不同，足球中的性别隔离直到最近才受到集体挑战。

在20世纪后期对欧洲妇女足球的比较研究中发现，“女子进入足球可以被看作是以平等、社会化和法律制度改革为中心的自由主义女性主义话语的政治成果”。[②] 这种结论也适用南非。当然在南非要注意的一点是女足的发展既是自由女性主义，也是种族解放斗争的结果。女足人数的增加有两次高潮。第一次发生在20世纪70年代，主要局限于种族和经济上有特权的妇女；第二次发生在20世纪90年代，机会也扩展到具有适度经济手段的黑人妇女身上。

佩拉克认为南非“妇女参与有组织的足球有四十年的历史”。[③] 南非女足发展大体可以分为三个阶段。20世纪70年代—1990年是女足的发生期；1991—2000年是女足的发展和转型时期；2000年至今是女足的制度化阶段。[④]

20世纪70和80年代男足的发展为女足提供了机会，但机会几乎都给了白人妇女。也有一些黑人妇女在此期间参与运动，但是数量非常少。尽管这时期的女子俱乐部相对较少，但是无论球员、教练和经理都为女足发展作出了巨大的贡献。妇女的种族同源帮助创造了球员间的凝聚力。年度省际联赛把全国最好的球队和球员集中在一起。尽管一直到1987年南非国家队才参加国际比赛，但是自1975年国家队就开始在省际联赛中挑选队员。

随着南非民主化、女性主义运动的发展和女足的全球化，20世纪90年

① M. Keim and W. Qhuma, “Winnie's Ladies Soccer Team: Goals for the Gugulethu Homeside”, *Agenda*, Vol. 31, 1996, pp. 31 - 35.

② S. Scraton, K. Fasting, G. Pfister and A. Bunuel, “‘It's Still a Man's Game? The Experiences of Top-Level European Women Footballers”, *International Review for the Sociology of Sport*, Vol. 34, 1999, p. 99.

③ C. F. Pelak, “Local-Global Processes: Linking Globalization, Democratization, and the Development of Women's Football in South Africa”, *Afrika Spektrum*, Vol. 41, No. 3, p. 375.

④ Cynthia Fabrizio Pelak, “Women and Gender in South African Soccer: a Brief History”, *Soccer & Society*, Vol. 11, No. 1 - 2, 2010, p. 64.

代是女子体育的转型和增长期。黑人城镇不断成立新的俱乐部，黑人妇女以前所未有的增长速度参与体育。随着隔离制度的瓦解和足球在有色人和黑人妇女中的普及，白人妇女逐渐退出该项目，直到2000年中才开始回归。20世纪90年代除了发生组织上的变化，也面临与男子足球的矛盾增加以及持续性的资金缺乏问题。从2000年至今是制度化的阶段。尽管国家级球队的国际比赛机会增多，地方层面的女足俱乐部的发展却相对衰退。一些学者认为女足职业联盟以及学校开设女子足球将帮助地方层面的发展。

一、起始阶段（20世纪70年代—1990年）

南非种族和阶级的深层裂缝意味着不同种族的女性经历不同，无法形成同质群体。[①] 南非妇女进入有组织的足球团队的机会很大程度上取决于个人在社会中的种族和阶级地位，同时女性集体在政治上的赋权挑战了体育领域的种族、性别和阶级结构。20世纪70年代以前有关南非女足的资料非常少；现有的资料也非常分散，除了佩拉克和萨韦德拉以外几乎很少出现其他有关南非女足发展的出版物。20世纪60年代末和70年代早期，南非中产阶级的白人女性最早加入有组织的足球队。[②] 因此可以说妇女个体非正式地参与男性主导的足球运动始于20世纪60年代，也正是从那时起，南非女性集体挑战了该运动的性别界限，并开始组建她们自己的队伍。奥兰多海盗女子足球俱乐部（Orlando Pirates Women's Football Club）和母亲城市女孩（Mother City Girls）是第一批成立于20世纪60年代的女子足球俱乐部。[③] 尽管在20世纪60年代一些黑人妇女也不定期地踢球，但是黑人妇女真正开始有组织地踢球是在20世纪70年代末和80年代初。在该时

---

① A. Dewar, "Would All the Generic Women in Sport Please Stand Up? Challenges Facing Feminist Sport Sociology", *Quest*, Vol. 45, 1993, pp. 211 - 229.

② C. F. Pelak, "Negotiating Gender/Race/Class Constraints in the New South Africa: A Case Study of Women's Football", *International Review for the Sociology of Sport*, Vol. 40, No. 1, 2005, pp. 53 - 70.

③ "Football in South Africa Timeline 1862 - 2012", www. sahistory. org.

期，黑人妇女在种族隔离制度下遭受的严重的资源不平等意味着她们能参与体育运动是一件非常奢侈的事情。而在城市里的中产阶级白人妇女比居住在农村（或城市）的贫穷的黑人、有色人和亚洲人妇女有更多的体育参与机会。随着20世纪90年代种族隔离的瓦解，黑人妇女获得更多进入公共空间的机会后，参与足球的黑人妇女人数才大幅度增加。

白人中产阶级妇女在女足早期发展中占据主导地位表明种族和阶级特权帮助她们进入男性控制的体育。依赖她们的物质资源和社交网，白人中产阶级妇女比其他妇女，甚至有时比许多非白人男性在竞技体育中得到更多的机会。与北美和欧洲的同行一样，在20世纪70年代有欧洲血统的南非女性开始挑战固有的性别角色，在足球领域中创造新的机遇和身份。而大部分南非黑人妇女没有休闲时间也无法获得参与组织性体育的物质资源，特别是像足球这样被认为是属于纯男性的体育项目。而直到20世纪90年代早期，随着种族隔离政权的瓦解以及南非妇女的群众运动不断上升才创建出一个能让黑人妇女在足球场上寻找新的体育机会的环境。

20世纪70年代初，作为国家女子足球的管理机构，南非女子足球协会（South African Women's Football Association，SAWFA）成立。尽管这个组织专门为白人和有色人种成立，但是其隔离政策并不明显。在很长时期内，南非女子足球协会既是一个国家权力机构，也是一个不分种族的组织。考虑到在发展时期妇女在足球的边缘人地位和女足的有限规模，这是唯一的国家级体育管理机构。该组织受白人妇女控制，但是到20世纪70年代后期开始各种族融合。在地方层面也存在一些种族隔离明显的组织。

从南非女子足球协会的历史文献中，例如对各体育赛事的记录，可以看出南非女子足球协会成立时有600名左右的球员。[①] 自1975年开始，南非女子足球协会每年赞助一次省际女子足球比赛。比赛场馆列表、参赛队伍和年度国家冠军足以表明，女子足球作为一种城市现象在开普敦、德班和约

① C. F. Pelak, "Women and Gender in South African Soccer: A Brief History", *Soccer & Society*, Vol. 11, No. 1-2, 2010, p. 65.

翰内斯堡非常受欢迎。在1975—1990年期间，比赛的场馆主要在三个城市轮流。开普敦联盟主办了1975年、1978年、1981年、1985年和1990年的比赛；纳塔尔女子足球协会在德班举办了1976年、1982年和1988年的比赛；而约翰内斯堡是1977年、1980年、1983年、1984年、1986年和1989年的主办城市。1979年和1987年比赛分别在比勒陀利亚和韦尔科姆(Welkom)举行。到20世纪80年代后期，共有9支队伍参加省际女子足球比赛，包括来自东德兰士瓦、南德兰士瓦、西德兰士瓦、(南非开普省)东伦敦四周地区、西部省、西开普、东部省、纳塔尔和北自由省的代表。通过观察1987—1989年间球队照片和比赛项目中的球员名字可以看出白人妇女占球员多数，而黑人妇女每年大约分别占据球队人数的15%、18%和13%。① 尽管有几支是全白人球队，却没有全黑人球队。黑人和有色人女球员分散在各支球队中。

种族隔离制时期女子足球队中的隔离问题并不是很严重，因为该项运动规模太小，并不引人注目。尽管不同种族和民族身份的女球员一起在足球场上奋斗，但是白人还是主导了足球场上的各种关系。在1978年的省际比赛后，开普敦的《通报者》(*Herald*)报纸发表了一篇社论，描述了足球中的种族主义：

“归功于西部省女子足球，最近结束的省际比赛的队伍完全是‘任人唯贤’，即它不是一支全白人的队伍。但遗憾的是她们无种族差别的好意图被参加种族隔离的庆祝活动抵消了。当然，礼貌原则规定，如果围绕比赛活动的一些聚会被取消，她们自己也要被取消资格……我们理解对白人而言很难领会黑人遭受的社会屈辱。但是我们必须相信，在南非必然的转变时期，白人应该努力学会这一点。”②

尽管女子足球内部种族差别很小，但是有必要指出白人妇女作为一个群体仍然不愿意牺牲自己的舒适和特权挑战足球场外的隔离体制。

---

① C. F. Pelak, “Women and Gender in South African Soccer: A Brief History”, *Soccer & Society*, Vol. 11, No. 1 - 2, 2010, pp. 65 - 66.

② “White Selfishness Must Cease”, *Cape Herald*, September 16, 1978, p. 10.

二、成长和转型阶段（1991—2000年）

南非民主化引起了女足的剧烈变革。到20世纪90年代，足球在女性中间的受欢迎程度迅猛增长。1991—2000年参与西部省女子联赛球队数量增长的原因就是90年代足球的兴旺。1991年参赛队伍只有6支，到了2000年增长到22支队伍参赛。这表明十年期间增长了267%。1997年，一项全国体育调查估计南非参与休闲和竞技足球的妇女约有65 000人。然而南非足球协会(South African Football Association, SAFA)管理人员却声称约有20万妇女参与。① 无论如何这也说明了女足人数上的增长以及足球协会对女足的重视。

随着种族隔离被瓦解，黑人妇女不仅大量地加入已有的队伍，还开始组建黑人自己的新队伍。第一个以南非"黑人城镇"为基础的女子足球俱乐部于1993年在开普敦的谷谷来图镇(Guguletu)成立。温妮·胡马(Winnie Qhuma)和她的丈夫杰弗里·胡马(Jeffrey Qhuma)在看到其他城市和国家妇女参加足球比赛的电视报道后，决定成立"温妮女士足球俱乐部"(Winnie Ladies Football Club, Cape Town)。② 他们认为足球俱乐部可以鼓励年轻姑娘在放学后参加有意义的活动。他们的努力遭到了很大的阻碍，包括来自意识形态、经济、制度和女童父母。许多父母不允许他们的女儿踢足球，担心女儿会被嘲笑或成为"假小子"。胡马夫妇花了大量时间去拜访父母让他们相信足球对女孩的有利影响。关于限制黑人妇女参加足球的社会性别角色期待，温妮发现："小镇上的妇女被期望能包揽家里的所有家务。男人很少帮忙，即使妇女白天也要工作。妇女被要求穿着保守，不能穿暴露身体的服装，也不允许穿长裤或不戴帽子……她们不被期望参加任何家庭外的

---

① C. F. Pelak, "Women and Gender in South African Soccer: A Brief History", *Soccer & Society*, Vol. 11, No. 1-2, 2010, p. 67.

② M. Keim and W. Qhuma, "Winnie's Ladies Soccer Team: Goals for the Guguletu Homeside", *Agenda*, Vol. 31, 1996, pp. 81-85.

体育活动。”[①]

通常情况下，阻碍妇女参加男性类型的运动除了意识形态还通常伴随着经济和制度上的壁垒。阻碍温妮俱乐部发展的一个重要的因素就是缺乏交通和设备的充足资金。小镇上缺乏体育场地意味着运动员和团队不得不乘坐交通工具去别的有场地的社区。即使父母允许他们的女儿参与足球，往往交通费用成了女子继续参与这项运动的主要障碍。在组织俱乐部的过程中，胡马夫妇向现有的男子和女子足球组织寻求帮助；然而除了得到他们的鼓励，并没有得到实质性的支持。虽然俱乐部得到当地企业的一些赞助，大部分的赞助还是来自女孩子和她们的家庭。尽管面临着意识形态、父母、制度和物质障碍，温妮的女士足球俱乐部一直繁荣了 15 余年。球员被看作社区的行为模范，被亲切地称为“金色狮子”。由于是黑人城镇里第一支女足球队，俱乐部被当作黑人女足的“母队”，其他俱乐部或者那些想创建女足俱乐部的人经常向他们咨询有关训练、管理、指导等问题。

该时期女足的发展状况与国家社会政治等的变化息息相关，呈现出以下特点。

第一，球队人员结构的种族变化。新民主国家的建立表明，种族主义和性别歧视的结构和做法已经得不到国家的官方支持。新的自由观念鼓励黑人女孩去挑战当地社区中男性主导的体育。20 世纪 90 年代南非女性主义话语的形成同时也给女子足球扫除了大量的障碍。随着越来越多的非洲黑人和有色人妇女加入队伍，联赛也更频繁地在黑人城镇举行，而大部分白人妇女很少会去这些区域。这也是黑人妇女进入该项运动，而白人妇女开始离开，或者说是“消失”的时期。20 世纪 90 年代中期左右，白人妇女离开足球队开始踢室内足球，她们有充足的设施和资金。尽管足球从业者种族多样化，但是形成了室内足球由白人妇女主导而室外足球主要是黑人妇女的天下的二分格局。参与年度省际比赛的球队以及国家队运动员的组成体现

① M. Keim and W. Qhuma, “Winnie’s Ladies Soccer Team: Goals for the Guguletu Homeside”, *Agenda*, Vol. 31, 1996, pp. 84 - 85.

了人员结构的种族变化。1990 年、1992 年和 1994 年的比赛项目显示参加比赛的黑人女球员比例分别为 21%、41%和 39%。这种趋势一直持续到 90 年代末，期间几乎很少有白人妇女参加联赛，尽管有些队伍主要由白人妇女组成。1997 年的一项调查估计参加足球的妇女/女童中，87%都是黑人，5.9%为白人，4.8%的有色人和 2.5%的印度人(或亚洲人)。把这些数据与 1999 年人口普查的数据进行比较，可以看出黑人妇女比例偏高，白人和有色人种比例偏低，印度人比例适中。① 到 1998 年南非国家队中已经没有白人妇女。

许多研究者认为白人女性的减少并不是一个大问题：首先，白人妇女在人口中并不占多数；其次，白人妇女的物质优势表明只要她们愿意就可以继续加入球队。白人球员和管理者也接受黑人妇女在足球中占主导地位的状态，因为他们认为黑人具有“天生”的足球能力。关于足球是“黑人运动”的这一观念刚好与谁“拥有”足球的主流观点一致，同时也表明种族隔离的拆除并不意味着种族观念的自然解构。种族仍然是新南非的一个突出问题，而女性竞技体育是一个谈判种族分类和意义的重要领域。女足中人员结构的变化以及足球在黑人妇女中越来越受欢迎导致出现了关于体育黑人化的新问题，这也是一个值得深思的问题。

第二，女子足球全球化趋势给南非女足带来发展契机。女子足球成为全球范围内增长最快的妇女运动的同时，也正是南非妇女在足球领域享有更多机会的时期。② 全球各地的职业足球联赛提供新的机遇，绕过国家管理机构开始赞助区域和世界联赛。1991 年，尼日利亚代表非洲大陆参加国际足球联合会赞助的第一届女足世界杯比赛。非洲足球协会(Confederation of African Football, CAF)很不情愿地开始赞助举办非洲女子联赛，作为世界杯的预选赛。③ 5 年后的 1996 年女足成为奥运会的正式比赛项目，随后

---

① Statistics South Africa, “Primary Tables, Western Province”, *The People of South Africa: Population Census, 1996*, Johannesburg: Statistics South Africa, 1999.

② J. A. Williams, *Beautiful Game: International Perspectives on Women's Football*, New York: Berg Publishers, 2008.

③ S. Egunjobi, “Now Women Get Chance of Glory: Nations Cup Opens Window of Opportunity for African Stars”, *Sunday Times*, Johannesburg, November 12, 2000.

地区性的预选赛也落实到位。

对这些国际比赛的电视报道直接影响了足球在南非妇女当中的受欢迎程度，正如它在世界其他国家中所起的作用一样。根据南非足球管理者的说法，每一场电视播放后，对足球比赛表现出兴趣的妇女和女童的数量就会大幅上升。1994 年在南非和尼日利亚之间的世界杯预选赛的电视播报就像是一个巨大的体育招聘广告。

在国际体育抵制结束后，南非重新进入国际足球领域。南非女足参加的第一场“官方”国际足球赛是在 1993 年约翰内斯堡的米尔帕克体育场（Milpark）与斯威士兰的比赛。女足国家队 Banyana Banyana 对来自全国各地被选拔出来的女球员进行强化训练。[①] 南非球队以 14∶0 打败斯威士兰，到目前为止这是南非国家队在国际比赛中进球最多的一次比赛。南非失去了 1991 年第一届非洲足球协会女足联赛的冠军，但是获得了 1995 年和 2000 年的亚军。2000 年非洲足球协会非洲女子足球锦标赛在南非约翰内斯堡附近的万斯鲁伦斯（Vosloorus）体育馆举行，尽管南非和尼日利亚之间的总决赛由于群体暴力事件在比赛最后还剩下 28 分钟的时候取消了，比赛判胜利方属于尼日利亚（2∶0），但是比赛的举办以及骚乱的发生都足以证明南非女足的地位。最终，随着女子足球在全球范围内的兴起，跨国公司抓住这个机会扩大市场。到 90 年代末，像锐步、耐克等公司都意识到南非女子足球的潜力，开始适度赞助女足。

第三，足球管理组织之间的冲突和变化。在 20 世纪 90 年代初，南非足球协会成立，女子足球尽管仍然独立，但是与男性主导的协会联合。直到 1994 年尽管还是有很多男性以教练、经理和裁判等身份参与女足运动，女足从男性控制的管理机构中脱离出来进行自主管理。正如可预料的那样，随着越来越多的女性出现在当地足球场，男性和女性之间的权力斗争在高

① 23 名球员组成的队伍包括 M. Weinstein，G. Maple，A. Childs（队长），R. Theron，R. Medell，S. Khumalo，R. Kgaratsi，A. Monate，F. Sithole，B. King，R. Fick，D. Ellis，S. Lombard，P. Keith，C. Keenan，L. Solomons，E. Klein，G. Hlalele，G. Peters，A. Samuels，R. King，K. Zitha 和 M. Giles。

度性别化的体育空间里更加凸显。一些男性以暴力行动捍卫他们对体育的控制。在女子足球日益普及以及资金大量涌入的情况下，在约翰内斯堡地区爆发了一系列激烈的矛盾。① 几个女队的男老板/经理被指控性骚扰和资金管理不善。② 问题持续了好几年而南非足球协会一直忽视书面的介入请求，直至体育部长和国家政府开始介入。1993 年南非总统办公室成立了一个司法委员会，由法官皮卡德(B. de V. Pickard)领头调查南非足球协会内部的性别冲突以及其他问题。③ 一位全国女子足球队管理者的陈述描述了约翰内斯堡地区当地男女足球队的冲突：

> 体育增长很快。1994 年我们开始与男性产生许多矛盾。他们看到了女子体育的发展，所以想要控制它。1994、1995 和 1996 这几年我们面临巨大的压力。这对我们都是一段折磨时期。许多女队员受到这些男人的威胁，她们的孩子被羞辱。这导致各种混乱以及警察的介入。而不幸的是，试图接管女足的这些人与协会(SAFA)有关系，因此协会支持他们而不是妇女。负责人并没有认真对待我们。我们不得不求助体育部长。这是足球领域的男女背负的重任(连同其他问题)，几乎花了三年时间才结束。它导致女足被夺权，导致协会解除女足的独立实体资格，把它纳入了男人的机构。④

皮卡德委员会发现男性控制的南非足球协会对待女队的问题特别拖拉

---

① L. Mazibuko, "Confusion as Too Many Women Take to the Field", *Sunday Times*, Johannesburg, September 4, 1994, p. 24.

② L. Rulashe, "Sex Claim: 'We are Innocent': Soccer Officials Out in the Open", *City Press*, Johannesburg, March 30, 1997, p. 7.

③ L. Alfred, "Fran Believes the Sisters should be Doing It For Themselves", *The Sunday Independent*, Johannesburg, October 5, 1997, p. 24.

④ Interview with SAFA administrator, Johannesburg, July 24, 2000, in Pelak C. F., "Women and Gender in South African Soccer: A Brief History", *Soccer & Society*, Vol. 11, No. 1-2, 2010, p. 71.

和忽视。[①] 皮卡德法官建议南非足球协会给女足增加资源，并建立机构发展女足比赛。1997 年和 1999 年分别召开女子足球会议作为努力解决争端的一部分。在 1999 年的会议上决定改变女足和南非足球协会之间的组织关系。具体而言，女子足球成为南非足球协会的分委会而不是简单的附属组织。作为分委会，男性领导的总的管理机构完全控制并承担女足财政。

与世界上其他国家的女足队伍一样，从早期开始男性就一直是南非女足必不可少的部分。鉴于女性对足球接触不多、经验有限等不足，女足俱乐部往往借助男性的专业知识和技能。男性担心失去对足球的行政控制而对女足的存在充满敌意，一些男性忽视女性对性别歧视的抱怨。尽管女足组织也注意到这些问题，但是通常没有试图或者没有能力排除男性的参与。反之，由于缺乏女性领导层或者女性领导被边缘化，组织反而主要关注男人的参与度。女性球员面临的来自男性的挑衅表明女足的发展对性别地位现状以及男人对体育控制的集体权利意识构成了重大挑战。

2000 年，南非足球协会全面控制了女足。尽管一些运动员和管理者反对这一变化，但是大部分人支持这一行动，因为这可以增加女足各方面的资源。在西部省，组织上的变化导致的直接效应之一就是聘请了女足的第一个全职管理员。然而尽管逐步接受女足的存在，女子和男子的项目之间还是存在巨大差异。虽然大多数南非足球协会的领导在口头上支持增加妇女的领导能力，但是打破足球领域男性主导地位的进程还尚未被接受和制度化。女足团体已经充分体验到把性别平等纳入政策和实践中的难度，这与南非其他的社会和政治部门中的问题是一样的。

然而民主化变革和女足的全球化还是给南非妇女，特别是黑人妇女提供了新的资源，包括提供一个新的国家性别平等话语平台、跨国资本的增加、更大的国际管理机构的支持等，给女足提供更多机会，并冲击把女性当作足球运动的局外人的信念和实践。

---

① Pickard Commission Report, *Pickard Commission of Enquiry*, December, 2011.

三、制度化阶段（2000年至今）

在许多人看来，南非女足比赛在2000年达到了巅峰，因为国家队Banyana Banyana以及大量的地方队的实力大增，南非举办的国际比赛上群众的能力提高，而且赞助商的经济支持逐步上升。

自2000年开始南非足球协会和非洲足球协会的女足比赛更加制度化。2001年南非成立了首个青少年女队参加非洲足球协会首届青年锦标赛U-19非洲女足锦标赛。21世纪初南非部署U-17和U-20[①]球队参加由非洲足球协会和国际足球联合会赞助的国际赛事。2003年全非运动会[②]第一次把女足包含在内。此外，南部非洲足球协会联合会（Confederation of Southern African Football Associations，COSAFA）自2002年开始赞助女足锦标赛。有一段时间甚至有言论和承诺要在南非成立一个职业女子联盟，但是没有兑现。

南非已经无数次接近但从未进入过国际足联女足世界杯比赛。南非不断被非洲女足大国尼日利亚打败。2008年尼日利亚第一次没有把非洲女足锦标赛的冠军奖杯带回家。南非是2000年和2008年非洲足球协会女子锦标赛的亚军，分别输给了尼日利亚和赤道几内亚。2003年和2007年的全非运动会上，南非也是输给尼日利亚而屈居第二。然而南非女足在南部非洲国家还是遥遥领先，赢得了2002年和2006年的南部非洲足球联合会女足锦标赛。

尽管2000年后南非女足在国家和国际层面快速增长，但是在地方层面却有所衰退。与世界上许多国家一样，南非女足缺乏足够的资金支持是长期以来面临的一个问题。有时国家管理机构南非足球协会甚至成为女足获得资金的障碍。参与国家层面的受访者报告说，南非足球协会的管理层在

① U-17/19/20指的是青少年的年龄。

② 这是1965年以来非洲举行的形式多样的泛非运动会。

引导赞助商支持女足方面的步调非常缓慢，而女足的赞助常常受到现有的主要赞助男足的金融合同的制约。南非女足最受欢迎的球员之一和女足前队长德西蕾·艾利斯发现“俱乐部数量急剧下降。许多球员一起停止踢球，或转向其他体育项目。足球质量和球员的敬业精神也下降。球员寻找新的工作，而大部分球员停止踢球是因为踢足球不足以养家糊口”。[①] 艾利斯强烈倡议成立全国职业化女足联盟，认为这样可以提高足球质量，增加球队数量并鼓励更多的妇女加入俱乐部。2008 年 8 月召开的一个规划研讨会讨论用制度性的机制提高和发展南非女子足球，包括在学校里开展女子足球、组建女子俱乐部、成立专门解决女足问题的办公室等。女足发展另一个好的迹象是白人妇女开始回归。[②]

尽管面临许多障碍，包括性别化家务劳动的限制、意识形态的阻碍以及缺乏物质支持等，南非黑人妇女在过去四十几年来在足球运动中积极创造机会以及建立新的身份。她们不顾社会的重重阻挠，为享受竞技性足球潜在的利益开辟了道路。

南非传统的社会文化建构了一套男权性别权力的观念框架，并在殖民统治时期受殖民国的影响得到进一步巩固和强化。男性优先享有甚至独占或垄断某些体育项目，拥有绝对的话语权，揭示了男强女弱、男尊女卑的性别权力关系。南非黑人妇女在体育界除了受到身为黑人的种族歧视，还要忍受作为女性的性别歧视。由于社会经济、安全、物质、基础设施和技术、社会文化、缺少女性行为榜样等障碍，南非黑人妇女体育，特别是有组织的体育发展缓慢。

黑人妇女在反种族隔离的体育运动中起到很重要的作用。这些体育激进分子的活动为 20 世纪 90 年代后期其他黑人女运动员获得的体育成就奠定了基础。随着南非隔离制度的瓦解以及社会经济的发展，更多的黑人女

① “Women's Soccer in the Sport Light”, gsport Features Desk, http://www.gsport.co.za/index.php?option=com_content&task=view&id=2366.

② Ibid.

性在社会领域里发挥作用,女性的家庭地位和社会声望明显改善。社会角色的变迁推动着女性体育观念和参与模式的变革,女性的体育文化权利也因此得以实现。后种族隔离时期,黑人妇女无论是在体育机构、政策和组织上都有突破性发展,与此同时,越来越多的女性积极参与体育的发展和管理。足球作为传统的男性运动,南非女足的发展就是南非妇女体育发展的缩影。南非黑人妇女挑战男性对资源的占有和控制权、挑战社会角色行为和社会性别的权力关系,使女足成为南非最受欢迎的运动之一。

体育娱乐是文化中重要的部分。文化权利的平等是两性实质性平等的重要反映。体育一方面给予南非黑人妇女参与集体活动、培养领导能力的机会,另一方面南非黑人妇女在体育方面取得的成就,逐步改变南非社会传统的性别行为观念和性别刻板印象,让南非黑人妇女打破传统的公私二分领域,更多地从家庭私领域走向社会公共领域。新南非在体育领域的性别平等还有很长的路要走,但是它在性别平等构建的经历和历史经验值得发展中国家学习和借鉴。

结论

从种族隔离体系的建立到1994年第一次民主选举，南非从一个少数白人统治的国家走向民主，其过程可谓跌宕起伏。然而我们了解的南非近现代历史，是一部男性主导的斗争史，呈现的主要是男人之间（包括白人和非白人、白人之间以及非白人之间）的权力争夺战。

从种族隔离到民主转型，南非的政治和社会发生了剧烈的变化，每一个南非人都逃不开变化带来的影响。尽管南非妇女在历史上整体地被边缘化，但是南非黑人妇女，既是黑人又是女性的双重身份，遭受了殖民、种族和性别的多重压迫，处于社会金字塔的底层。南非黑人妇女的历史经历，是撒哈拉以南非洲妇女的历史缩影。南非漫长而严酷的种族隔离和民主化历史以及黑人妇女成功推动南非性别平等的历程是世界历史上比较特殊的范式，所以研究南非黑人妇女的历史对妇女史和历史学研究都有特殊的意义。

公私领域的二分法使妇女被定位在家庭领域，而男性占领了公共领域，从而导致女性被长期排除在公共领域，尤其是公共权力之外。但是有关性别政策、性别法律、性别制度却都是在公共领域形成，女性在公共权力中的话语缺失势必使女性平等权利的诉求被边缘化。

尽管妇女在公共领域的活动受到各种限制，妇女在历史上还是成功地创建自己的组织开创女性事业。被定义为“那些社会政治运动，主要但不完全是女性参与的,在被历史归类为女性角色的基础上提出了文化和政治体系中的性别诉求”[①]的妇女运动,不断挑战公私领域划分的界限。通过把例如生儿育女职责的压迫、生育自由的限制和强奸等“私人领域”的不平等问题提到公共领域进行商谈,妇女运动重新界定了公共领域范畴。至少,公共话语权的内容通过这些问题的诉求而被重构。而在一些女性主义者看来,政治的本质也被这些新的政治问题所改变。[②] 因此女性必须采取各种措施参与社会制度、教育、法律、文化环境等方面的建构,来加强在公共领域的话语权和自我决定权。妇女在公共领域的地位,特别是在法律、政治和文化方面的地位,是衡量一个国家、民族和社会文明程度的重要标志之一。

南非的妇女组织有悠久的历史,但是并非一直在国家中扮演重要角色。[③] 它们被边缘化部分是因为在意识形态上以及现实生活中被排斥。另外妇女组织还有一个普遍的弱点:组织的分散性,即在面临种族、阶级和民族身份的交叉之地不存在统一的、普遍意义上的女性利益,以及在体制化的男性歧视的性别基础上存在的复杂的个人歧视和压迫关系。但是这个弱点在 20 世纪 90 年代被克服了,主要有两个因素:性别的政治意识的发展[④]和政治机会对妇女组织的排斥本质[⑤],尤其是转型时期国家和占主导的解放运动与妇女组织的矛盾关系。这两个因素在 20 世纪 80—90 年代的妇女运动时期逐步形成的更广泛的对社会政治和经济转型需求的基础上影响了妇女组织对统一性别身份的诉求定位。南非妇女在 90 年代形成的政治诉求可以追溯到三个互相关联和重叠的发展因素:妇女在非国大占据的空间的变化、80 年代南非民主统一战线的建立以及转型时期带来的新的政治机遇,

---

① S. E. Alvarez, *Engendering Democracy in Brazil*: *Women's Movements in Transition Politics*, Princeton, N. J., Princeton University Press, 1990, p. 23.

② S. Ruddick, *Maternal Thinking*, London: The Women's Press, 1998.

③ C. Walker, ed., *Women and Gender in South Africa to 1945*, Cape Town: David Philip, 1990; J. Wells, *We Now Demand*: *The History of Women's Resistance to Pass Laws in South Africa*, Johannesburg: Witwatersrand University Press, 1993.

④ J. L. Cohen and A. Arato, *Civil Society and Political Theory*, Cambridge: MIT Press, 1992.

⑤ S. Tarrow, *Power in Movement*: *Social Movements*, *Collective Action and Politics*, Cambridge: Cambridge University Press, 1994.

同时伴随着性别的政治意识的发展成熟。而意识或身份发展是社会运动涌现的关键。

南非黑人妇女组织作为南非妇女组织中的重要部分，在公共领域中的活动并非悄无声息。她们无论是在种族隔离时期还是在社会转型期，以及在民主南非时期，都积极参与和影响着法律、政治、教育、文化等公共领域，有力地证明了她们并不是被动地屈从，而是动态地适应并影响着社会的变迁。从种族隔离到社会转型，南非黑人妇女一直推动南非在公共领域逐步实现性别平等。

一、 南非公共领域性别平等方面的成就

历史上南非黑人妇女属于家庭和男人，生育是女性人生中最重要的事。相比之下，新南非妇女之“新”，主要表现在两个方面：其一，由“家庭中人”成为“社会中人”。其二，通过妇女的努力和国家的政治和行政干预，使“男女平等”体现在社会生活的各个方面。

首先，性别平等要保证妇女有平等的参政权利。

性别不平等是系统性的，体现在社会结构、行为规范、价值体系和国家的政策理念里。它无处不在，但通常却是隐蔽的、复杂的、有害的。妇女解放，特别是妇女获得政治上的平等，可以挑战社会各层面的不平等。

性别平等首先体现在人权方面的平等。男性和女性“应该得到平等的关注和尊重，应该有充分发展人的潜能的权利”。① 南非宪法中明确规定无种族主义、无性别歧视主义以及普遍的成人选举权，妇女获得了历史上从未有过的人权。除了规定无性别歧视，宪法中还制定了保证性别平等权利实施的措施，以确保性别平等不只是形式上的平等，更能体现实质上的平等，使性别平等原则在实际生活中贯彻落实而不是成为一纸空文。

---

① Commission on Gender Equality, *A Framework for Transforming Gender Relations in South Africa*, 2000, p. 8.

早期黑人妇女参政的更主要的原因，不是出于对性别平等的诉求，而是为了维护她们家庭的完整以及子女的福利和发展。因此，她们的政治参与主要隶属于男性组织的各种运动，为他们提供后勤等服务，其是为了民族解放和民族利益，体现的是整个黑人群体的利益。但是在参与政治活动的过程中，黑人妇女的政治经验得到快速发展，组织和领导能力得以加强，反之又通过妇女组织发动更多的女性为争取自己的平等权利而斗争。在此期间，更多的黑人女性得到受教育的机会，性别的政治观念不断加强，女性意识开始萌芽，女性主义不断传播，妇女开始要求有自己的话语权和利益诉求。在转型时期，黑人妇女通过联合其他种族的妇女，构建南非妇女的集体身份，一起为整个妇女群体的权利和利益发起各种运动。在她们的努力下，南非政党，特别是非国大，实现了性别配额制，保证了妇女参与政治和进入决策层的机会。

提高妇女地位的国家性别机制在南非国家和社会转型过程中起着非常重要的作用。这一机制是由致力于提高性别平等的多个机构组成。这些机构分布于议会、各级政府部门和独立的法定机构之中。在立法机构中，设有提高生活质量和妇女地位的联合监测委员会，其职责主要是确保议会通过的所有的立法必须具有性别意识。在政府部门中，主要有内阁、妇女地位办公室以及社会性别联络小组和联络员。作为制定国家政策的最高机构，内阁强调要重视性别问题，确保在国家性别政策框架内采取和实施国家性别政策，确保内阁成员在讨论问题时纳入性别视角，确保部长积极主动地执行性别政策等。妇女地位办公室设在总统府，是促进性别平等的协调机制，其职责主要是制定性别政策，完善性别框架，并监测实施情况。社会性别联络小组和联络员在性别政策框架下，依靠各级政府部门，确保国家性别政策的有效实施。省级和地方政府提高性别平等的机制要与国家层面相一致。

在南非，涉及性别问题的独立法定机构包括性别平等委员会、人权委员会、选举委员会、公共服务委员会、青年委员会，土地委员会和法律委员会等。南非新宪法的一个有创新意义的新举措就是明确规定了设立性别平等委员会。性别平等委员会有权促进和监督性别平等的实现以及为实现性别平等进行游说，在社会生活的所有领域促进性别平等，对任何影响妇女地位的法律提供建议的作用。委员会通过揭露成文法、政策、习惯法和文化习俗中的性别歧视，提倡改变男性至上主义和性别成见，使公众逐渐接受并尊重妇女权利，最终实现社会转型。

此外，南非政府将妇女组织视为提高妇女地位国家机制的重要组成部分，提出应重视通过能力建设、教育培训以及提供信息资源等给妇女组织赋权。

第二，性别平等要保证妇女有平等的受教育的权利。

黑人妇女教育权利的获得以及妇女教育的发展与妇女运动和女性主义的兴起和发展密切相关。争取妇女教育权和发展妇女教育、开启妇女心智是妇女运动和女权运动的重要组成部分。妇女教育发展与女性主义相辅相成。一方面妇女争取教育平等权的运动促进妇女教育的兴起和发展。另一方面，妇女教育权利的获得和妇女教育的发展开启了妇女心智，提高了妇女的参政意识，又进一步促进妇女解放运动的深度和广度，为妇女新的教育目标作好铺垫。

殖民时期由于妇女在政治、财产和其他方面的权利受限制，妇女在教育方面，也和在社会生活的其他方面一样，与男子的真正平等是不存在的。而黑人妇女的教育除了性别上的不平等，还与黑人男子一样承受种族上的不平等。

新南非诞生前，黑人女子教育的目标和内容是由殖民政府的需求决定的，是为了满足当时社会经济的需要以及为了让妇女成为私人家庭中合格的女性角色。黑人女子教育反映了隔离时期的殖民专制、政治专制和隔离需求。

在黑人运动的推动下以及南非社会政治经济发展的需要，隔离后期的白人政府对黑人教育的政策悄悄发生了改变，但是真正的变革发生在新南非建立之后，打破了原来的种族隔离教育的政策，在宪法上规定了人人享有教育的权利，并在财政拨款、师资和课程等方面进行改革，从根本上打破了以前白人统治教育的局面，逐步扫除教育领域的种族歧视和性别歧视。尽管取得较大的进步，南非黑人妇女教育还是由于性别规范、暴力、艾滋病、早孕等问题而面临诸多困难。

第三，性别平等还需改变社会文化中对妇女的歧视。

文化模式是民族或特定时代的人的普遍认同，并由内在的民族精神、价值取向、生活习俗、伦理规范等文化要素构成的思想范式和行为方式，是人类生活的深层维度。文化以内在的、潜移默化的方式制约和规范人的行为。相对稳定的思想观念对于女性的歧视和贬抑源远流长，社会层面上不利于女性的性别观念根深蒂固，对于这些属于历史进程中超稳定的长时段因素，短暂的政治运动的浪花很难从根本上对其加以撼动。

体育是文化中一个特殊的身体符号。足球传统上是男性的领域，南非黑人女足的发展就是南非黑人妇女体育发展的缩影。南非女足发展大体可以分为三个阶段。20 世纪 70 年代—1990 年的发生期；1991—2000 年女足的发展和转型时期；2000 至今是女足的制度化阶段。黑人女足的发展经历了各种困难，如缺乏场地、缺乏资金、缺乏技术、缺乏安全等。由于女性主义话语的出现以及白人妇女逐渐离开室外足球领域，黑人妇女逐渐成为这一领域的主导；随着女足全球化和男女组织之间的冲突和妥协，以及黑人妇女的努力和推动，其中更有几代黑人女运动员的贡献和榜样作用，南非女足的发展打破了传统对黑人女性行为规范观念的束缚，慢慢从边缘化成为最受欢迎的体育运动之一，反之又更进一步促进黑人女性在体育方面的发展。性别文化的改变需要文化反省、文化反思、文化批判和文化重建。和谐性别文化应是人本化的文化建构，是在承认男女自然性别差异的前提下，规定男性和女性享有同样的权利与义务，拥有同等社会地位和发展机会的文化。①

公共领域的繁荣、发展，标志着社会维度上的自主化发展。南非黑人妇女在公共领域的社会整合和社会动员功能不断强化，并从思想意识、文化心理、组织联结等方面有力地推动了南非妇女集体身份建构，对近代南非妇女民族主义和女性意识的觉醒、政治批判与组织的形成和社会生活的变迁等，

① 赵继伦：《文化哲学视阈中的性别平等问题》，《中华女子学院学报》2009 年第 2 期，第 5 页。

均产生了积极的促进作用，从而造就了今日南非妇女的地位。南非黑人妇女在公共领域的发展与折变提示人们：只有在良性法治的基础上，在国家政策体制的合理制定上，在社会文化的平等构建下，才能实现妇女在公共领域的平等，最终影响妇女在私领域的变化。

二、 南非妇女解放仍在路上

南非妇女种族运动取得的成就是显著的，但是要赢得完全意义上的妇女解放，还有一段漫长的路要走。

基于南非黑人妇女解放的历史背景，她们今天所拥有的“解放”主要是民族革命和女性运动双重推动的结果。妇女获得了公民平等权，从而有机会改善社会地位；政治平等也使女性能享受社会福利国家的待遇。但是凡此种种，并没有自然而然地改变性别差异以及父权制遗留所导致的社会生活中的性别歧视。

自1994年南非废除种族隔离制度后迈上建设种族平等、多元一体民族国家的历史进程，宪法中的性别平等原则以及新政府积极的性别主流化政策既体现了自由民主的价值核心，也影响着社会发展领域里的政策和立法，例如在就业、土地、房屋、供水、卫生保健和公共工程等领域。但是尽管南非制定了大量的法律、政策和规划，2012年《世界银行南非经济更新》显示南非仍然是世界上最不平等的社会之一，国民消费结构不合理，最富有的20%的人口占了61%的消费，而最穷的20%的人口消费一直停留在4.5%以下。[①] 2013年南非的性别不平等指数(Gender Inequlaity Index, GII)[②]尽管比撒哈拉以南非洲平均指数要低，但是在金砖五国中只比印度低，比其他

① Statistics South Africa, *Economic Empowerment, 2010–2014*, Statistics South Africa Gender Series, Vol. 1, Report, No. 03-10-04.

② 《2010年人类发展报告》中介绍的性别不平等指数考虑了5个指标：产妇死亡率、青少年生育率、两性议会列席比例、受教育程度和女性的工作参与。这个指数反映了性别不平等的三个维度：生殖健康、赋权和劳动力市场。

几国都要高，说明南非的性别平等尽管取得不小的成就，但是由于受整体社会经济状况的影响，其发展之路并不平坦。

表 6－1 2013 年南非性别不平等指数比照

中国	俄罗斯	巴西	南非	印度	撒哈拉以南非洲	世界
0.202	0.314	0.441	0.461	0.563	0.578	0.450

数据来源：UDNP，2014，http://www.undp.org.

新南非妇女仍然面临着失业、贫困、艾滋病、暴力、性别不平等等问题。影响新南非妇女公私领域生活的因素中，最主要的因素是贫困的升级。尽管相对男性而言，妇女总体上比男性贫困，但是由于受历史上种族隔离制度的影响，不同种族和区域之间妇女的贫困率差异较大。

表 6－2 南非不同区域和种族女性人口贫困率（以最低贫困线 597 兰特为标准）

（单位：%）

	2008 年	2012 年	变化
区域划分			
城市	37.8	38.7	2.4
非城市	76.3	76.8	0.7
种族划分			
黑人	63.4	63.4	0.0
有色人	31.5	35.1	11.4
白人	2.0	1.6	−20.0

数据来源：Department of Women，Republic of South Africa，*the Status of Women in the South African Economy*，p. 115.

从上表数据可以看出，总体上妇女贫困率呈上涨趋势，但是城市和农村的贫困差异相当大，农村贫困率是城市的两倍多。农村地区妇女由于就业机会较低，获得生产性资源，如耕地、贷款、技术等的机会较低，贫困率自然也高。而不同种族之间妇女的贫困差距更大，黑人妇女是有色人的两倍多，是白人的 30 多倍。2008—2012 年间，尽管黑人妇女贫困率没有变化，但是白人妇女的贫困率却下降了 20%，说明不同种族妇女之间发展极其不平衡。

影响贫困的很大一个因素在于就业率。根据南非劳动局2011年的数据显示，黑人妇女就业率只有31%，是所有群体中（包括黑人男性、白人妇女和亚裔人）就业人数比例最低，而相对应的白人男性就业率高达73%。就业率不平衡除了区域差距，很大程度上是教育的不平衡所致。高中毕业后只有9%的黑人妇女继续进入高等教育，而白人男性的比例是40%。高等教育委员会2013年的报告显示黑人在大学中的辍学率超过50%，因此估计完成大学学业的黑人女性只有4.5%。①

其次是艾滋病对妇女的影响。南非是世界上艾滋病最流行的国家之一，20—24岁艾滋病病毒携带者中约80%是女性。艾滋病不仅导致女性辍学、贫困、受歧视和死亡率上升等，还影响了家庭的亲密关系和日常生活。

性别暴力（gender-based violence）也是后种族隔离时代南非妇女面临的一个很大问题，包括身体、心理、性行为、经济、社会文化上的暴力，是对南非人权的侵犯，渗透到政治、经济和社会结构各层面。非政府组织"性别链接"（Gender Links）2010—2012年对南非调查发现，77%的林波波省妇女、51%的豪登省妇女、45%的西开普省妇女和36%的夸祖鲁-纳塔尔妇女在人生中经历过不同形式的暴力，包括在公共和私密领域。② 性别暴力不仅剥夺妇女的尊严和身体完整权，还对她们的就业、经济和生活造成不利影响。许多暴力由于发生在私人领域具有一定的隐蔽性而不易被发现，使妇女的身心健康受到极大的损害。

以现任总统雅各布·祖玛③ 2006年的强奸案审判为例。2006年时任非国大副主席的雅各布·祖玛由于涉嫌强奸他的老战友——被流亡的非国

---

① Statistics South Africa, *Gender Statistics in South Africa, 2011*, pp. 19 - 46.

② Gender Links for Equality and Justice, http://genderlinks.org.za/programme-web-menu/publications/the-warhome-findings-of-the-gbv-prevalence-study-in-south-africa-2012-11-25/.

③ 雅各布·祖玛出身于南非夸祖鲁-纳塔尔省一个贫苦家庭，仅受过小学教育的祖玛于1959年加入非国大并积极投身反种族隔离运动。1963年，他被南非白人当局以阴谋颠覆政府罪判刑10年，囚禁在罗本岛上。出狱后，他曾长期流亡莫桑比克和赞比亚。1990年南非白人政府对非国大的禁令废除后返回南非。1999年6月17日被时任南非总统塔博·姆贝基任命为副总统，2005年因涉嫌腐败被解除了副总统职务。2009年当选南非总统，2014年5月连任总统。

大成员的女儿而接受法庭审判，暴露了后种族隔离时代南非社会对性别问题的分歧，也反映了性权利和父权制文化之间的矛盾，反映出种族隔离时期种族和阶级冲突主导了政治对立，而在后种族隔离时期却是性和性别权利在公共领域里争夺空间。自 1994 年以来象征南非向民主过渡的最具代表性和进步意义的性别政治，貌似翻了个跟头，在宪法的"英雄式"外观之下，一个掺杂了暴力、性别歧视和仇恨的恶性鸡尾酒正在发酵。审判在民众中激起了巨浪，在公共领域引起了有关私人关系和性别权力之间的激烈争论。[①]

2005 年 12 月年龄只有祖玛一半的艾滋病活动家和 HIV 携带者赫韦济(Khweizi)指控祖玛强奸罪。原被告各执一词，双方背后代表了不同的民众和支持理念。祖玛是没有接受太多正规教育、扎根在夸祖鲁-纳塔尔农村的资深的非国大领导者，背后代表着祖鲁传统主义者、主张一夫多妻制者，支持者包括有工会主义者、共产主义者、非国大青年联盟成员和祖鲁新传统主义者[②]；而赫韦济代表的是双性恋者、女性主义者和艾滋病患者。法庭外，被媒体包围的祖玛支持者穿着传统的祖鲁服饰，许多男性手拿棍子，焚烧赫韦济的照片并大喊着"烧死这个婊子！"以及"百分百祖鲁男孩"。除了口头上的羞辱，还不时发生肢体冲突。在他们中间还有许多激进的支持祖玛的女性。而支持赫韦济的女性主义活动家身穿传统的非洲裹身肯加女服(Kanga)，抗议南非高水平的性别暴力。女性主义者们强调了宪法中妇女的新权利，抗议警方在调查暴力案件中的失职，指责他们参与和支持实施暴力以及司法中的性别歧视。但是非洲人国民大会妇女联盟对强奸审判仅发表了一份声明表示"遗憾"和"抱歉"，并没有在法庭外组织活动。实际上，联盟最初的声明之后的沉默很有可能是组织内女性主义者和忠党派之间的矛盾所致。

---

① Shireen Hassim, "Democracy's Shadows: Sexual Rights and Gender Politics in the Rape Trial of Jacob Zuma", *African Studies*, Vol. 68, No. 1, 2009, p. 58.

② Steven Robins, "Sexual Politics and the Zuma Rape Trial", *Journal of Southern African Studies*, Vol. 34, No. 2, 2008, p. 416.

祖玛一直否认指控，宣称指控是出于政党斗争的政治目的，并利用祖鲁的传统为自己辩护，认为赫韦济当时身穿的肯加女服和言谈都表明自愿与他发生关系，并强调在祖鲁传统中不能满足一个妇女的性暗示本身就是强奸。他称自己只是一个有强烈性欲的传统族长。[①] 法院最终判决祖玛无罪，而祖玛的政治影响力在审判后反而增强，3 年后的 2009 年以 66％的得票率当选南非总统，成为南非种族隔离制后首位支持一夫多妻制的总统。[②] 祖玛经常强调祖鲁父权制的自然属性，在多个场合的发言中透露出性别主义倾向，反映了南非现实社会中男性对女性的根深蒂固的性别歧视。而成千上万像赫韦济提起强奸诉讼却面临各种阻碍的妇女，揭露了本该自由的司法体系和社会中的男性偏见成为妇女平等权利实现的拦路虎。对女性主义者而言，祖玛审判是一个标志性的事件，揭露了合法外衣下南非社会中存在的实质的性别不平等。审判中另一个令人担忧的方面是无数毫不动摇支持祖玛的妇女表现出对祖玛的尊敬以及对他一夫多妻的事实的欢迎。这也侧面反映出新宪法中对性和性别权利的承诺是妇女运动领导者与非国大男领导人协商的结果，是出于精英的共识而不是广泛的公共协商的结果，而基层妇女对于妇女性别角色的理解并没有随着法律政策层面性别制度的变化而变化。南非性别文化传统并没有随着南非民主化而被轻易撼动。

公众对祖玛在强奸案审判中其本人的陈述和行动所持观点（包括媒体、司法和普通民众）呈两极分化，是南非社会中性别平等和父权制之间矛盾激化的映射。尽管南非实现了形式上的性别平等，但是落实到个体，特别是妇女私人领域的实质平等还远没有实现。事实上，社会对发展的衡量只计算公共领域的成就，却很少涉及私领域。而女性主义者认为私人领域不仅是性政治和性压制的基本领域，而且对公共领域有着不容忽视的影响，但是公

① Mark Hunter, *Love in the Time of AIDS*, Indiana University press, 2010, p. 1.

② 尽管祖玛是基督徒，却支持一夫多妻制，先后迎娶了六名妻子，其中原配夫人选择了离婚，另外一位妻子抑郁自杀。2012 年 4 月 20 日在恩坎德拉举办盛大的祖鲁人婚礼迎娶第四任妻子，现有四房妻子。2010 年祖玛和老友的女儿偷情生了个孩子，被发现后只好公开道歉。祖玛的妻子和情人们为他生育了二十多个子女。

私领域的二元划分却贬低了私人领域的价值。在现实生活中，公共领域层面的显性歧视已经被各种法律和政策方面所体现的性别平等所消除，但是私人领域里的歧视，由于不易提到公共领域进行探讨而具有隐蔽性，要消除隐性的歧视任重而道远。因此即使新南非已经有了解放妇女的法规和措施，也一定要还原到具体生活，落实在女人的个体生命中才能真正解放妇女。

200多年来，全球女权运动像浪潮一样，一波接着一波。旧的问题缓解了，新的问题又会凸显，因此妇女解放也是阶段性的。公共领域的解放只是实现妇女解放的第一步，妇女的解放问题，从始至今，一直都在路上。

参考文献

一、外文政府相关法案、文件、档案文献

ANC, *Reconstruction and Development Programme*, June, 1994.

ANC, *The Emancipation of Women*, National Executive Committee, ANC, 1990.

Bhe & Others v The Magistrate, Khayelitsha, *supra Note 113*.

Cape Times, 9/8/1956.

Commission on Gender Equality, *A Framework for Transforming Gender Relations in South Africa*, 2000.

Constitution of the Republic of South Africa, No. 108 of 1996.

Department of Native Affairs, *Report of Native Laws Commission*, 1946 – 48.

Federation of South African Women, *The Women's Charter: Obstacles to Progress*, April 17, 1954.

Gender Links for Equality and Justice, http://genderlinks.org.za/programme-web-menu/publications/the-warhome-findings-of-the-gbv-prevalence-study-in-south-africa-2012-11-25/.

Government Communication and Information System, Republic of South Africa Republic of South Africa, *South Africa Yearbook 2006/2007: Sport and Recreation*.

International Parliamentary Union, *Equality in Politics: A Survey of Women and Men in Parliaments*, 2008.

Parliament of South Africa, *Native Laws Amendment Act*, Act No. 54, 1952.

Parliament of South Africa, *The Population Registration Act*, Act No. 30, 1950.

Republic of South Africa, *Bantu (Urban Areas) Consolidation Act*, 1945.

Republic of South Africa, *South Africa Yearbook 2004/2005: Sport and Recreation*,

South Africa: Human Development Department, *The National Gender Machinery, Gender Mainstreaming and the Fight against Gender Based Violence*, September 2009.

Statistics South Africa, *Census 2011 Census in brief*, 2012.

Statistics South Africa, *Economic Empowerment, 2010 – 2014*, Statistics South Africa

Gender Series, Vol. 1, Report No. 03 - 10 - 04.
Statistics South Africa, *Gender Statistics in South Africa, 2011*.
Statistics South Africa, *General Household Survey 2014*, 2015.
Statistics South Africa, *Millennium Development Goals: Country Report 2013: The South Africa I know, the Home I understand*, Pretoria: Statistics South Africa, 2013.
Statistics South Africa, *South African Labour Statistics*, 1986.
Statistics South Africa, *The People of South Africa: Population Census, 1996*, Johannesburg: Statistics South Africa, 1999.
The June 16 Soweto Youth Uprising, South African History Online, http://www.sahistory.org.za/topic/june-16-soweto-youth-uprising.
The Office on the Status of Women, *South Africa's National Policy Framework for Women's Empowerment and Gender Equlaity*, 2003.
The South African Human Rights Commission, *Report of the Public Hearing on the Right to Basic Education*, 2006.
UN: *Convention on the Elimination of All Forms of Discrimination Against Women*, https://www.un.org/womenwatch/daw/cedaw/cedaw.htm.
UNAIDS, *The Gap Report*, 2016.
UNAIDS (Joint United Nations Programme on HIV/AIDS), *2013 Regional Report: Getting to Zero: HIV in Eastern and Southern Africa*, Geneva: UNAIDS, 2013.
UNDP, *Millenium Development Goals in South Africa*, United Naitons Development Progarmme, 2010.
UNICEF (United Nations Children's Fund), *Towards an AIDS-free Generation-Children and AIDS: Sixth Stocktaking Report*, New York: UNICEF, 2013.
Union of South Africa, *Blacks (Urban Areas) Consolidation Act*, Act No. 25, 1945.
Union of South Africa, *Group Areas Act*, Act No. 41, 1950.
Union of South Africa, *Native (Black) Urban Areas Act*, Act No. 21, 1923.
United Kingdom Sports Council for the International Working Group on Women and Sport, *Women and Sport: From Brighton to Windhoek: Facing the challenge*, 1998.
WNC, *Report on the Monitoring Project of the WNC*, August 9, 1993, WNC Archives.
WNC, *Women's Charter for Effective Equality*, working document.
Women Play a Leading Role, http://www.sahistory.org.za/archive/women-play-leading-role.
Women's Charter For Effective Equality, adopted at the National Convention convened by the Women's National Coalition, February 25 - 27, 1994.

二、外文文献

Adhiambo-Oduol, J., *Transforming Tradition as a Vehicle for Women's Empowerment: A Critical Dimension for Poverty Eradication*, prepared under Topic 2: Empowerment of Women as a Transformative Strategy for Poverty Eradication, for the United Nations Division for the Advancement of Women (DAW) Expert Group Meeting on "Empowerment of Women throughout the Life Cycle as a Transformative

Strategy for Poverty Eradication", November 26 - 29, 2001, New Delhi, India.

Afolayan, Funso, *Culture and Customs of South Africa*, Greenwood Press, 2004.

Albertyn, C., "Women and the Transition to Democracy in South Africa", in C. Murray, ed., *Gender and the New South African Legal Order*, Johannesburg: Juta, 1994.

Albertyn, Catherine, "Defending and Securing Rights through Law: Feminism, Law and the Courts in South Africa", *Politikon*, Vol. 32, No. 2, 2005.

Albertyn, Catherine, "Law, Gender and Inequality in South Africa", *Oxford Development Studies*, Vol. 39, No. 2, 2011.

Albertyn, Catherine, ed., *Engendering the State: A South African Case Study*, Johannesburg: Centre for Applied Legal Studies, 1999.

Albie, Sachs, "Preparing Ourselves for Power", *Southern African Report*, Vol. 9, No. 2, 1993.

Alegi, Peter, *Laduma! Soccer, Politics and Society in South Africa*, Pietermaritzburg: University of KwaZulu-Natal Press, 2004.

Alfred, L., "Fran Believes the Sisters Should Be Doing It For Themselves", *The Sunday Independent* Johannesburg, October 5, 1997.

Allen, Judith Van, "'Sitting on a Man': Colonialism and the Lost Political Institutions of Ibo Women", *Canadian Journal of African Studies*, Vol. 6, No. 2, Special Issue: The Roles of African Women: Past, Present and Future, 1972.

Alvarez, S. E., *Engendering Democracy in Brazil: Women's Movements in Transition Politics*, Princeton, N. J.: Princeton University Press, 1990.

Amadiume, Ifi, *Re-Inventing Africa: Matriarchy, Religion and Culture*, Zed Books, 1997.

Ampofo, Akosua Adomako, Josephine Beoku-Betts Wairimu Ngaruiya Njambi and Mary Osirim, "Women's and Gender Studies in English-speaking Sub-Saharan Africa", *Gender and Society*, Vol. 18, No. 6, 2004.

Andrews, Penelope, *From Cape Town to Kabul: Rethinking Strategies for Pursuing Women's Human Rights*, Ashgate Publishing Limited.

Andrews, Penelope, "From Gender Apartheid to Non-Sexism: The Pursuit of Women's Rights in South Africa", *North Carolina Journal of International Law and Commercial Regulation*, Vol. 26, 2001.

Andrews, Penelope, "Who's afraid of Polygamy? Exploring the Boundaries of Family, Equality and Custom in South Africa", *University of Utah Law Review*, Vol. 11, 2009.

Ankomah, Augustine, F. Mamman-Daura, G. Omoregie and J. Anyant, "Reasons for Delaying or Engaging in Early Sexual Initiation among Adolescents in Nigeria HIV Prevalence", *Adolescent Health, Medicine and Therapeutis*, Vol. 2, 2011.

Apartheid Crumbles, Women in the Turmoil of the 1980s, South African History Online, http://www.sahistory.org.za.

Arnot, M., ed., *Gender Education and Equality in a Global Context: Conceptual Framworks and Policy Perspecvies*, London: Routledge, 2008.

Baines, Beverly, "Introduction: Towards a Feminist Constitutional Agenda", Beverly Baines, ed., *In The gender of Constitutional Jurisprudence*, Cambridge University

Press, 2005.

Bantu Women's League, South African History Online, http://www.sahistory.org.za/topic/bantu-womens-league.

Basu, Amrita, ed., *The Challenge of Local Feminisms: Women's Movements in a Global Perspective*, Boulder and Colo.: Westview, 1995.

Bauer, G. and H. E. Britton, eds., *Women in African Parliaments*, Boulder Co: Lynne Rienner, 2006.

Bazilli, Susan, ed., *Put Women on the Agenda*, Johannesburg: Raven Press, 1991.

Beall, J., et al., "Traditional Authority, Institutional Multiplicity and Political Transition in Kwazulu-Natal, SouthAfrica", Crisis States Programme, Working Paper, No. 48, Development Research Center, Destin LSE., London, 2004.

Beall J., S. Hassim and A. Todes, "'A bit on the side?': Gender struggles in the politics of transformation in south Africa", *Feminist Review*, Vol. 33, 1987.

Beinart, William and Colin Bundy, *Hidden Struggles in Rural South Africa: Politics and Popular Movements in the Transkei and Eastern Cape 1890 – 1930*, J. Currey, University of California Press, Ravan Press, 1987.

Bennet, Lisa, "Women, Law and the Property in the Developing World: An Overview", *Human Rights Quarterly*, Vol. 3, No. 2.

Berger, Iris, "African Women's History: Themes and Perspectives", *Journal of Colonialism and Colonial History*, Vol. 4, No. 1, 2003.

Berger, Iris, "Sources of Class Consciousness: South African Women in Recent Labor Struggles", *The International Journal of African Historical Studies*, Vol. 16, No. 1, 1983.

Berger, Iris and E. Frances White, *Sub-Saharan Africa: Restoring Women to History*, Indiana University Press, 1999.

Bernstein, Hilda W., *For Their Triumphs and for Their Tears: Conditions and Resistance of Women in Apartheid South Africa*, London, International Defence and Aid Fund for South Africa, 1985.

Bhana, Deevia, Thokozani Nzimakwe and Phumzile Nzimakwe, "Gender in the Early Years: Boys and Girls in an African Working Class Primary School", *International Journal of Educational Development*, Vol. 31, 2011.

Boahen, A. Adu., *African Perspectives on Colonialism*, John Hopkins University Press, 1987.

Bob, U., "The Intersection of Gender, Race and Class", *South African Geographical Journal*, Vol. 83, No. 3, 2001.

Boko, Sylvain H., Mina Baliamoune-Lutz and Sitawa R. Kimuna, eds., *Women in African Development: The Challenge of Globalization and Liberalization in the 21st Century*, Africa World Press, 2005.

Bond, Johanna E., "Constitutional Exclusion and Gender in Commonwealth Africa", *Fordham International Law Journal*, Vol. 31, No. 2, 2007.

Booth, D., *The Race Game: Sport and Politics in South Africa*, London and New York: Routledge, 1998.

Borne, Francine Van den, *Trying to Survive in Times of Poverty and AIDS: Women and Multiple Partner Sex in Malawi*, Het Spinhuis, 2005.

Boserup，Ester，*Women's Role in Economic Development*，New York：St. Martin's Press，1971.

Bozzoli，Belinda，"Marxism，Feminism and South African Studies"，*Journal of Southern African Studies*，Vol. 9，No. 2，1983.

Bozzoli，Belinda，*Women of Phokeng*：*Consciousness*，*Life Strategy*，*and Migrancy in South Africa*，*1900-1983*，Heinemann，1991.

Bozzoli，Belinda，ed.，*Class*，*Community and Conflict-South African Perspectives*，Ravan Press (Pty) Ltd，1987.

Bradford，Helen，*A Taste of Freedom*：*The I. C. U. in Rurual South Africa*，*1924 - 1930*，Yale University Press，1987.

Britton，Hannah Elelyn，*Women in the South African Parliament*，University of Illinois press，2005.

Budlender，D.，"Preliminary Report on Questionnaire to Universities"，*Agenda Evaluation*，Unpublished，1994.

Bujra，Janet M.，"Sexual Politics in Atu"，*Cahiers d'Etudes Africaines*，Vol. 17，No. 65，1977.

Bujra，Janet M.，"Women Entrepreneurs of Early Colonial Nairobi"，*Canadian Journal of African Studies*，Vol. 7，No. 2，1975.

Burnett，C.，"Athena Nike Was Geen Suid-Afrikaanse Godin Nie：Die Mite en Realiteit van Geslagsgelyke Sport"，*S. A. Journal for Research in Sport*，*Physical Education and Recreation*，Vol. 23，No. 2，2001.

Burnett，C.，"Women，Poverty and Sport：A South African Scenario"，*Women in Sport and Physical Activity Journal*，Vol. 11，No. 1，2002.

Chanock，Martin，"Neither Customary Nor Law：A Case of Mistaken Identity"，unpubished paper delivered at the Regional Conference on Social Change and Legal Reform in East，Central and Southern Africa，Harare，January 1987.

"Cheryl Roberts Championing Women's Sport"，August 25，2015，http://gsport.co.za/cheryl-roberts-championing-womens-sport/.

Chisholm，L.，"Gender Equality and Curriculum 2005"，presented at the University of London-Institute of Education Seminar：*Beyond Access*：*Curriculum for Gender Equality and Basic Education in Schools*，2003.

Chisholm，Linda and Jean September，eds.，*Gender Equity in South African Education 1994 - 2004*：*Perspectives from Research*，*Government and Unions*：*Conference Proceedings*，Cape Town：HSRC Press，2005.

Christensen，K. A.，Guttmann and G. Pfister，eds.，*International Encyclopaedia of Women and Sports*，New York：Macmillan Library，2001.

Cock，Jacklyn，*Colonels and Cadres*：*War and Gender in South Africa*，Cape Town：Oxford University Press，1991.

Cock，Jacklyn，*Maids and Madams*：*A Study in the Politics of Exploitation*，Ravan Press，1980.

Cohen，J. L. and A. Arato，*Civil Society and Political Theory*，Cambridge：MIT Press，1992.

Cole，Jennifer and Lynn M. Thomas，eds.，*Love in Africa*，University Of Chicago Press，2009.

Cook, Rebecca J. and Charles Ngwena, "Women's Access to Health Care: The Legal Framework", *International Journal of Gynecology and Obstetrics*, Vol. 94, 2006.

Cooper, Fred and Beverly Hills, eds., *Struggle for the City*, California: Sage, 1983.

Coquery-Vidrovitch and Catherine, *African Women: A Modern History*, trans. by Beth Gillian Raps, Westview Press, 1997.

Crummey, Donald, ed., *Rebellion and Social Protest in Africa*, Banditry, London: James Currey; Portsmouth: Heinemann, 1986.

Cuklanz, L., *Rape on Prime Time: Television, Masculinity and Sexual Violence*, Philadelphia: University of Pennsylvania Press, 2000.

Darkwah, Akosua, "Trading Goes Global: Market Women in an Era of Globalization", *Asian Women*, Vol. 15, 2002.

Democratic Education Trust (SADET), ed., *The Road to Democracy in South Africa, Vol. 2, 1970 - 1980*, Pretoria: University of South Africa, 2006.

Denzer, LaRay, "Constance A. Cummings-John: Her Early Political Career in Freetown", *Tarikh*, Vol. 7, No. 1, 1981.

Denzer, LaRay, "Pan-African Influences on Cummings-John's Career", in Robert Hill, ed., *Pan African Biography*, Los Angeles: Crossroads Press, 1987.

Denzer, LaRay, "Towards a Study of the History of West African Women's Participation in Nationalist Politics: The Early Phase, 1935 - 1960", *African Research Bulletin*, Vol. 6, No. 4, 1976.

Deveaux, Monique, "Liberal Constitutions and Traditional Cutures: The South Africa Customary Law Debate", *Citizenship Studies*, Vol. 7, No. 2.

Dewar, A., "Would All the Generic Women in Sport Please Stand Up? Challenges Facing Feminist Sport Sociology", *Quest*, Vol. 45, 1993.

Diawara, Aicha Tamboura, ed., *Gender, Economic Integration, Governance and Methods of Contraceptives*, Dakar, Senegal: AAWORD Book Series, 2002.

Distefano, J. A., "Book Review: The South African Game: Sport and Racism", *Ufahamu: A Journal of African Studies*, Vol. 13, No. 2 - 3, 1984.

Duby, Georges and Pauline Schmitt Pantel, eds., *History of Women in the West*, 5 Vols, Belknap Press: An Imprint of Harvard University Press, 2000.

Egunjobi, S., "Now Women Get Chance of Glory: Nations Cup Opens Window of Opportunity for African Stars", *Sunday Times*, Johannesburg, November 12, 2000.

Eiselen, Werner, "Preferential Marriage: Correlation of the Various Modes among the Bantu Tribes of the Union of South Africa", *Journal of the International African Institute*, Vol. 1, No. 4, 1928.

Elliott, Sheila L., *Women's Religious Associations and Social Change in South Africa*, a dissertation submitted for the degree of doctor of Philosophy to the University of South Carolina, 1996.

Fall, Yassine, ed., *Africa: Gender, Globalization and Resistance*, Dakar, Senegal: AAWORD Book Series, 1999.

Fennell, S. and M. Arnot, eds., *Gender Education and Equality in a Global Context: Conceptual Framworks and Policy Perspecvies*, London: Routledge, 2008.

Fennema, E., "Girls, Women and Mathematics", in E. Fennema & J. J. Ayer, eds., *Women and Education: Equity or Equality*, Berkeley, CA: McCutchan, 1984.

Financial and Fiscal Commission, *Public Expenditure on Basic Social Services in South Africa*: *An FFC Report for UNICEF and UNDP*, Johannesburg and Cape Town: Financial and Fiscal Commission, 1998.

Fish, Britton and Meintjies, eds., *Women's Activism in South Africa*: *Working Across Divides*, University of KwaZulu Natal Press, Scottsville, 2009.

Fisker, E. B. and Ladd H. F., *Equity*: *Education Reform in Post-apartheid South Africa*, Washington D. C.: Brookings Institution Press, 2001.

Football in South Africa Timeline 1862 - 2012, www. sahistory. org.

Fraser, Nancy, "Sex, Lies, and the Public Sphere: Some Reflections on the Confirmation of Clarence Thomas", *Critical Inquiry*, Vol. 18, No. 3, 1992.

Freund, Bill, *The Making of Contemporary Africa*, London: Macmillan, 1984.

Gaitskell, Deborah, "Christian Compounds for Girls", *Journal of Southern African Studies*, Vol. 6, No. 1, 1979.

Gaitskell, Deborah, "Class, Race and Gender: Domestic Workers in South Africa", *Review of African Political Economy*, Vol. 10, No. 27/28, 1983.

Gaitskell, Deborah, "Crossing Boundaries and Building Bridges: The Anglican Women's Fellowship in Post Apartheid South Africa", *Journal of Religion in Africa*, Vol. 34, Fasc. 3, 2004.

Gaitskill, Deborah, "Housewives, Maids and Mothers: Some Contradictions of Domesticity for Christian Women in Johannesburg, 1963 - 39", *Journal of African History*, Vol. 24, No. 2, 1983.

Gasa, Nomboniso, ed., *Women in South African History*, HSRC press, 2007.

Geiger, Susan, "Umoja wa Wanawake wa Tanzania and the Needs of the Rural Poor", *African Studies Review*, Vol. 25, No. 2/3, 1982.

Geisler, Gisela, *Women and the Remaking of Politics in Southern Africa*, *Negotiating Autonomy*, *Incorporation and Representation*, Uppsala: Nordiska Afrikainstitutet, 2004.

Ginwala, Frene, "Non-racial Democracy — Soon; Non-Sexism — How?", Speeach to WNC National Workshop, April 25 - 26, 1992, Johannesburg, WNC Archives.

Ginwala, Frene, "Women and the African National Congress, 1912 - 1943", *Agenda*, No. 8, 1991.

Govender, Pregs, "Launching UDF Women's Congress", *Agenda*, No. 1, 1987.

Govinden, Catherine Betty, '*Sister Outsiders*': *The Representation of Identity and Difference in Selected Writings by South African Indian Women*, Pretoria: University of South Africa Press, 2008.

Gulliver, Adelaide Cromwell, *Victorian Feminist*: *Adelaide Smith Casely-Hayford*, London: Cass, 1986.

Hafkin, Nancy J. and Bay, eds., *Women in Africa*, Marketing Flyer, 1976.

Hargreaves, J. A., *Heroines of Sport*: *The Politics of Difference and Identity*, London: Routledge, 2000.

Hargreaves, J. A., "Women's Sport, Development, and Cultural Diversity: The South African experience", *Women's Studies International Forum*, No. 20, 1997.

Harrison, D., *The White Tribe of Africa*: *South Africa in Perspective*, Berkeley and Los Angeles: University of California Press, 1982.

Hassim, S., "The Limits of Popular Democracy: Women's Organisations, Feminism and the UDF", *Transformaiton*, Vol. 51, 2003.

Hassim, Shireen, "A Conspiracy of Women: The Women's Movement in South Africa's Transition to Democracy", *Social Research*, Vol. 69, No. 3, 2002.

Hassim, Shireen, "Democracy's Shadows: Sexual Rights and Gender Politics in the Rape Trial of Jacob Zuma", *African Studies*, Vol. 68, No. 1, 2009.

Hassim, Shireen, "Voices, Hierarchies and Spaces: Reconfiguring the Women's Movement in Democratic South Africa", *Politikon: South African Journal of Political Studies*, Vol. 32, No. 2, 2005.

Hassim, Shireen, *Women's Organizations and Democracy in South Africa: Contesting Authority*, Madion: University of Wisconsin Press, 2006.

Hay, Margaret Jean, "Queens, Prostitutes and Peasants: Historical Perspectives on African Women, 1971 - 1986", *Canadian Journal of African Studies/Revue Canadienne des Études Africaines*, Vol. 22, No. 3, Special Issue: Current Research on African Women, 1988.

Hay, Margaret Jean and Marcia Wright, eds., *African Women and the Law*, Boston University Papers on Africa, VII, Boston: Boston University African Studies Center, 1982.

Hay, Margaret Jean and Marcia Wright, eds., *Colonial Northern Rhodesia in African Women and the Law: Historical Perspectives*, Boston University Press, 1982.

Healy-Clancy, Meghan, *A World of Their Own: A History of South African Women's Education*, University of Virginia Press, 2013.

Hendricks, Cheryl and Desiree Lewis, "Voices from the Margins", *Agenda*, Vol. 20, 1994.

Hewitt, Nancy A., "Beyond the Search for Sisterhood: American Women's History in the 1980s", *Social History*, Vol. 10, No. 3, 1985.

Higgs, Catherine, "Silence, Disobedience, and African Catholic Sisters in Apartheid South Africa", *African Studies Review*, Vol. 54, No. 2, 2011.

Hill, Leslie, "Putting South African Women on Democracy's Agenda", *Meridians: Feminism, Race, Transnationalism*, Vol. 4, No. 2, 2004.

Hodgson, Dorothy and Sheryl McCurdy, eds., *"Wicked" Women and the Reconfiguration of Gender in Africa*, Portsmouth, NH: Heinemann, 2001.

Hong, F. and J. A. Mangan, eds., *Soccer, Women, Sexual Liberation: Kicking off a New Era*, London: Frank Cass, 2004.

Hooks, Bell, *Feminist Theory: From Margin to Center*, 2nd ed., South End Press, 2000.

Horn, P., "Post-apartheid South Africa: What about Women's Emancipation?", *Transformation*, Vol. 15, 1991.

Huggins, G. A. and S. K. Randell, "Gender Equality in Education in Rwanda: What is Happening to Our Girls?", paper presented at the South African Association of Women Graduate Conference on "Drop-outs from School and Tertiary Studies: What is Happening to Our Girls?", Cape town, May, 2007.

Hunt, Nancy Rose, "Placing African Women's History and Locating Gender", *Social History*, Vol. 14, No. 3, 1989.

Hunter, Mark, *Love in the Time of AIDS: Inequality, Gender, and Rights in South Africa*, Bloomington: University of Indiana Press, 2010.

Imam, Ayesha, Amina Mama and Fatou Sow, eds., *Engendering African Social Sciences*, Dakar, Senegal: CODESRIA Book Series, 1997.

Innes, Rose, "Socio-cultural Aspects of HIV/AIDS", *Health*, Vol. 24, 2006.

"Introduction and Context", *Agenda*, http://www.agenda.org.za/about-us/introduction-and-context/.

Jacquette, Jane S. and Sharon L. Wolchik, eds., *Women and Democracy: Latin America and Central and Eastern Europe*, Baltimore: Johns Hopkins University Press, 1998.

James, Cyril Lionel Robert, *Beyond a Boundary*, Duke University Press, 1993.

Jansen, Jonatha and Nick Taylor, "Educational Change in South Africa 1994 - 2003: Case Studies in Large-Scale Education Reform", *Country Studies Education Reform and Management Publication Series*, Vol. II, No. 1, 2003.

John, Eekelaar and Pearl David, eds., *An Aging World: Dilemmas and Challenges for Law and Social Policy*, Oxford University Press, 1989.

Johnson, Cheryl, "Grass Roots Organizing: Women in Anti-colonial Activity in Southwestern Nigeria", *African Studies Review*, Vol. 25, No. 2/3, 1982.

Johnson, Cheryl, "Madam Alimotu Pelewura and the Lagos Market Women", *Tarikh*, Vol. 7, No. 1, 1981.

Johnson, Cheryl, "Madam Alimotu Pelewura and the Lagos Market Women", *Tarikh*, Vol. 7, No. 1, 1981.

Jones, D. E. M., "In Pursuit of Empowerment: Sensei Nellie Kleinsmot, Race and Gender Challenges in South Africa", *The International Journal of the History of Sport*, Vol. 18, No. 1, 2001.

Kadalie, R., "Role of Women's Organisations in Transformation", working draft for: Ruth First Memorial Colloquium, Department of Anthropology, University of the Western Cape, South Africa, August 17 - 18, 1992.

Kaganas, Felicity and Christina Murray, eds., *Gender and the New South African Legal Order*, Cape Town: Juta, 1994.

Kaganas, Felicity and Christine Piper, "Grandparents and the Limits of Law", *International Journal of Law and the Family*, Vol. 4, No. 1, 1990.

Kallaway, Peter, ed., *Apartheid and Education: The Education of Black South Africans*, Johannesburg: Ravan, 1984.

Kaplan, Temma, "Female Consciousness and Collective Action: The Case of Barcelona, 1910 - 1918", *Signs: Journal of Women in Culture and Society*, Vol. 7, No. 3, 1982.

Keim, M. and W. Qhuma, "Winnie's Ladies Soccer Team: Goals for the Gugulethu Homeside", *Agenda*, Vol. 31, 1996.

Kessel, Ineke Van and B. Oomen, "One Chief, One Vote: The Revival of Trational Authorities in Post-Aparthed South Africa", *African Affairs*, Vol. 96, No. 385.

Kimblea, Judy and Elaine Unterhalter, "We Opened the Road for You, You Must Go Forward: ANC Women's Struggles, 1912 - 1982", *Feminist Review*, Vol. 12, No. 1, 1982.

Kristine, Abrams S., "Fighting for Women's Liberation during the Liberation of South Africa: The Women's National Coalition", Master's thesis, Wadham College, Oxford, 2000.

Kumar, Krishna, ed., *Women and Civil War: Impact, Organization, and Action, Boulder*, Colo.: Lynne Rienner, 2001.

Kuzwayo, Ellen, *Call Me Woman*, London: The Women's Press, 1985.

Liebenberg (for the State) in the Treason Trial, *Trason Trial Record*, Vol. 70.

Lindsay, Lisa, *Working with Gender: Wage Labor and Social Change in Southwestern Nigeria*, Portsmouth, NH: Heinemann, 2003.

Lindsay, Lisa and Stephen Miescher, eds., *Men and Masculinities in Modern Africa*, Westport, CT: Heinemann, 2003.

MacGaffey, Janet, "How to Survive and Get Rich Amidst Devastation: The Second Economy in Zaire", *African Affairs*, Vol. 82, No. 328, 1983.

Macleod, C., "The 'Causes' of Teenage Pregnancy: Review of South African Research, Part 2", *South African Journal of Psychology*, Vol. 29, 1999.

Magezi, V., *HIV/AIDS: Poverty and Pastoral Care and Counseling*, Stellenbosch: Sun Press, 2007.

Magona, Sandiwe, *Forced to Grow: An Autobiography*, London: The Women's Press, 1992.

Mallaby, Sebastian, *After Apartheid: The Future of South Africa*, New York: Random House, 1993.

Mamdani, Mahmood, *Citizen and Subject: Contemporary African and the Legacy of Late Colonialism*, Princeton, New Jersey: Princeton University Press, 1996.

Mangan, J. A., ed., *Benefits Bestowed? Education and British Imperialism*, Manchester, England: University of Manchester Press, 1988.

Mangan, J. A. and F. Hong, eds., "Freeing The Female Body Inspirational Icons", *Special Issue of The International Journal of the History of Sport*, Vol. 18, No. 1, 2001.

Manicom, Linzi, "Ruling Relaitons: Rethinking State and Gender in South African History", *Journal of African History*, Vol. 33, 1992.

Marks, Shula and Rathbone, eds., *Industrialization and Social Change in South Africa: African Class Formation, Culture and Consciousness, 1870 - 1930*, Longman, 1982.

Marks, Shula and Stanley Trapido, eds., *The Politics of Race, Class and Nationalism in 20th Century South Africa*, Longman, 1987.

Martineau, Rowena, "Women and Education in South Africa: Factors Influencing Women's Educational Progressand Their Entry into Traditionally Male-Dominated Fields", *The Journal of Negro Education*, Vol. 66, No. 4, 1997.

Mashinini, Emma, *Strikes Have Followed Me All My Life — A South African Autobiography*, London: The Women's Press, 1989.

Mazibuko, L., "Confusion as Too Many Women Take to the Field", *Sunday Times*, Johannesburg, September 4, 1994.

Mba, Nina, *Nigerian Women Mobilized: Women's Political Activity in Southern Nigeria, 1900 - 1965*, University of California/Institute of International Studies,

1982.

Mclachlan, Fiona, "The Apartheid Laws inBrief", in *The Anti-Apartheid Reader: South Africa and the Struggle against White Racist Rule*, New York: Grove Weidenfeld, 1987.

Meer, Shameem, "Feminist Agendas in Activism and Academia: The Challenge for Agenda", *Agenda*, Vol. 34, 1997.

Miller, Joseph, "Nzinga of Matamba in a New Perspective", *Journal of African History*, Vol. 16, No. 2, 1975.

Mojola, Sanyu A., *Love, Money, and HIV: Becoming a Modern African Woman in the Age of AIDS*, University of California Press, 2014.

Mokgoro, Yvonne, "The Customary Law Question in the South African Constitution", *Saint Loius University Law Journal*, Vol. 41, 1997.

Molyneu, Maxine, "Analysing Women's Movements", *Development and Change*, Vol. 29, No. 1, 1998.

Moodie, Dunbar, *Going for Gold: Men, Mines and Migration*, Berkeley: University of California Press, 1994.

Morrell, Robert, ed., *Changing Men in Southern Africa*, Pietermaritzburg: University of Natal Press, London: Zed Books, 2001.

Mphahlele, E., "Masterpiece in Bronze", *Drum*, March, 1956, reprinted in Chapman Michael, ed., *The "Drum" Decade: Stories from the 1950s*, Pietermaritzburg: Natal University Press, 2001.

Murray, Christina, "Is Polygamy Wrong?", *Agenda*, Vol. 22, 1994.

Mutua, Makau wa, "Hope and Despair for a New South Africa: The Limits of Rights Discourse", *Harvard Human Rights Law Journal*, Vol. 10, 1997.

Nakanyike, Musisi, "Gender and Sexuality in African History: A personal Reflection", *The Journal of African History*, Vol. 55, No. 3, 2014.

Nauright, J., *Sport, Cultures and Identities in South Africa*, London: Leicester University Press, 1997.

NCHE, *Green Paper on Higher Education Transformaiton*, 1996.

"New Faces in Congress", *Drum*, March, 1995.

Ngcobo, Lauretta, ed., *Prodigal Daughters: Stories of South African Women in Exile*, University of KwaZulu-Natal Press, 2012.

Nhlapo, R. T., "International Protection of Human Rights and the Family: African Variations on a Common Theme", *International Journal of Law and the Family*, Vol. 3, No. 1, 1989.

Njoh, A. J., *Tradition, Culture and Development in Africa: Historical Lessons for Modern Development Planning*, Aldershot, UK: Ashgate, 2006.

Njoh, Ambe J. and Fenda A. Akiwuni, "The Impact of Religion on Women Empowerment as a Millennium Development Goal in Africa", *Social Indicators Research*, Vol. 107, No. 1, 2012.

Odendaal, A., "Neither 'Cricketers nor Ladies': Towards a History of Women and Cricket in South Africa, 1860 - 2005", paper presented at the conference for "Sport History and Sport Studies in Southern Africa", University of Stellenbosch, June 29 — July 3, 2008.

Oduyoye, Mercy A. and Musimbi R. A. Kanyoro, eds., *The Will to Arise: Women, Tradition and the Church in Africa*, Wipf and Stock Publishers, 1992.

Official Yearbook of the Republic of South Africa, *South Africa Yearbook (1989 - 1990)*, 15th edition, Pretoria.

Ogura, Mrrsuo, "Urbanization and Apartheid in South Africa: Influx Controls and Their Abolition", *The Developing Economies*, Vol. 34, No. 4, 1997.

Okonkwo, Rina, "Adelaide Casely-Hayford", in Okonkwo, ed., *West African Nationalists*, Enugu: Delta, 1986.

Onselen, Van, ed., *Studies in the Social and Economic History of the Witwatersrand*, Vol. 1, Harlow: Longman, 1982.

O'Sullivan, Michelle and Christina Murray, "Brooms Sweeping Oceans? Women's Rights in South Africa's First Decade of Democracy", *Acta Juridica*, Vol. 2005, No. 1, 2005.

Oyewumi, Oyeronke, *The Invention of Women: Making an African Sense of Western Gender Discourses*, Minneapolis: University of Minnesota Press, 1997.

Packard, Randall, *White Plague, Black Labor: Tuberculosis and the Political Economy of Health and Disease in South Africa*, Berkeley: University of California Press, 1989.

Paplan, Temma, *Crazy for Democracy: Women in Grassroots Movements*, New York: Routledge, 1997.

Patrick, Burton, *Merchants, Skollies and Stones: Experiences of School Violence in South Africa*, Cape Town: Center for Justice and Crime Prevention, Monograph Series, No. 4, April, 2008.

Paulme, Denis, *Women of Tropical Africa*, trans. H. M. Wright, Berkeley and Los Angeles: University of California Press, 1963.

Pelak, C. F., "Local-Global Processes: Linking Globalization, Democratization, and the Development of Women's Football in South Africa", *Afrika Spektrum*, Vol. 41, No. 3, 2006.

Pelak, C. F., "Negotiating Gender/Race/Class Constraints in the New South Africa: A Case Study of Women's Football", *International Review for the Sociology of Sport*, Vol. 40, No. 1, 2005.

Pelak, C. F., "Women and Gender in South African Soccer: A Brief History", *Soccer & Society*, Vol. 11, No. 1 - 2, 2010.

Pickard Commission Report, *Pickard Commission of Enquiry*, December, 2011.

Pilcher, Jane and Imelda Whelehan, *Fifity Key Concepts in Gender Studies*, London: Thousand Oaks, Calif: SAGE Publications, 2004.

Pollack, Mark A. and Emilie Hafner-Burton, "Mainstreaming Gender in the European Union", *Journal of European Public Policy*, Vol. 7, No. 3, 2000.

Prah, K. K., ed., *Knowledge in Black and White: The Impact of Apartheid on the Production of Reproduction of Knowledge*, Cape Town: Centre for Advanced Studies of African Society, 1999.

Prozesky, Martined., *Christianity Amidst Apartheid: Selected Perspectives on the Church in South Africa*, New York: St. Martin's Press, 1990.

Radcliffe-Brown, A. R. and D. Forde, eds., *African Systems of Kinship and*

Marriage, London: Oxford University Press, 1950.

Rajab, Devi, *Women — South Africans of Indian Origins*, Johannesburg: Jacana, 2011.

Ramphele, Mamphela, "Do Women Help to Perpetuate Sexism? A Bird's Eye View from South Africa", *Africa Today*, Vol. 37, 1990.

Rangan, Haripriya and Mary Gilmartin, "Gender, Traditional Authority, and the Politics of Rural Reform in South Africa", *Development and Change*, Vol. 33, No. 4, 2002.

Rhoda and Bertelsmann-Kadalie, "The Importance of Feminism for the Women's Movement in South Africa", *Journal of Theology for Southern Africa*, Vol. 4, 1989.

Ritzer, George and Ryan J. Michael, *The Concise Encyclopedia of Sociology*, John Wiley and Sons, 2011.

Roberts, C., *South African Sportswoman*, Cape Town: Havana Media, 2001.

Robertson, Claire and Iris Berger, eds., *Women and Class in Africa*, New York: Africana Publishing Company, 1986.

Robertson, Claire C., "Developing Economic Awareness: Changing Perspectives in Studies of African Women, 1976 - 1985", *Feminist Studies*, Vol. 13, No. 1, 1987.

Robertson, Claire C. and Martin A. Klein, eds., *Women and Slavery in Africa*, Madison: University of Wisconsin Press, 1983.

Robins, Steven, "Sexual Politics and the Zuma Rape Trial", *Journal of Southern African Studies*, Vol. 34, No. 2, 2008.

Robins, Steven Lance and Brahm Fleisch, "Working-class High School Learners' Challenge to Change: Insights from the Equal Education Movement in South Africa", *UNISA: Education as Change*, Vol. 20, No. 2, Pretoria, 2016.

Ruddick, S., *Maternal Thinking*, London: The Women's Press, 1998.

Rugadya, Margaret A., Hema Swaminathan and Cherryl Walker, eds., *Women's Property Rights, HIV and AIDS & Domestic Violence: Research Findings from Two Districts in South Africa and Uganda*, Human Sciences Research Council, 2009.

Rulashe L., "Sex Claim: 'We are Innocent': Soccer Officials Out in the Open", *City Press*, Johannesburg, March 30, 1997.

Russell, Diana E. H., ed., *Lives of Courage: Women for a New South Africa*, Oakland: Basic Books, 1991.

Russell, *Report of the Superintendent Inspector of Schools for the Year 1896*, ISP, File 29.

Rwezaura, B., "Rural Women and the Law in Contemporary Africa", unpublished paper repared for the fourth International Women's Rights Action Watch (IWRAW) International Conferecen, Vienna, February 20 - 22, 1989.

Ryle, Robyn, *Questioning Gender: A Sociological Exploration*, SAGE Publications, 2011.

Sachs, Albie, "Judges and Gender: The Constitutional Rights of Women in a Post-apartheid South Africa", *Agenda*, Vol. 7, 1990.

Saunders, Christopher, *The Making of the South African Past: Major Historians on Race and Class*, Cape Town: David Philip, 1988.

Schlegel, Alice, ed., *Sexual Stratification: A Cross-Cultural View*, New York: Columbia University Press, 1977.

Schmitter, Phillipe C., "Contemporary Democratization: The Prospects for Women", in Jane S. Jacquette and Sharon L. Wolchik, eds., *Women and Democracy: Latin America and Central and Eastern Europe*, Baltimore: Johns Hopkins University Press, 1998.

Scott, Joan W., ed., *Transitions, Environments, Translations: Feminisms in International Politics*, New York/London: Routledge, 1997.

Scraton, S., K. Fasting, G. Pfister and A. Bunuel, "'It's Still a Man's Game? The Experiences of Top-Level European Women Footballers", *International Review for the Sociology of Sport*, Vol. 34, 1999.

Scribner, Druscilla and Priscilla A. Lambert, "Constitutionalizing Difference: A Case Study Analysis of Gender Provisions in Botswana and South Africa", *Politics and Gender*, Vol. 6, No. 1, 2010.

Segar, Julia and Caroline White, "Constructing Gender: Discrimination and the Law in South Africa", *Agenda: Empowering Women for Gender Equity*, No. 4, 1989.

Seidman, Gay, "Gender Citizenship: South African's Democratic Transition and the Construction of a Gendered State", *Gender and Society*, Vol. 13, No. 3, 1999.

Shisana O., T. Rehle, L. C. Simbayi, K. Zuma, S. Jooste, N. Zungu, D. Labadarios and D. Onoya, *South African National HIV Prevalence, Incidence and Behaviour Survey*, 2012, Human Sciences Research Council (HSRC), 2014.

Simons, H. J., *African Women: Their Legal Status in South Africa*, Northwestern University Press, 1968.

South African Democratic Education Trust (SADET), ed., *The Road to Democracy in South Africa, Vol. 2, 1970 - 1980*, Pretoria: University of South Africa, 2006.

Steady, Filomena, ed., *The Black Woman Cross-Culturally, Cambridge*, Massachusetts: Schenckman, 1981.

Steyn, Melissa, "A New Agenda: Restructuring Feminism in South Africa", *Women's Studies International Forum*, Vol. 21, No. 1, 1998.

Stichter, Sharon, "Women in the Labor Force in Kenya, 1895 - 1964", in Audrey Wipper, ed., *Rural Women: Development or Undevelopment?*, special issue of Rural Africa 29, 1975/76.

Sudarkasa, N., "The Status of Women in Indigenous African Societies", *Feminist Studies*, Vol. 12, No. 1, 1986.

Swainson, N., "Tertiary Education and Training Needs for Post-apartheid South Africa", International Conference on the Educational Needs of the Victims of Apartheid in South Africa, UNESCO House, Paris, June 25 - 27, 1991, Background Paper No. 2.

Tarrow, S., *Power in Movement: Social Movements, Collective Action and Politics*, Cambridge: Cambridge University Press, 1994.

Taylor, Charles, *Multiculturalism: Examining the Politics of Recognition*, Princeton University Press, 1994.

"The Effects of Apartheid on the Status of Women in Southern Africa", document submitted to the World Conference of The United Nations Decade for Women,

Copenhagen, July 14 - 30, 1980, A/CONF 94/7.

"The Plight of Black Women in Apartheid South Africa", United Nations reports prepared for the 1980 World Conference of the United Nations Decade for Women and on studies issued by the UN Centre against Apartheid, 1981.

"The Role of Women in the Struggle for Liberation in Zimbabwe, Namibia and South Africa", document submitted to the World Conference of The United Nations Decade for Women, Copenhagen, July 14 - 30, 1980, A/CONF 94/5.

Thomen, Carl, *Is it Cricket? An Ethical Evaluation of Race Quotas in Sport*, Master dissertation of University of Cape Town, 2008.

Tierney, Helen, *Women's Studies encyclopedia*, Vol. 2, Greenwood Publishing, 1999.

Tripp, A. M., "Women's Movements, Customary Laws and Land Rights in Africa: The Case of Uganda", *African Studies*, Quarterly, Vol. 7, No. 4, 2004.

Tripp, Aili Mari, "Rethinking Differences: Comparative Perspectives from Africa", *Signs* 25, No. 3, 2000.

Tripp, Aili Mari, Isabel Casimiro, Joy Kwesiga and Alice Mungwa, *African Women's Movements: Transforming Political Landscapes*, Cambridge University Press, 2009.

Tshoaedi, Malehoko, "(En) gendering the Transition in South Africa: The Role of COSATU Women Activists", *Transformation: Critical Perspectives on Southern Africa*, No. 78, 2012.

Uchem, Rose, "Overcoming Women's Subordination in the Igbo African Culture and in the Catholic Church", *Critical Half: Annual Journal of Women for Women International*, Vol. 1, No. 1, 2003.

Unterhalter, Elaine, *Forced Removal: The Segregation, Division and Control of the People of South Africa*, London: International Defence and Aid Fund, 1987, "Class, Race and Gender", in John Lonsdale, ed., *South Africa in Question*, Heinemann, 1988.

Unterhalter, Elaine, "The Impact of Apartheid on Women's Education in South Africa", *Review of African Political Economy*, No. 48, 1990.

Unterhalter, Elaine, "The Work of the Nation: Heroic Masculinity in South African Autobiographical Writing of the Anti-Apartheid Struggle", *The European Journal of Development Research*, Vol. 12, No. 2, 2000.

Urch, G. E. F., *Education in Sub-Saharan Africa*, New York: Garland, 1992.

Vahed, Goolam and Thembisa Waetjen, *Dear Ahmedbhai, Dear Zuleikhabhen: The Letters of Ahmed Kathrada and Zuleikha Mayat 1979 - 1989*, Johannesburg: Jacana, 2009.

Vahed, Goolam and Thembisa Waetjen, *Gender, Modernity, and Indian Delights. The Women's Cultural Group of Durban, 1954 - 2010*, Cape Town: HSRC Press, 2010.

Varga, C., "How Gender Roles Influence Sexual and Reproductive Health among South African Adolescents", *Studies in Family Planning*, Vol. 34, 2003.

Varga, C. and L. Makubalo, "Sexual (non-) Negotiation among Black South African Teenagers", *Agenda*, Vol. 28, 1996, pp. 31 - 38.

Wald, Kenneth, Dennis Owen and Samuel Hill, "Churches as Political Communities", *American Political Science Review*, Vol. 82, No. 2, 1988.

Walker, Cherryl, *The Women's Suffrage Movement in South Africa*, Cape Town, 1979.

Walker, Cherryl, *Women and Resistance in South Africa*, Cape Town: David Philip, 1982.

Walker, Cherryl, *Women in 20th Century South African Politics: The Federation of South African Women, Its Roots, Growth and Decline*, MA thesis, University of Cape Town, 1978.

Walker, Cherryl, ed., *Women and Gender in Southern Africa to 1945*, Cape Town: David Philips, 1990.

Walker, Cherryl, David Philip and James Currey, eds., *Women and Gender in Southern Africa to 1945*, Bloomington: Indiana University Press, 1991.

Walker, Colin John, *Politics Women Federation of South African Women*, a thesis submitted for the Degree of Master of Arts at the University of Cape Town, 1978.

Walker, M., "Selecting Capabilities for Gender Equality", in M. Walker and E. Unterhalter, eds., *Amartya Sen's Capability Approach and Social Justice in Education*, New York: Routledge, 2007.

Waylen, Georgina, "Women and Democratization: Conceptualizing Gender Relations in Transition Politics", *World Politics*, Vol. 46, No. 3, 1994.

Wells, J., *We have done with pleading: The women's 1913 anti-pass campaign*, Johannesburg: Ravan Press, 1993.

Wells, J., *We Now Demand: The History of Women's Resistance to Pass Laws in South Africa*, Johannesburg: Witwatersrand University Press, 1993.

Wells, Julia C., "Why Women Rebel: A Comparative Study of South African Women's Resistance in Bloemfontein (1913) and Johannesburg (1958)", *Journal of Southern African Studies*, Vol. 10, No. 1, 1983.

White, Luise, "Prostitution, Identity, and Class Consciousness in Nairobi During World War II." *Signs: Journal of Women in Culture and Society*, Vol. 11, No. 2, 1986.

"White Selfishness Must Cease", *Cape Herald*, September 16, 1978.

Williams, J. A., *Beautiful Game: International Perspectives on Women's Football*, New York: Berg Publishers, 2008.

Wilson, Rebekah, "Western Region", report to the Working Group on the Issue of Discrimination Against Women in Law and in Practice, Women in Parliament 2011: The Year in Perspective, IPU.

Winter, Jill M., "Women and Democracy in the New South Africa", *Social Development Issues*, 15, 1993, p. 49.

Wolpe, AnnMarie, Orla Quinlan and Lyn Martinez, Gender Equity In Education: A Report By The Gender Equity Anti-Pass Campaign, South African History Online, http://www.sahistory.org.za/article/anti-pass-campaign.

"Women Play a Leading Role", in History of Women's Struggle in South Africa, South African history online, http://www.sahistory.org.za/archive/women-play-leading-role.

"Women's Soccer in the Sport Light", gsport Features Desk, http://www.gsport.co.

za/index. php? option=com_content&task=view&id=2366.
Wright and Marcia, *Women in Peril: Life Stories of Four Captives*, Lusaka: NECZAM, 1984.
Young, Iris Marion, *Justices and the Politics of Difference*, Princeton: Princeton University Press, 1990.
Zikalala, Futhi, "Body Size and Culture", *Agenda*, Vol. 23, 1994.

三、中文文献

陈青等：《国家意志下的民族体育文化延伸》,《武汉体育学院学报》2016 年第 5 期。
戴红雪：《性别正义与家庭正义的建构——女性主义的政治学与伦理学视野》,《浙江学刊》2007 年第 6 期。
邓正来、[英]J. C. 亚历山大编：《国家与市民社会——一种社会理论的研究路径》,中央编译出版社 1999 年版。
丁慧：《批判与再筑：公私二元性别规范的省思》,《辽宁师范大学学报(社会科学版)》2012 年第 9 期。
董进霞、张锐、王东敏主编：《女性、文化、体育研究动态》,北京体育大学出版社 2007 年版。
董克难：《性别平等保障机制研究》,吉林大学出版社 2015 年版。
方平：《晚清上海的公共领域(1895—1911)》,上海人民出版社 2007 年版。
高世瑜：《妇女史研究三议》,《妇女研究论丛》1997 年第 3 期。
高世瑜：《关于妇女史研究的几点思考》,《历史研究》2002 年第 6 期。
顾建新、牛长松、王琳璞：《南非高等教育研究》,中国社会科学出版社 2010 年版。
郭树理、周青山：《南非体育法律制度初探》,《西亚非洲》2007 年第 7 期。
郭夏娟：《为正义而辩——女性主义与罗尔斯》,人民出版社 2004 年版。
韩红俊：《社会性别视域中的法律平等观》,《山东社会科学》2009 年第 10 期。
韩松：《浅析当今中国体育的文化空间》,《体育世界(学术版)》2016 年第 6 期。
和建花、丁娟：《非洲妇女参政配额制实施状况的研究与思考》,《山东女子学院学报》2015 年第 6 期。
贺文萍：《从曼德拉到姆贝基：南非民主政治的巩固》,《西亚非洲》2001 年第 6 期。
贺文萍：《和平发展与非洲的妇女解放》,《西亚非洲》1995 年第 5 期。
贺萧、王政：《中国历史：社会性别分析的一个有用的范畴》,《社会科学》2008 年第 12 期。
洪永红：《1913 年南非布隆方丹妇女运动初探》,《湘潭大学社会科学学报》1993 年第 4 期。
洪永红：《从两次反通行证法看南非妇女运动》,《湘潭大学社会科学学报》1996 年第 1 期。
侯建新：《西方妇女史研究述评》,《天津师大学报》1991 年第 5 期。
胡惠林：《作为公共领域的文化市场》,《探索与争鸣》2014 年第 8 期。
黄世席：《南非体育介评》,《河北法学》2007 年第 8 期。
李伯军、石婷：《非洲妇女在武装冲突中遭受性暴力的人权保护法律问题及对策》,《广州大学学报(社会科学版)》2012 年第 5 期。
李思梦：《新南非妇女参政研究初探》,硕士学位论文,湖南师范大学,2014 年。
李银河：《女性主义》,山东人民出版社 2005 年版。
李银河主编：《妇女：最漫长的革命》,中国妇女出版社 2007 年版。

李英桃：《和平进程中的非洲妇女安全：以布隆迪和利比里亚为例》,《国际安全研究》2014 年第 3 期。
联合国：《联合国妇女问题：社会性别主流化》，http://www.un.org/chinese/esa/women/mainstreaming.htm.
联合国社会发展研究所编：《男女平等：在不平等的世界里争取公平》,中国对外翻译出版公司 2007 年版。
刘伯红：《社会性别分析：社会性别主流化的重要工具》,《中国妇运》2016 年第 3 期。
刘兰：《白人政府干预政策与南非劳动力市场供求结构的变化》,《西亚非洲》2012 年第 4 期。
刘乃亚：《近代南非的流动劳工——佩迪人劳工和莫桑比克劳工个案分析》,《西亚非洲》2001 年第 1 期。
罗毅：《南非教育的改革与发展》,《西亚非洲》2007 年第 9 期。
潘丽霞：《中国社会体育参与中的妇女与性别差异研究》,博士论文,北京体育大学,2007 年。
全国妇联妇女研究所：《南非推动性别平等与妇女发展的做法和成绩》,《研究信息简报》2007 年第 1 期。
石之瑜、黄竞涓：《当代政治学的新范畴：文化、性别、民族》,翰芦图书出版公司 2001 年版。
时春荣：《非洲妇女与"第二次解放运动"》,《西亚非洲》2007 年第 8 期。
史巍：《现代性批判的别样曲——从〈资本主义的终结〉看西方马克思主义女性主义的资本主义观》,东北师范大学出版社 2015 年版。
司马云杰：《文化社会学》,山东人民出版社 1986 年版。
王奎：《南非习惯法的历史发展》,《佛山科学技术学院学报(社会科学版)》2011 年第 1 期。
王琳璞、毛锡龙、张屹：《南非教育战略研究》,浙江教育出版社 2014 年版。
王淼：《后现代女权主义与后马克思主义的关系初探》,《广西社会科学》2007 年第 1 期。
魏翠萍：《传统文化与非洲妇女人权》,《西亚非洲》1995 年第 5 期。
魏翠萍：《试论非洲妇女的社会地位及作用》,《西亚非洲》1994 年第 1 期。
魏晓明、李娜、吴霜：《在艰难中跃向平等——非洲女童教育现状分析》,《全球教育展望》2007 年第 3 期。
吴慧勇：《"公共领域"与文化公民权》,《湖北文理学院学报》2013 年第 6 期。
吴晓力：《南非〈家庭暴力法〉探析》,硕士学位论文,湘潭大学,2010 年。
夏吉生：《非洲妇女在土地、财产继承和婚姻方面的法律地位问题》,《西亚非洲》1997 年第 4 期。
夏吉生：《跨入新世纪的非洲妇女》,《亚非纵横》2001 年第 3 期。
夏吉生：《新南非司法制度初探》,《西亚非洲》1997 年第 2 期。
夏吉生主编：《南非种族关系探析》,华东师范大学出版社 1995 年版。
夏新华、刘星,《论南非法律体系的混合特性》,《时代法学》2010 年第 8 卷第 4 期。
谢晖,陈金钊：《民间法》(第四卷),山东人民出版社 2005 年版。
杨礼银：《女性公共领域如何可能？——论弗雷泽对哈贝马斯的批判》,《华南师范大学学报》2013 年第 4 期。
杨立华：《新南非十年——多元一体国家的建设》,《西亚非洲》2004 年第 4 期。
杨立华等：《正在发生划时代变革的国度——南非政治经济的发展》,中国社会科学出版社 1994 年版。

杨仁忠：《公共领域论》，人民出版社 2009 年版。
杨心宇主编：《法理学导论》，上海人民出版社 2002 年版。
张德坤：《南非婚姻法律制度研究》，硕士学位论文，湘潭大学，2012 年。
张芳玫、许光麃：《南非种族与奥运会参赛争议之始末》，《身体文化学报》2009 年第 8 期。
张广利、杨明光：《后现代女权理论与女性发展》，天津人民出版社 2005 年版。
张象主编：《彩虹之邦新南非》，当代世界出版社 1998 年版。
张忠祥：《非国大引领南非走向复兴》，《当代世界》2013 年第 10 期。
赵继伦：《文化哲学视阈中的性别平等问题》，《中华女子学院学报》2009 年第 2 期。
郑家馨：《南非史》，北京大学出版社 2010 年版。
郑晓霞：《书写"她"的历史——非洲妇女史的兴起与发展》，《史学理论研究》2017 年第 2 期。
周安平：《性别平等的法律进路之批判》，《法商研究》2004 年第 3 期。
周安平：《性别与法律》，法律出版社 2007 年版。
周伟：《论禁止歧视》，《现代法学》2006 年 5 期。
祝平燕、周天枢、宋岩：《女性学导论》，武汉大学出版社 2007 年版。

四、中文译著

[德]哈贝马斯：《公共领域的结构转型》，曹卫东等译，学林出版社 1999 年版。
[德]哈贝马斯：《公域的结构性变化》，载邓正来等编：《国家与市民社会》，中央编译出版社 2002 年版。
[德]哈贝马斯：《在事实与规范之间：关于法律和民主法制国的商谈理论》，童世骏译，生活·读书·新知三联书店 2003 年版。
[法]西蒙娜·德·波伏娃：《第二性》，陶铁柱译，中国书籍出版社 1998 年版。
[古希腊]亚里士多德：《政治学》，吴寿彭译，商务印书馆 1965 年版。
[加]芭芭拉·阿内尔：《政治学与女性主义》，郭夏娟译，东方出版社 2005 年版。
[加]威尔·金里卡：《当代政治哲学》，刘莘译，上海三联书店 2004 年版。
[美]Howard L. Nixon II and James H. Frey：《运动社会学》，王宗吉译，洪叶文化事业有限公司 2000 年版。
[美]布赖恩·马克·厄博赛提思：《伤痛的和解之路——当代南非人民追求社会正义与可持续发展的斗争》，崔政等译，Morningside South Press 2015 年版。
[美]凯瑟琳·克莱、帕梅拉·麦克维：《世界妇女史》(上、下卷)，裔昭印、洪庆明、康凯等译，格致出版社 2012—2013 年版。
[美]克瑞斯汀·丝维斯特：《女性主义与后现代国际关系》，余潇枫、潘一禾、郭夏娟译，浙江人民出版社 2003 年版。
[美]罗尔斯：《作为公平的正义：正义新论》，姚大志译，上海三联书店 2002 年版。
[美]南茜·弗雷泽：《正义的中断——对"后社会主义"状况的批判性反思》，于海清译，上海人民出版社 2009 年版。
[南非]德斯蒙德·图图：《没有宽恕就没有未来》，江红译，上海文艺出版社 2002 年版。
[以]拉密斯·萨哈：《第四等级：欧洲中世纪妇女史》，林英译，广东人民出版社 2003 年版。
[英]丹尼·多林：《不公正的世界》，高连兴译，新华出版社 2014 年版。

后　记

本书是在我的博士论文的基础上修改而成。此书能够出版，欢喜之余又复遗憾。欢喜的是尽管资质鲁钝，但学业有所进步，聊可自慰；遗憾的是时光太短，要学习的太多，文稿粗糙，疏误不少，只待日后再以雕琢。

自 2014 年 9 月进入上海师范大学非洲研究中心学习至 2017 年 6 月毕业，3 年的博士学习时间尽管短暂，却是我一生中最难以忘怀的时光。回想学习过程，最堪为言记的是张忠祥导师对我的督责、鼓励之情。长时间以来，最能激励我的，就是张老师对学术的忘我热情，以及对后辈学生的提携关顾。张老师为人豁达慈爱，治学严谨，有幸入老师门下，三年来耳提面命，谆谆教诲，难忘师恩。我在专业学习上的笨拙、在学术研究上的困苦，若非老师始终鼓励，实难以坚持到底。张老师不仅在我论文的写作与构思上多方开导与指引，还抽出宝贵时间为我审阅论文，鼓励我向高水平期刊投稿。更珍贵的是在老师的资助下，我得以奔赴非洲博茨瓦纳亲自体验与考察，与当地居民和学者交流畅谈，收集原始资料，见识到一个真正的非洲国家的原貌，而不仅仅停留在纸上谈兵层面。只是我才疏学浅，力不从心，有负师恩教诲。

特别感谢非洲史研究会会长李安山教授。李教授不吝提携后辈，在百忙之中给我邮寄相关文献资料，时常关心研究进度，在学术道路上不断指引与鞭策我的前进。同时衷心感谢非洲研究中心舒运国教授和刘伟才副教授的指点。尤其是刘伟才老师对我专业知识上的指导以及对我论文提出的中肯意见，使我受益终身。

非洲研究中心给我提供了一个特别好的学习平台，通过它我不仅接触到了国内外非洲研究的著名学者和专家，还有机会与原驻非各国的大使们交流。中心聘请的博茨瓦纳大学 Frank Youngman 教授的授课使我加深了对中非关系研究的了解。此外上海师范大学世界史学科的陈恒教授、裔昭印教授、周春生教授、刘子奎教授、洪庆明教授、李文硕副教授等老师们的授课和指导，让我深受启发和鼓舞。

求学路上少不了同门的帮持，感谢师兄陈志禄、黄玉沛老师，师弟石海龙、王恪彦，师妹杨敬、王勤、胡皎玮、李慧、檀森等，感谢他们给予我生活和学习上的关心与帮助。还要特别感谢同届博士顾海萍、黄越、李洁等同学的鼓励。

之所以能在上海安心求学，是因为家人给了我无限的动力。感谢丈夫、儿子和父母多年来给予我的充分理解和支持，让我在求学路上不敢懈怠。

还有太多无法一一致谢的亦师亦友的伙伴，一路走来，在多少风雨和转折中，有了他们的陪伴，让我少了孤单而多了期盼。一切一切的感谢，今后唯有不断努力，才能回报师友亲人的关怀和厚望。

此书能得以出版，还得益于浙江省民族宗教事务委员会与丽水学院民族学学科的支持，在此一并表示感谢。

郑晓霞

2019 年 5 月

图书在版编目(CIP)数据

刀尖上起舞：社会转型中的南非黑人妇女/郑晓霞著. —上海：上海社会科学院出版社，2019
ISBN 978-7-5520-2820-1

Ⅰ.①刀… Ⅱ.①郑… Ⅲ.①黑色人种—妇女—研究—南非共和国 Ⅳ.①D444.78

中国版本图书馆CIP数据核字(2019)第128517号

刀尖上起舞：社会转型中的南非黑人妇女

著　　者：郑晓霞
责任编辑：陈慧慧
封面设计：梁业礼
出版发行：上海社会科学院出版社
　　　　　上海顺昌路622号　邮编200025
　　　　　电话总机021-63315947　销售热线021-53063735
　　　　　http://www.sassp.org.cn　E-mail：sassp@sassp.cn
照　　排：南京前锦排版服务有限公司
印　　刷：上海信老印刷厂
开　　本：720×1020毫米　1/16开
印　　张：16.75
插　　页：2
字　　数：237千字
版　　次：2019年9月第1版　2019年9月第1次印刷

ISBN 978-7-5520-2820-1/D·544　　定价：78.00元
